Gottlieb Wilhelm Rabener

Freundschaftliche Briefe

Gottlieb Wilhelm Rabener

Freundschaftliche Briefe

ISBN/EAN: 9783744719681

Hergestellt in Europa, USA, Kanada, Australien, Japan

Cover: Foto ©ninafisch / pixelio.de

Weitere Bücher finden Sie auf **www.hansebooks.com**

Gottl. Wilh. Rabeners
freundschaftliche Briefe,
von ihm selbst gesammlet

und

nach seinem Tode,

nebst einer

Nachricht von seinem Leben
und Schriften,

herausgegeben

von

C. F. Weiße.

✱✦✱

Biel,

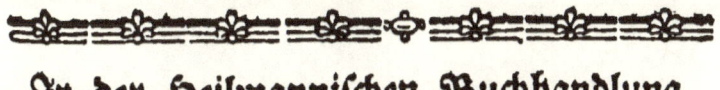

In der Heilmannischen Buchhandlung.

MDCCLXXII.

Deutschland hat vor kurzem zween seiner verdienst-
vollsten Männer und seiner vorzüglichsten
Schriftsteller verloren. Gellert und Rabener —
Wer kennt nicht diese Namen, wer vereiniget sie
nicht, als die Namen zweyer Freunde, die gemein-
schaftlich und mit Glücke arbeiteten, ihr Vaterland
in seiner eigenen Sprache zu ergötzen, zu belehren
und zu bessern? Ohne Zweifel sind dieser beyden
Männer Schriften mit dem allgemeinsten Beyfalle gelesen worden, und haben das allerunver-
stellteste Lob erhalten. Man darf sich darüber nicht
wundern. Ihre Schönheiten sind nicht von der
versteckten Art, die nur wenige empfinden, die
übrigen Leser aber, wenn sie dieselben loben sollen,
auf Treue und Glauben annehmen müssen: sondern so offenbar, so leicht zu finden, so der ge-
meinsten Fassung gemäß, daß jeder Leser auch gültiger Richter derselben seyn kann. Aber das Vergnügen ist ein zu kleiner Zweck für einen edelge-
sinnten Schriftsteller. Er will auch nützlich seyn.
Wirklich arbeiteten beyde für die Besserung ihrer
Leser, wann schon nicht beyde auf eine gleiche
Weise. Thorheiten sind oft den Lastern ähnlich,
entspringen aus denselben, oder führen auf sie. Wer
seine Mitbürger von jenen befreyen will, muß auch

diese zugleich angreifen: und indem Rabener bloß das Unschickliche und Ungereimte im Betragen dem Gelächter bloßstellete, so machte er auch zugleich das Boshafte und Widersinnige des Charakters verhaßt.

So verschieden auch der persönliche Charakter ist, auf welchen ihre Schriften schließen lassen: so kommen sie doch darinn überein, daß sie beyde strenge in ihren Pflichten waren, beyde Wahrheit, Religion und Tugend liebten. Dem gemeinen Haufen, welcher Dinge und Menschen nur nach dem Schalle der Namen, die man ihnen giebt, und nach den ersten Begriffen beurtheilet, die er von diesen Namen hat, kann die Vergleichung eines geistlichen Liederdichters und eines beissenden Satyrenschreibers, eines ernsthaften Predigers der Sittenlehre und eines lachenden Sittenrichters anstößig seyn. Aber der Mann von Verstande wird wissen, daß der üble Ruf, in der seit langer Zeit die Satyrenschreiber stehen, entweder bloß von der wirklichen Bösartigkeit einiger weniger Schriftsteller dieser Art, oder von dem allgemeinen Unwillen der Menschen über diejenigen herkomme, die etwas an ihnen tadeln und noch dazu lächerlich machen wollen. Der Vorwurf mochte wirklich in verschiednen Fällen wahr seyn. Diejenigen, welche einzelne Personen lächerlich machten,

Leben und Schriften.

ten, um ihnen zu schaden, oder sie zu erniedrigen, oder diejenigen, die die Menschen überhaupt lächerlich machten, weil sie sie verachteten, diese konnten keine gute Menschen seyn, konnten keine Liebe verdienen, wenn man auch ihre Talente bewundern mußte. Aber Rabeners Satyre ist erstlich von dem Fehler der Persönlichkeit so frey, als nur immer eine Satyre davon frey seyn kann. Wenig andere Satyrenschreiber, außer ihm, lassen sich ohne Anekdoten, ohne Schlüssel verstehen. Bey ihm darf man nur den Menschen überhaupt und sich selbst kennen. Zweytens wendete er niemals den Spott, den er in seiner Gewalt hatte, dazu an, dasjenige Ungereimte lächerlich zu machen, das wegen der zu nahen Verbindung mit dem Verehrungswürdigen geschont werden muß. Endlich liebte er überhaupt als Mensch und als Schriftsteller die Tugend. Er huldiget ihr bey jeder Gelegenheit: er verräth überall, daß er nicht bloß die Thorheit und die Bosheit, sondern auch die Weisheit und Rechtschaffenheit bemerket hatte. Man höre ihn selbst, was er von einem satyrischen Schriftsteller fodert, und darnach beurtheile man das, was er geleistet hat. „Wer den Namen eines „Satyrenschreibers verdienen will, sagt er, dessen „Herz muß redlich seyn. Er muß die Tugend, die „er andre lehrt, für den einzigen Grund des

„wah=

„ wahren Glücks halten. Das Ehrwürdige der
„ Religion muß seine ganze Seele erfüllen. Nach
„ der Religion muß ihm der Thron des Fürsten
„ und das Ansehen der Obern das Heiligste seyn.
„ Die Religion und den Fürsten zu beleidigen, ist
„ ihm der schrecklichste Gedanke. Er liebet seinen
„ Mitbürger aufrichtig. Ist dieser lasterhaft: so
„ liebt er den Mitbürger doch, und verabscheuet
„ den Lasterhaften. Die Laster wird er tadeln,
„ ohne der öffentlichen Beschimpfung die Person
„ desjenigen auszustellen, welcher lasterhaft ist, und
„ noch tugendhaft werden kann. Er muß eine ed-
„ le Freude empfinden, wenn er sieht, daß sein
„ Spott dem Vaterlande einen guten Bürger er-
„ hält, und einen andern zwingt, daß er aufhöre,
„ lächerlich und lasterhaft zu seyn. Er muß die
„ Welt und das ganze Herz der Menschen, aber
„ vor allen Dingen muß er sich selbst kennen. Er
„ muß liebreich seyn, wenn er bitter ist. Er muß
„ mit einer ernsthaften Vorsicht dasjenige wohl
„ überlegen, was er in einen scherzhaften Vortrag
„ einkleiden will. “

Der Mann, der sich diese Pflichten auflegen,
der sie erfüllen konnte, mußte ein hochachtungswürdiger Mann seyn. Nicht bloß eine Menge
vereinigter Talente; sondern auch Menschenliebe
und Wohlwollen; aber auch Muth, mit einem
Worte,

Worte, Tugend gehöret dazu, wenn ein solcher Mann soll gebildet werden. Es sind drey schwere Fragen, die Rabener jedem Satyrenschreiber an sich zu thun vorlegt. Schreiben wir aus redlichem Herzen? Schreiben wir, unsern Feind zu bessern? Hat er die Fehler auch wirklich an sich, die wir lächerlich machen? — Unser Rabener konnte sie alle von sich bejahen. Ich habe schon bemerkt, daß unter allen Satyren der alten und neuen Zeit, die Seinige am wenigsten persönlich war. Es ist fast in der That keinem, der die Natur in irgend einer Art schildern will, möglich, ohne alles Original zu schildern. Der Stoff muß nothwendig aus dem wirklichen Leben hergenommen seyn, wenn er auch durch die Zusammensetzung neu wird. Also war es ohne Zweifel ein gewisser Geiziger, ein gewisser Pedant, der ihn auf den Charakter selbst aufmerksam gemacht und ihm die ersten Züge desselben gelehrt hatte. Aber einmal schrieb er nicht eher, als nachdem er viele solche Züge aus verschiedenen Fällen gesammelt und die Fälle selbst vergessen hatte. Ueberdieß, wo er auch sich der Person oder der Begebenheit noch bewußt war, die zu der Schilderung Anlaß gegeben hatte: so vermischte er doch die Züge, die er von ihr nahm, mit so vielen andern, die bloß aus der allgemeinen Kenntniß des Charakters genommen waren, daß weder er, noch die übrigen die Person unter dem idea-

len Bilde erkannten. „Die Charaktere meiner
„Thoren, sagte er, sind allgemein: nicht ein ein-
„ziger ist darunter, auf welchen nicht zehn Nar-
„ren zugleich billig Anspruch machen können. Zeich-
„ne ich das Bild eines Hochmüthigen, so nehme
„ich die unverschämte Stirne von Bavon, die
„stolzen Augenbraunen von Mävon, die vornehm
„dummen Blicke vom Gargil, die aufgeblasenen
„Backen vom Krispin, die trotzige Unterkehle vom
„Kleanth, den aufgeblasenen Bauch von Abra-
„sten, den gebietrischen Gang vom Neran; und
„aus diesen sieben schaffe ich einen hochmüthigen
„Narren, der heißt Suffen. Können Bav und
„Mäv, können die übrigen sagen, daß ich sie
„gezeichnet habe? Suffen wird auch noch leben,
„wenn sie alle todt sind, und ein jeder von ihnen
„wird wohl thun, wenn er sich denjenigen Feh-
„ler abgewöhnt, welchen er in dieser Kopie lä-
„cherlich findet."

Die Satyre also war nicht in seiner Hand ein
Werkzeug, mit welchem er sich vertheidigen oder
andere angreifen wollte. Er hatte keinen Feind,
den er verächtlich zu machen suchte, keinen Geg-
ner, an dessen Demüthigung ihm etwas wäre gelegen gewesen. Er nahm sich nicht, wie viele Schriftsteller dieser Art, gewisse, auch wirklich verach-
tungswürdige Leute zum Ziele, auf die er seine
Pfeile abdrückte. Er stritt nicht mit den Menschen,
er

er stritt nur mit der Thorheit und dem Laster. Selbst dasjenige, was dem Charakter eines ehrlichen Mannes, der das Lächerliche und Ungereimte so leicht bemerkt, am gefährlichsten seyn kann, nämlich, daß er den Menschen nach und nach geringe zu schätzen anfängt, wenn er der Thorheiten so viele, und selbst bey den Weisen gesehen hat: diese Verachtung gegen das menschliche Geschlecht, mit welcher Wohlwollen und Güte nicht bestehen kann, war weder in Rabeners Charakter, noch in seinen Schriften. Seine Satyre ist lachend, scherzhaft, nicht bitter; und er selbst war gewiß im Stande, dieselbe Person, an der er vielleicht sehr lächerliche Fehler bemerkt hatte, zugleich von ganzem Herzen hochzuachten, wenn sie im übrigen wahre Verdienste besaß. Auch weis ich mich nie zu erinnern, daß es jemals jemand gewagt hätte, von irgend einer Stelle in seinen Satyren öffentlich eine Deutung zu machen. Diejenigen, welche dieß zuweilen aus einem dem menschlichen Herzen sehr gewöhnlichen Vorwitze versuchten, wurden immer durch die folgenden Züge der Satyre selbst, die schlechterdings bey Einer Person nicht zusammen kommen konnten, widerlegt: und zuweilen brauchte Rabener selbst einen kleinen Kunstgriff, sie zu beschämen. Wie sinnreich wurden einst diese Deuter durch das siebzehnte Blatt im Jünglinge hintergangen, das einer seiner Freunde nach seiner Anlage verfertiget, wo ihnen im ein und zwanzigsten gezeigt wurde, daß die in jenem entworfenen Schilderungen lange vor den Personen, auf die sie konnten gedeutet werden, da gewesen, und von alten und neuen Schriftstellern erborgt waren. Noch mehr überraschte er sie durch das Mährchen vom ersten April. Alles war im Aufruhre, als man unter den satyrischen Gemälden so gar die vermeynten Anfangsbuchstaben der lächerlich gemachten Personen fand. Ich bin ein persönlicher Zeuge von Gesellschaften gewesen, wo der ganze Abend damit zugebracht wurde, zu jedem Buchstaben den Namen zu finden, und man fand in der That Namen zu jedem, und mehr als Einen Namen zu einigen. Hätte man Rabenern für den Verfasser gehalten; so hätte man gewiß nicht erst Deutungen versucht: denn ihn kannte man schon, und man erwartete keine persönliche Satyre von ihm. Aber er hatte sich vollkommen zu verbergen gewußt. Man hielt das Stück für die erste Geburt eines jungen vortrefflichen Kopfs, der seine Talente mißbrauchte, bis Rabener mit dem Schlüssel hervortrat, und den voreiligen Deutern durch die Anfangsbuchstaben, die sie hatten erklären wollen, die Lehre gab:

VT. NEMO. IN. SESE. TENTAT. DESCENDERE. NEMO.
AT. PRAECEDENTI. SPECTATVR. MANTICA. TERGO.

Persius.

Aber, welches die gewöhnlichsten Mißbräuche der Satyren sind, und derer, die sie lesen; die Absichten,

sichten, welche man sich dabey vorsetzen soll, und die Art, wie man diese erreichen kann, mit einem Worte, alle Regeln, nach denen unser Rabener muß beurtheilet werden, und nach welchen er ein so schätzbarer Mann und so berühmter Schriftsteller worden ist, hat er selbst in seiner Abhandlung, von dem Mißbrauche und der Zuläßigkeit der Satyre auseinander gesetzt. Man sieht aus dieser Schrift, daß er seine Pflicht im ganzen Umfange kannte, und aus seinen übrigen, wie genau er sie beobachtet hat. „Einen so moralischen Satyriker kenne ich „nicht,“ sagt der fromme Verfasser der Schrift, die den Titel führt: **geheimes Tagebuch**. „Bey „aller Laune sieht man es ihm doch immer an, daß „gute Absichten ihn leiten. Wie sehr scheint er mir „hierinnen Swiften zu übertreffen!“

Seine Absichten waren also lauter. Das Gute zu befördern, die Tugend, die gesunde Vernunft und die Religion zu empfehlen, ein anständiges, würdiges Betragen allgemeiner zu machen, die Pedanterey der verschiedenen Stände zu mindern, so wohl Kleinigkeiten, die über die Gebühr geschätzt, als auch wichtige Dinge, die in Verachtung gerathen, wieder auf ihren wahren Werth zu setzen: kurz, die Vollkommenheit, und also in so fern die Glückseligkeit des Menschen war der Zweck seiner Werke. Aber war sie auch die Wirkung derselben? Ich glaube

glaube es; so weit als sie überhaupt die Wirkung einer menschlichen Bemühung seyn kann. Keine, weder die ernsthafte, noch die scherzende Moral kann gewiß seyn, daß sie die Sitten bessert. Dieß ist allein das Werk einer höhern Macht und des Menschen selbst. Aber das kann sie hoffen, daß sie die Besserung veranlasset, indem sie vielleicht lange zuvor, ehe die Aenderung geschieht, dem Menschen die Gedanken und Betrachtungen beybringt, die bey ihm durch besondere Umstände, aber doch erst mit der Folge der Zeit, wirksam und zu seiner Verbesserung kräftig geworden sind. Weder das Schauspiel, noch die Satyre bessert auf der Stelle. Es ist ohne Wunderwerk nicht möglich, daß man als ein Narr zu lesen anfangen und als ein Weiser aufhören sollte. Alle Aenderungen in der menschlichen Natur geschehen durch Stufen, nach und nach. Viele Ursachen müssen dabey zusammen kommen, aber zu diesen gehöret doch vornehmlich der sittliche Unterricht, und derjenige gewiß am meisten, der am meisten Aufmerksamkeit erweckt, das heißt, der nicht ohne Vergnügen vernommen wird. Wenn man inzwischen gewisse Fehler oder Thorheiten, die dazumal, als der Verfasser schrieb, noch sehr gewöhnlich waren, sich verlieren, oder doch seltner werden sieht, wenn man sich gewisser Dinge itzt schämet, aus denen man sich zu derselben Zeit eine Ehre machte; sollte man es bloß

der

Leben und Schriften.

der Mode, die oft neue Fehler, neue Thorheiten in die Stelle der alten setzt, zuschreiben, und den Sittenlehrern gar kein Verdienst beymessen? Das heißt in der That sichtbare Ursachen läugnen, um verborgene aufsuchen zu können. Wenn die Vorstellungen des Schadens oder des Ungereimten, das aus gewissen Handlungen entspringt, gar keinen Einfluß auf den Menschen hätten, wenn er sich weder durch die ernsthafte Folge iener Thorheiten, noch durch ihre lächerliche Ungestaltheit abschrecken ließe; was könnten überhaupt Unterricht, Beyspiele, Gesetze, was könnte ein Mensch zur Besserung eines andern Menschen thun? — Ich schreibe in der That den Rabenerischen Satyren die Abstellung manches Fehlers zu, der itzt nicht mehr unter uns herrscht, und der sonst geherrschet hat.

Den Charakter der Rabenerischen Satyre zu schildern, würde überflüssig seyn, nachdem es schon Herr Professor Ramler in seiner Einleitung in die schönen Wissenschaften nach dem Batteux auf eine Art gethan hat, zu der nichts hinzuzusetzen übrig bleibt. „Rabener, dieser Lieblingsautor unsers Lan„des, sagt er, hat in Prose gedichtet, wie Lucian „und Swift. Ein lachender satyrischer Genius, mehr „voll Salz, als voll Bitterkeit, männlich schön in „seiner Schreibart, gerecht und lehrreich in seinem „Tadel, ganz unerschöpflich in seinen Erfindungen.

Welche

„Welche Gallerie von Bildern, welche Verschiedenheit
„von Charakteren in seinem Swiftischen Testamente,
„in dem Mährchen vom ersten April, im deutschen
„Wörterbuche, in der Chronike und Todtenliste, in
„den Sprüchwörtern des Pansa, und besonders in
„den Briefen, die er Personen von allen Ständen und
„Charakteren in die Feder legt! — — Wir empfeh-
„len ihn unsern Lesern, als einen Autor, der, wie
„Moliere, mehr als Eine Klasse von Zuschauern zu
„vergnügen, mehr als Eine Fähigkeit des Verstandes
„zu belustigen, und mehr als Eine Art der Thorheit
„zu bestrafen weis."

Warum hat uns doch ein so vortrefflicher
Schriftsteller nicht mehr liefern können! Nach dem
Reichthume seines Witzes, nach dem Umfange seiner
Kenntnisse und der Scharfsinnigkeit seines Beobach-
tungsgeistes, war er es im Stande, und ganz gewiß würde er uns noch weit wichtigere Auftritte der
menschlichen Thorheiten gezeiget, und das dem Publico in seinem Abschiede an dasselbe versprochene
Vermächtniß nicht entzogen haben, wenn er nicht
seiner Schriften durch einen unglücklichen Vorfall
wäre beraubt worden.

Obgleich das Leben eines Gelehrten, oder eines
Mannes, der in bürgerlichen Aemtern gestanden
hat, keine großen und sehr abwechselnden Begebenheiten enthält, die die Neugier an und für sich reizen;

Leben und Schriften.

ten; so sind doch die Umstände eines Mannes von vorzüglichen Gaben und eines Schriftstellers vom ersten Range, so geringe sie auch scheinen mögen, immer für die Leser seiner Schriften wichtig. Die Achtung und die Neigung, die man für den Mann hatte, erregt natürlicherweise die Wißbegierde, auch in Ansehung seiner Geburt, seiner Erziehung, seiner Glücksumstände und seiner Lebensart. Ueberdieß werden die Schriften eines Mannes doch in gewisser Maße besser verstanden, und mit weit mehr Nutzen gelesen, wenn man seinen persönlichen Charakter und die Begebenheiten weis, durch die er ist gebildet worden. Die Umstände, die wir von Rabenern erzählen können, sind nur allgemein, und werden eben deswegen vielleicht weniger den Wunsch der Leser befriedigen, oder unsere Absicht erreichen lassen. Aber ihre Erzählung wird uns wenigstens lebhafter wieder an den schätzbaren Mann erinnern, wenigstens unsern Lesern zeigen, wie gut der witzige Schriftsteller mit dem arbeitsamen Bürger bestehen könne.

Gottlieb Wilhelm Rabener wurde den 17ten September 1714 zu Wachau, einem Rittergute unweit Leipzig, geboren. Sein Vater, Justus Gottlieb Rabener, war damals Besitzer desselbigen und zugleich Anwald im Leipziger Oberhofgerichte, ein Mann von vieler Lebhaftigkeit, ob-

gleich

gleich nicht selten hypochondrischen Anfällen ausgesetzt. Bis in das vierzehnte Jahr genoß er daselbst des Unterrichts eigner Lehrer, und unter diesen namentlich der Aufsicht des noch itztlebenden Stadtpredigers in Dresden, Herrn M. Grenzens, der nachher sein Beichtvater war, und sich durch verschiedene gelehrte Schriften bekannt gemacht hat. Im Jahre 1728 gieng er auf die Landschule nach Meißen, wo vormals sein Großvater väterlicher Seite, M. Justus Gottfried Rabener, als Rektor gelehret hatte. Für diesen hatte er eine vorzügliche Hochachtung, ob er ihn gleich nur aus seinem Bildnisse und seinen Schriften kannte. Er fand hier unter andern seiner Mitschüler den Herrn M. Grabener, itzigen sehr verdienten Rektor an der Schulpforte, einen Verwandten, dem er seine Ergebenheit durch das Vermächtniß seines sämmtlichen Vermögens zu erkennen gegeben, den noch lebenden Herrn Professor Gärtner in Braunschweig und den seligen Professor Gellert. Mit diesen errichtete er eine genaue Freundschaft, die auf der Universität fortgesetzt wurde, und bis an seinen Tod dauerte. Rabener wurde von Gellerten als Freund geliebt, als Schriftsteller hochgeschätzt, als ein äußerst brauchbarer und geschäftiger Mann bewundert. Oft sprach derselbe von ihm in seinen Lehrstunden, als von einem vorzüglichen Beyspiele, daß der strengste Fleiß in Geschäften, selbst in trocknen und mühsamen Ge-

schäften,

schäften, mit der größten Munterkeit des Geistes und dem lebhaftesten Witze sich vertrage. Gellert, der ernsthafte, leidende Gellert, wurde auch noch in seinen letzten Jahren von dem Scherze seines Freundes aufgeheitert. Sie erinnerten sich beyde, wann sie sich von Zeit zu Zeit wieder sahen, ihrer ersten jugendlichen Verbindungen und Begebenheiten. Rabener erzählte sie mit seiner gewöhnlichen Laune und einem scherzhaften Muthwillen, und Gellerts eigne Munterkeit wurde dadurch wieder erweckt. Darüber entspann sich ein kleiner freundschaftlicher Streit zwischen ihnen, sie erneuerten die Zeit ihrer Jugend, und Gellert kam immer mit einem entwölkten und lächelnden Gesichte wieder von ihm.

Nachdem er die gewöhnlichen sechs Jahre in Meißen zugebracht hatte, kam er 1734 auf die Universität nach Leipzig zurück, wo er ein paar Jahre darauf seinen Vater verlor. Hier bauete er auf den feinen Grund, den er auf der Schule gelegt hatte, und bediente sich in jedem Theile der Litteratur der vorzüglichsten Lehrer. Sein Hauptstudium war inzwischen die Rechtsgelehrsamkeit, worinnen er einen so guten Fortgang machte, daß er 1737 unter dem Herren D. Hommel eine selbst verfertigte Schrift, de mitiganda furti poena ob restitutionem rei ablatae, öffentlich vertheidigte. Da er sich auch gern in praktischen Dingen, und hauptsächlich in solchen, welche die Landesverfassung betreffen, unsehen wollte, so begab er sich oft zu dem damaligen Kreys-Landsteuereinnehmer Lazer: dieser machte ihm Lust zur Kenntniß der Steuersachen, und verschafte ihm auch Gelegenheit dazu. In kurzem brachte er es darinnen zu einer solchen Wissenschaft und Fertigkeit, daß er alle dahin einschlagende Arbeiten kannte und mit Leichtigkeit und Vergnügen verrichtete. Rabener war für Geschäfte gemacht. Er faßte eine Sache leicht, übersah vieles mit einem Blicke, und konnte geschwind die Hauptsachen von den Nebensachen, das Nothwendige von dem Entbehrlichen unterscheiden. Er vollbrachte deswegen in kurzer Zeit mehr, als viele bey einem ängstlichern Fleisse in weit längerer zu thun vermögen. Unter diesen ernsthaftern Geschäften, die er zu seinem Berufe gemacht hatte, vergaß er nicht die Musen. Sie waren überall seine liebsten Begleiterinnen, und versüßten ihm die trockenen Arbeiten seiner Lebensart. Er machte sich bald durch seinen Witz und lebhaften Verstand bekannt, und alles, was nur Geschmack liebte, drang sich zu ihm, und suchte seine Freundschaft.

Mit dem Julius des 1741sten Jahres fieng der Herr Professor Schwabe seine witzige Monatsschrift, **die Belustigungen des Verstandes und Witzes,** an, ein Journal, das zur Aufnahme me des Geschmacks in der Poesie und Beredtsamkeit viel beygetragen, so unvollkommen und ungleich auch die Aufsätze noch dazumal seyn mußten. Es gab vielen jungen guten Köpfen Gelegenheit, sich zu versuchen, reizte die Leser durch seine Mannichfaltigkeit, und vermehrte also die Zahl und den Eifer der deutschen Leser und Schriftsteller. Hier that sich Rabeners satyrische Laune zuerst hervor. Von der Mitte des Jahres 1741 bis zur Mitte des Jahres 1744 war er ein Mitarbeiter davon. Es erschienen darinnen verschiedene größere und kleinere Aufsätze von ihm, die itzt den ersten Band seiner Satyren ausmachen. Der Charakter und Werth dieser Schriften ist bekannt. Der Inhalt ist nicht immer für alle Stände gleich lehrreich: denn die Thorheiten sind nur aus gewissen Ständen genommen, und der Gelehrtenstand, den er dazumal am meisten kannte, hat dazu die meisten hergegeben. Viele derjenigen Fehler, über die er spottet, sind nicht mehr, oder nicht auf dieselbe Weise vorhanden. Ueberdieß sind gewisse satyrische Gemälde von ihm zu Gemeinörtern aller folgenden Wochenblätter und Satyren geworden: daher thun sie nicht mehr dieselbe Wirkung auf alle Leser, als bey ihrer ersten Erscheinung. Die Züge sind freylich, um sie lächerlich zu machen, verstärkt, aber nicht so sehr, daß sie das Bild unkenntlich machen sollten. Viele Vorstellungen und der ganze Ausdruck

sind

sind in hohem Grade lustig. Ueberdieß ist die Schreibart nicht bloß rein, sondern auch gedrängt und genau; ein Vorzug, der dem größten Theile unsrer ersten Prosaisten fehlte. Noch befindet sich in eben diesen Belustigungen ein scherzhaftes Gedicht von ihm, schon im Jahre 1737 verfertiget, Beweis, daß die Reime in der deutschen Dichtkunst unentbehrlich sind, welches itzt die ersten Seiten seines zweyten Bandes einnimmt. Nach diesem zu schließen, würde er kein mittelmäßiger Dichter geworden seyn, und leicht ein zweyter Horaz, wenn er sich des Verses in seiner Satyre bedienen wollen. Er ist durchgängig wohlklingend und kräftig. Mit wie vieler Laune charakterisiret er z. B. die Lohensteinische Schreibart:

> Will ein erhabner Geist, ein zweyter Lohenstein,
> Des Phöbus Hofpoet und erster Günstling seyn,
> Und der geneunten Zahl mit reingewaschner Lippe,
> Im gläserhellen Quell des Pferdebrunns Cnippe,
> Der Andacht Weihrauch streun; bricht sein erhitzter Muth,
> Beschwängert von der Kunst, durch Flamme, Blitz und Glut;
> Ruft er der Schwefelbrunst, der donnerharten Flammen,
> Und ruft Megärens Zunft, und ruft den Styx zusammen:
> Tanzt er auf Stelzen her, wann er Gewitter wälzt,
> Und eine Feuersbrunst des Herzens Marmor schmelzt;

Läß

Läßt er rund um sich her des Unglücks Nordlicht
glänzen:
Lacht er in Gleichnissen, seufzt Chrien, weint Sen-
tenzen:
So kömmt ein Zoilus, und ruft: der Dichter schwillt!
Sein ganzer Vers ist Rauch, sein Kopf mit Dunst
erfüllt.
Seht, wie er die Vernunft in Demantketten führet,
Im Paroxysmus singt, und Oden phantasiret, u. s. w.

Die Belustigungen brachten noch einen andern Vortheil. Unsre besten jungen Köpfe arbeiteten daran, und viele derselben verbanden sich dadurch zu einer noch genauern Freundschaft. Viele von ihnen waren, ob sie gleich die Belustigungen, als die erste deutsche Schrift dieser Art, für ein dem deutschen Witze sehr nützliches Journal erkannten, dennoch schon vom Anfange her darüber mißvergnügt gewesen, daß so wohl nicht wenige, und noch darzu gar unschmackhafte Streitschriften eine Aufnahme darinnen gefunden, als auch überhaupt in den Aufsätzen nicht eine strengere Wahl beobachtet würde. Mit den häufigen und immer härtern Anfällen, welche beyde Ursachen den Belustigungen zuzogen, wuchs natürlicherweise das Mißvergnügen. Verschiedene, unter denen sich auch Rabener befand, trugen mit Anführung dieser Gründe, bey dem Herausgeber an, daß mit dem sechsten Bande dieses Journal geschlossen, und bey eben demselben Verleger ein neues von gleicher Art möchte angefangen werden, zu welchem auch sie ihre Arbeiten beyzutragen sich erboten, wenn dabey, in Absicht auf diese beyden Punkte, eine andere Einrichtung getroffen würde. Der Herausgeber willigte darein. Alle Mitarbeiter wandten, nach dem Maaße ihrer damaligen Einsichten und Fähigkeiten, ihren Fleiß an, vorzüglich gute Stücke in diesen Band zu verfertigen, damit er wenigstens gegen die vorhergehenden sich ausnähme, und sie mit Ehren schlössen. Rabener ließ es an seiner Seite an vielen Ermunterungen nicht fehlen, welches ohnedieß seine Gewohnheit war, weil er sich des deutschen Witzes und der Monatsschriften, in die er arbeitete, mit einem sehr patriotischen Eifer annahm. Er faßte bey dieser Gelegenheit den Entschluß, eine Schrift unter dem Titel: Vorlesungen eines Professors von Oczacov, über die Belustigungen im Jahre 1744 gehalten, demselbigen Bande anzuhängen. Dieses sollte gleichsam eine Kritik und Vertheidigung der Belustigungen, beydes zugleich, und zwar in einer satyrischen Schreibart seyn: schlechten Stücken durch einen satyrischen Zug das Urtheil sprechen, und unbillige Anfälle mit einem eben so lachenden Spotte abweisen. Er hatte dabey viele Satyren auf unächte Kritiker, und ihre Art, die alten Autoren zu behandeln, oder vielmehr zu mißhandeln, desgleichen auf geschmacklose Alterthumsforscher angebracht. Denn er wollte auf eine gleiche

gleiche Weise, als von ihnen öfters bey den Werken des Alterthums geschehen, auch bey den Belustigungen verfahren. Da der Bär, das Breitkopfische Buchdruckerzeichen, zu vielen ungesalznen Scherzen über die Belustigungen Anlaß darbieten müssen, so hatte sich auch hier der Verfasser die Gelegenheit, dieselben zu rügen, durch die Erfindung zubereitet, daß aus dem Schutte eines Hauses ein Bär, das Schild des Breitkopfischen Hauses in Leipzig, hervorgezogen worden. Der oczacovische Herr Professor ließ sich darüber in gar gelehrte Discußionen ein, und versuchte, ob er dadurch verschiednen ihm dunkeln Stellen aus Schriften derselben Zeit, die bey Gelegenheit der Belustigungen, auf einen Bär anspielten, ein Licht anzünden könne, fand aber beym Schlusse, daß seine Bemühungen hierinnen wohl vergeblich seyn möchten, weil er nicht im Stande wäre, eine vernünftige Verbindung zwischen den Belustigungen und dem Bäre auszudenken. Schon war Rabener in seiner Arbeit weit gekommen, als der Entschluß, die Belustigungen nicht weiter fortzusetzen, geändert wurde. Rabener hörte also damit auf, nützte verschiedene Stellen und einzelne satyrische Züge in seinen folgenden Aufsätzen, und vertilgte seine Vorlesungen.

Indessen hatten sich Gärtner, als der Urheber dieses Anschlages, und mit ihm Cramer und Adolf Schlegel, zur Verfertigung einer solchen Monatsschrift,

schrift, wie sie die neue Fortsetzung der Belustigungen eingerichtet zu sehen gewünschet, mit einander vereiniget, und da sich von ungefehr ein bremischer Buchhändler zum Verleger darbot, so wählten sie diesen um so viel lieber, da sie dabey, wie ihre Absicht war, desto leichter verborgen zu bleiben hofften. Die Gesetze, die sie dabey zum Grunde legten, und die der Herausgeber selbst in Vorschlag brachte, können denjenigen zum Muster dienen, die eine Monatsschrift dieser Art unternehmen wollen. Der Herausgeber solle bloß die Angelegenheiten mit dem Verleger besorgen, aber außerdem, in Absicht auf die einzurückenden Arbeiten, vor seinen Mitarbeitern kein Recht voraus haben, und seine eignen Stücke gleicher Kritik und Entscheidung, als die übrigen, unterwerfen; kein Mitarbeiter solle ohne Bewilligung der andern dazu gezogen werden; kein Aufsatz eines Mitarbeiters aber einen Platz finden, wenn nicht die meisten Stimmen dafür ausgefallen; alle Mitarbeiter sollen jedes Stück kritisiren, und wenn sich einer nicht entschließen könnte, die von den meisten Stimmen verurtheilten Stellen wegzustreichen, oder zu ändern, es zwar bey ihm stehe, das Stück ganz zurück zu behalten, aber doch dasselbe, so lange es nicht nach der Entscheidung der meisten geändert worden, vom Journale ausgeschlossen bleiben; daß mit den eingesandten Stücken ebenfalls nach der Entscheidung der meisten müsse

verfah=

verfahren werden; und endlich, weil damals viele
Leser gewohnt waren, bloß aus dem untergesetzten
Namen auf den Werth oder Unwerth eines Auf-
satzes zu urtheilen, daß keinem Stücke der Name seines Verfassers beygefügt werden solle. So bald mit
dem Verleger alles in Richtigkeit gebracht war; so
wurde Rabenern die Entdeckung davon gemacht,
der sich ungemein darüber freuete, und dieser kleinen Gesellschaft beytrat. Man gesellte sich hierauf
auch Schmidten von Lüneburg, Eberten und Zachariä zu. Anfangs war auch Mylius unter diesen:
aber sie fanden bald, daß sie in Ansehung seiner
sich getäuschet, und derselbe in den gemachten Plan
sich entweder nicht fügen wollte, oder nicht konnte,
und gleich, nachdem das erste Stück erschienen, in
welchem sich von ihm weiter nichts findet, als die
Abhandlung, daß das Feuer keine Materie
sey, gieng er wieder ab. Sie bewarben sich gleichfalls um auswärtige Mitarbeiter, und ersuchten
Strauben in Breßlau und Elias Schlegeln in Ko-
penhagen um ihre Beyträge, wovon der erste ihnen sein schon geraume Zeit zuvor gedrucktes Gedicht, von der Vortrefflichkeit der Dichter,
die schwer zu lesen sind, überließ, der letzte aber
mehrere Beyträge gethan, auch sein Trauerspiel,
die Trojanerinnen, ihnen zur Kritik übersandt
hat. Von Hagedorn, dem sie gleichfalls davon
Eröffnung gemachet, nahm durch seinen Beyfall

B 5   und

und seine Freude vielen Antheil daran. Nun arbeiteten die Verfasser der bremischen Beyträge im Verborgenen. Sie hatten auch das Vergnügen, bey den ersten beyden Stücken, da sie die Vorrede von Bremen aus datirt hatten, unerkannt zu bleiben, und von den Bewegungen, welche die unerwartete Erscheinung dieser Monatsschrift verursachte, nebst den Bemühungen, sie zu entdecken, selbst Zeugen zu seyn. Als die wahren Verfasser bekannter zu werden anfiengen, trat auch Gellert zu ihnen, den gleich Anfangs dazu zu ziehen, verschiedene Umstände verhindert hatten. Er unterwarf ihrer Beurtheilung, die sehr strenge zu seyn pflegte, sein erstes Buch von Fabeln und seine Betschwester, deren Verfertigung er, bis er sie vollendet hatte, geheim gehalten, verbesserte sie nach ihren Kritiken sehr sorgfältig, und überließ die erste Bekanntmachung der letztern dieser neuen Monatsschrift. Schon bey dem zweyten Bande wurde ihre Anzahl aus Hamburg erst durch den seligen Giseken, und hernach durch den seligen Spener, einen jungen Dichter, der noch in Leipzig durch einen frühen Tod der Welt entrissen wurde, verstärket. Zuletzt, da schon die Gesellschaft durch den Abgang einiger, die Leipzig verliessen, sich zu vermindern anfieng, erhielt sie einen neuen Zuwachs in Klopstocken, Fuchsen und Schmidten von Langensalze, von denen aber die beyden

beyden letzten nur zu den vermischten Schriften
Beyträge gethan.

Man wird mir diese kleine Ausschweifung über
die Geschichte der bremischen Beyträge vergeben,
da es gewiß die erste periodische Schrift von ver-
mischtem Innhalte war, die so viele ausnehmend
schöne und keine schlechten Aufsätze in Prosa und
in Versen enthielt. Sie machet einen merkwürdi-
gen Zeitpunkt in unserer Litteratur aus, weil der
Beyfall, mit dem sie aufgenommen wurde, das
Studium unserer Sprache und die Begierde, durch
deutsche Schriften Ruhm zu erwerben, weit allgemeiner machte. Von dieser Zeit an ist die Anzahl
unserer Dichter und Prosaisten erstaunlich gewachsen: und wann auch die meisten darunter schlecht
oder wenigstens mittelmäßig sind: so können wir
uns damit trösten, daß selbst der große Eifer un-
fähiger Köpfe um einen gewissen Vorzug, den sie
nicht erreichen, immer ein Beweis ist, daß andere
bessere Köpfe ihn zuvor wirklich erhalten haben, und
noch erhalten werden.

Die meisten Aufsätze, die den zweyten Theil
der satyrischen Schriften unsers sel. Rabeners aus-
machen, erschienen nach und nach in diesen neuen
Beyträgen zum Vergnügen des Verstandes und
Witzes, welche vier Bände ausmachen, und in den
Sammlungen vermischter Schriften, unter welchem

Tite-

Titel dieselben Verfasser ihre Bemühungen fortsetzten. Diese Arbeit aber war nicht bloß für das Publicum, sondern auch für diese rechtschaffenen Männer selbst vortheilhaft. Ihre Freundschaft hatte nun einen gewissen Zweck, ihre Vertraulichkeit wurde grösser, ihre Zusammenkünfte, die sie wöchentlich an bestimmten Tagen in einem festgesetzten Umlaufe hielten, unterhaltender. Alle sahen in der Folge diesen Theil ihres Lebens als den angenehmsten, und diese Vereinigung ihrer Arbeiten als die vornehmste Ursache ihrer eignen Vollkommenheit und des guten Erfolgs ihrer Schriften an. Das Schicksal entfernte sie bald von einander: aber ihre wechselseitige Freundschaft blieb unverändert. Kaum konnte irgend einer, nach dieser Trennung, neue, eben so vertraute und innige Freunde wieder finden.

Rabener hatte schon im Jahre 1741 das Amt eines Steuerrevisors des Leipziger Kreißes erhalten, ein beschwerliches Amt, das mit vielen Reisen auf dem Lande umher, mit Untersuchungen und Abmessungen des Eigenthums, und mit einer mühsamen Vertheilung der Abgaben, nach dem Verhältnisse dieses Eigenthums oder auch Gewerbes, beschäfftiget ist; das eine genaue Kenntniß der Landesverfassung und eine geprüfte Rechtschaffenheit erfodert. Er war auch in diesem Amte nicht einen Augenblick müßig. Seine Geschicklichkeit zog ihm bestän=

beständig eine Menge Aufträge zu, und er vollzog sie mit der äußersten Sorgfalt. Eine verworrene Sache, die durch die vielen Hände, durch die sie gegangen, noch verworrener geworden, fiel ihm am Ende gemeiniglich zu, und er brachte sie glücklich in Ordnung. Auch bekam er nicht selten Aufträge, die besondere Vorsichtigkeit erfoderten, und er hatte es seiner Klugheit und Rechtschaffenheit, die er keinen Absichten und Betrachtungen aufopferte, zu verdanken, daß selbst diejenigen Personen, wider welche seine Entscheidung ausfiel, mit ihm zufrieden waren. Seine Erholung waren seine witzigen Arbeiten. „Alle meine Satyren, schrieb er mir „einst, habe ich auf meinen Expeditionen und wäh„rend solcher Geschäffte gemacht, wo ich mit den „Antipoden des Witzes zu thun hatte." Der itzige Herr Hofrath Kästner in Göttingen, dem ein scherzhafter Satyr oft auch die Geißel in die Hand gegeben, verfertigte auf ihn bey jener Veranlassung folgendes feine Sinngedicht:

  Zu spotten und uns arm zu machen,
  Ist Rab'ners doppeltes Bemühn:
  Man sieht ihn über alle lachen,
  Und alle seufzen über ihn.

Rabener sagte im Scherze zu ihm, daß er dieses als Advokate der Bauern und der Narren gemacht habe.

            Indes-

Indessen entriß die Vorsehung unserm Rabener einen Freund nach dem andern, um ihre Verdienste an entfernten Orten zu belohnen, und durch sie zugleich Kenntniß, Geschmack und Liebe zu unserer Muttersprache zu verbreiten. Rabeners Lustigkeit und Gabe zum Scherze mußte ihm nothwendig viel Gesellschafter erwerben; und seine Rechtschaffenheit und Verstand neue Freunde machen: aber sein Herz wurde doch immer zu diesen alten Vertrauten gezogen. Er genoß ihrer, aber meistens nur durch sein Andenken und durch seinen Briefwechsel. Auch ich hatte das Glück, um das Jahr 1750 mir seine Gewogenheit zu erwerben. Mit jedem der folgenden Jahre vermehrte sich seine Liebe und Vertrauen gegen mich. Wie viel heitere Augenblicke genoß ich in seinem Umgange! wie vielen Unterricht! wie manchen treuen Rath! Das Andenken seiner Freundschaft wird mir lebenslang theuer seyn.

Gegen das Ende des 1751sten Jahres schrieb er seine satyrischen Briefe, die er im folgenden Jahre herausgab, und die den dritten Theil seiner Schriften ausmachen. Meinem Urtheile nach hat sich in diesen sein schöpfrischer Geist am meisten geäußert. Die Gabe, die Sitten, die Denkungsart, den Ton jeder Lebensart, jedes Charakters, jeder herrschenden Leidenschaft genau zu treffen, diese eigenthümliche Gabe des dichterischen Genies hat er nirgends in einem so hohen Grade gezeiget. Er läßt Leute von allen Ständen sprechen, und alle reden ihre eigne Sprache. Das Bildniß ist allemal getreu, und die Züge, die er wählt, sind allgemein kenntliche Züge, die jedermann in Originalen bemerkt hat, die aber nur Er so zusammen zu finden, so ins Licht zu stellen wußte. Diese Schilderungen hatte er nicht bloß aus seinem Kopfe entworfen. Er hatte wirklich die Menschen gesehen, sie aufmerksam, als ein philosophischer Beobachter, gesehen. Sein Amt und seine ländlichen Reisen selbst hatten ihn unter mancherley Klassen von Menschen geführet, und ihn die Sitten und den Ausdruck verschiedener Stände und Charaktere kennen gelehrt. Wer einmal dieses geistige Auge hat, kann an jedem Orte und an jedem Menschen lernen. Swift gieng in Wirthshäuser, den gemeinen Mann zu studiren. In der That muß man erst den Menschen kennen, wenn man ihn kopieren will, und man lernet ihn nicht kennen, wenn man ihn nicht in sehr verschiedenen Umständen und Verfassungen sieht. Erst die Abweichungen von dem Gewöhnlichen machen uns aufmerksam.

Indessen zog sein Fleiß, seine Treue, Geschicklichkeit und Ordnung in seinen Berufsarbeiten die Aufmerksamkeit seiner Vorgesetzten immer mehr auf sich

sich. Sie sahen, daß er dem Vaterlande in einem höhern Posten noch weit wichtigere Dienste leisten könnte, und wünschten auch seine bisherigen zu belohnen. Man berief ihn also nach Dresden in das Obersteuercollegium, wo er, nach Herrn Hofmanns Tode, die Stelle eines ersten Obersteuersekretärs erhielt. Er verließ Leipzig, als den Wohnplatz seiner besten und ältesten Freunde, als den Ort seiner jugendlichen Freuden und seiner ersten gelungenen Arbeiten, mit Schmerzen. Aber er zog seinen Beruf seiner Lust, und die Hoffnung, noch nützlicher zu seyn, allen übrigen Betrachtungen vor. In Dresden fand er, wie es bey solchen Verdiensten nicht anders zu vermuthen war, unter Hohen und Niedern Bewunderer, Gönner und Freunde. Zwey Jahre darnach, 1755, gab er den vierten und letzten Theil seiner satyrischen Schriften heraus. Er enthält des Anton Panßa von Mancha Abhandlung von Sprüchwörtern, wie solche zu verstehen und zu gebrauchen sind: Beweis, daß die Begierde, Böses zu reden, weder vom Stolze noch von der Bosheit des Herzens, sondern von einer wahren Menschenliebe herrühre, an die königliche Akademie zu Pau in Bearn: das Mährchen vom ersten April, und endlich Abbitte und Ehrenerklärung.— Das erste Sprüchwort war bereits im Jänner des 1750sten Jahres in die vermischten Schriften zum Vergnügen des Verstandes und Witzes eingerückt:

die

die zwote Abhandlung aber so wohl, als das Mährchen vom ersten April, doch ohne Schlüssel, besonders abgedruckt worden. Mit Unzufriedenheit sah das Publikum diesen Band, als den letzten angekündiget. Er stund noch in der vollen Reife des männlichen Alters, seine Gesundheit und seine Kräfte waren noch ungeschwächt, sein Witz noch eben so lebhaft, sein Blick noch eben so scharf. Ueberdieß schien er itzt in eine höhere Sphäre einzurücken, wo Thorheit und Weisheit sich besser ausnehmen, wo das Gemälde derselben so wohl mehr Vergnügen machet, als mehr Nutzen stiftet. Aber er hatte ohne Zweifel gegründete Ursache zu dem Entschlusse, den er faßte. Er rechtfertigte ihn in der Vorrede. „Ein ernsthafteres Alter; Geschäffte, die täglich ge=
„häuft werden; der Verlust der besten Freunde; eine
„argwöhnische Vorsicht, die meinem itzigen Stande
„vielleicht noch unentbehrlicher ist, als sie mir vor
„drey Jahren wär; Leser, die noch immer ge=
„wohnt sind, zu lachen, so lange sie über andre
„lachen, und welche unversöhnlich wüten, so bald
„sie glauben, ihr eignes Gesichte im Spiegel zu se=
„hen; der geschwätzige Vorwitz der Ausleger, wel=
„che immer boshaft genug sind, Schlüssel zu ma=
„chen, wo keine Schlüssel nöthig sind: die tücki=
„sche Bosheit dererjenigen, welche sich getroffen
„finden, und schweigen, und welche doch hämisch
„im Namen dererjenigen seufzen, die gewiß nicht

Rab. Briefe.   C   „gemeynt

„gemeynt und gewiß nicht getroffen sind; die belei=
„digende Unbilligkeit des witzigen Pöbels, welcher
„immer an dem Orte, wo der Verfasser schreibt,
„die Originale zuerst suchet, eine Unbilligkeit, die
„mir bey meinem gegenwärtigen Amte doppelt em=
„pfindlich seyn muß: alles dieses sind Ursachen, wel=
„che mir meinen Vorsatz ernstlich machen." In
einem seiner Privatbriefe an mich schrieb er: „Sie
„denken auch, daß mein Schwur, nichts mehr bey
„meinem Leben drucken zu lassen, der Schwur ei=
„nes Liebhabers oder eines Poeten sey? aber nein;
„wenn mir auch der Kitzel wieder ankäme, so ha=
„be ich doch nicht Lust, mir den Kopf zu zerstoßen.
„Mit den Kathederthoren und den Narren aus den
„drey Facultäten konnte ich fertig werden, und
„wenn es eine Brausche am Kopfe gegeben hätte,
„so durfte ich nicht fürchten, sie allein zu tragen:
„denn ich habe auch Fäuste; aber die Thoren aus
„den Palästen und den Antichambern sind mir zu
„gefährlich, und (im Vertrauen!) es sind nicht
„die kleinsten." Ungeachtet dieser feyerlichen Ver=
sicherung glaubte man ihm immer nicht ganz, da
er zugleich die Erklärung von sich gab, daß er
deswegen nicht aufhören werde, Originale zu Schil=
dereyen aufzusuchen: aber nur die Bedingung hinzu=
setzte, daß er sie erst nach seinem Tode herausgeben
wolle. Man glaubte nicht, daß ein Autor so we=
nig Eitelkeit haben könne, nunmehro zu schreiben

aufzu=

aufzuhören, da er des Erfolgs seiner Schriften, durch den allgemeinen Beyfall, den die ersten erhalten hatten, so gewiß geworden war. Aber man kannte ihn nicht. Er war fest in seinen Entschlüssen, wenn er sie einmal mit Ueberlegung gefaßt hatte. „Ich besitze, sagte er, gewiß Eigenliebe genug, jenes „Lob auch nach meinem Tode verdienen zu wollen, „je vortheilhafter alsdann für mein Andenken ein so „unpartheyisches Lob ist, und je weniger ich her„nach im Stande bin, meine Fehler zu entschul„digen, oder wider scheinbare Vorwürfe mich zu „verantworten." Er arbeitete auch wirklich unter seinen überhäuften Geschäfften beständig in seinen Erholungsstunden an satyrischen Aufsätzen und Entwürfen. Noch das Jahr vor dem Kriege sah ich bey ihm einige Nachahmungen aus dem Lucian und einen Entwurf zu einem Werkchen, das den Titel hatte: Entzückungen oder Gesichter, in denen eine vorzüglich kühne Satyre herrschte. Auch theatralische Arbeiten hatte er unternommen. Ein Lustspiel, der Freygeist, war bereits bis zum vierten Aufzuge fertig. Nur von diesem letzten Stücke erinnere ich mich des Entwurfs. Ein junger ausschweifender Mensch, der aus Lüderlichkeit ein Freygeist geworden war, hatte ein tugendhaftes und kluges Mädchen für eine Buhlschwester verlassen. Da seine erste Geliebte wußte, daß er die Grundsätze der Religion nicht so wohl verwarf, als unterdrückt

hatte:

hatte: so gerieth sie auf den Einfall, ihn durch folgende List zu gleicher Zeit zu beschämen, zu bessern und vielleicht wieder zu gewinnen. Sie sagte sich in einem Briefe völlig von ihm los, und bat nur noch um einen einzigen Besuch. Er erschien. Sie überredete ihn, daß in dem Kaffee, mit dem sie ihn bewirthete, der stärkste Gift gewesen. Sie habe dieß veranstaltet, um sich an dem Urheber ihres Unglücks zu rächen, und glaube um so viel weniger strafbar zu seyn, da sie nichts gethan, als seine eignen Grundsätze, die sie ihrer gekränkten Liebe und Eifersucht gemäß gefunden, ausgeübt habe. Er gerieth in das tödtlichste Schrecken, und wurde äußerst verzagt und fromm. Da sie ihn einige Zeit in der Unwissenheit gelassen, entdeckte sie ihm die Sache: er kam dadurch zur Vernunft, und heyrathete sie, wenn ich es anders noch recht weis. So viel aber weis ich, daß die Situationen ungemein gut angelegt, die Charakters wohl ausgebildet, der Dialog launig und munter und die Handlung sehr interessant war. Er hatte noch ein anderes kleineres Stück bereits angelegt, das, wo ich mich nicht irre, eine kleine Feyengeschichte zum Grunde hatte. Einige Anzeigen lassen auch vermuthen, daß er Etwas, von der schweren Kunst, mit der Welt zufrieden zu seyn, müsse ausgearbeitet haben. Endlich hatte er einen sehr angenehmen Briefwechsel mit verschiedenen seiner Freunde gesammelt,

melt, von dem die wenigen hier befindlichen Briefe ein bloßer Ueberrest sind. Warum bemächtigte ich mich doch damals nicht dieser Papiere, und wendete dadurch wenigstens Einen Verlust ab, den der Krieg anrichten sollte!

Dieser brach bald aus. Ich brauche wenig davon zu sagen. Die meisten Briefe der folgenden Sammlung sind während desselben geschrieben. Sie enthalten davon viele Umstände, und werden also auch selber für diejenigen interessant seyn, die gegen den Witz gleichgültig, aus bloßer Neugier lesen. Er wurde von den vornehmsten Officieren des preußischen Heers, die damals in Dresden waren, aufgesucht, geliebt und hochgeschätzt. Der Prinz Heinrich sah ihn mehr als einmal. Selbst der König verlangte ihn zu sprechen. Diese Unterredung hätte für unsern Rabener und für die deutschen Musen gleich vortheilhaft seyn können. Denn er besaß alles, was zu einer solchen Unterredung gehört, äußerlichen Anstand, Klugheit und Gegenwart des Geistes: aber sie hatte nicht statt, da der König plötzlich aufbrach, und, so viel ich mich erinnere, niemals, oder doch nur auf kurze Zeit wieder nach Dresden kam. Indessen wurde der Krieg immer heftiger. Im Jahre 1758 besuchte Rabener seine Freunde hier in Leipzig, nachdem schon der größte Theil seiner Amtsarbeiten aufgehöret hatte. Wie heiter, wie freudig war damals noch sein Geist! doch schien er das Unglück, das Dresden in der Folge treffen würde, vorher zu sehen. Er nahm daher mit mir die Verabredung, daß er zwo Abschriften von seinen bereits verfertigten satyrischen Aufsätzen nehmen, und eine davon mir anvertrauen wollte. Da aber nach seiner Rückreise der Briefwechsel zwischen hier und Dresden durch die feindlichen Heere unterbrochen, die Packete eröffnet wurden, und viele dadurch verloren giengen, oder in fremde Hände kamen, so vertraute er das eine Exemplar einem andern seiner Freunde in Dresden, und behielt das Original bey sich.

Es folgte die unglückliche Belagerung von Dresden im Monat Julius des 1760sten Jahres. In dem dadurch entstandenen Brande giengen seine vorher angezeigten Handschriften so wohl im Originale, als in der Abschrift darauf: denn beyde Häuser, wo er sie niedergelegt hatte, wurden ein Raub der Flamme Die Beschreibung dieser Verwüstung mögen die Leser in seinem lebhaften Briefe an den Herrn Hofrath Ferber nach Warschau vom 16ten August lesen: ein Brief, der ihm in der Folge beynahe so viel Verdruß, als sein Verlust bey der Einäscherung des Hauses, das er bewohnte, selbst machen mußte. Ein unvorsichtiger Freund, dem er in Vertrauen war gezeiget worden, hatte vermuthlich heim-
lich

lich eine Abschrift davon genommen. Bald war dieser Brief fast durch ganz Deutschland in allen Händen: Kein Wunder, daß sich ein eigennütziger Buchhändler dessen bemächtigte! er ward, nebst ein paar auf gleiche Art erhaschten Gellertschen Briefen, gedruckt, an zehn Orten gedruckt. Da er mit vieler Freymüthigkeit und Laune geschrieben, und Dresden noch in der Gewalt einer fremden Macht war, so konnte er in der That nicht ganz außer Sorgen wegen der Folgen seyn. Noch unangenehmer waren ihm die falschen Urtheile, die viele nach diesem Briefe von seinem Charakter fällten. Bey einer so traurigen Begebenheit noch das Lächerliche bemerken und darüber spotten zu können, schien vielen Leichtsinn und ein hartes unempfindliches Herz zu verrathen. Es wäre itzt sehr unnöthig, Rabenern wegen dieses Briefes zu rechtfertigen. Erstlich hat er dieses selbst in der Vorrede zur sechsten Auflage seiner satyrischen Schriften gethan: und überdieß ist es itzt, nachdem die ersten stärksten Eindrücke dieses unglücklichen Vorfalls erloschen sind, mehr einem jeden möglich, sich in Rabeners Stelle zu setzen. Empfindlichkeit bey der Noth anderer, besonders bey einer allgemeinen Noth, ist eine nothwendige Eigenschaft eines guten Charakters, aber nicht Niedergeschlagenheit. Wenn ein Mann bey dem Unglücke noch Gegenwart des Geistes behält: so wird er auch stets noch seine gewöhnliche Denkungsart dabey

bey äußern, und die, seinem Genie gemäßen Beobachtungen oder Betrachtungen anstellen. Nur durch eine gänzliche Zerrüttung der Seele kann die Aeußerung des Temperaments und der natürlichen Fähigkeiten und Anlagen eines Mannes aufgehoben werden. Und durfte Rabener also seine Gabe, das Lächerliche zu sehen, auch bey dem Unglücke beybehalten: so konnte es ihm bey dieser Gelegenheit auch nicht an Gegenständen dazu fehlen. Auch der Muthloseste, dem bey der gegenwärtigen Gefahr kein, auch im geringsten Grade scherzhafter Gedanke einfällt, erinnert sich doch, wann sie vorbey ist, vielleicht aus keinem Auftritte seines Lebens mehr lächerlicher Handlungen von sich und andern. Nichts läßt uns leichter in das Lächerliche verfallen, als die Furcht, wann sie ausschweifend wird, und die Mittel zur Rettung nicht mehr nach Ueberlegung wählt. Ueberdieß wird das, was an sich nur im geringen Grade lustig war, durch den Contrast des Unglücks selbst, wenn man nunmehr von diesem befreyet und davor sicher ist, noch weit lächerlicher. Und Rabeners Brief war in der That vier Wochen nach der Begebenheit, die er erzählt, geschrieben: er war an einen vertrauten Freund geschrieben, mit dem Rabener zu scherzen gewohnt war, und enthält am Ende nichts, was nicht auch der mitleidigste Mann in solchen Umständen hätte schreiben können.

Die

Leben und Schriften.

Die Personen, von welchen er in diesen Briefen am freymüthigsten gesprochen hatte, wurden am wenigsten dadurch beleidiget. Viele Staabsofficiere der kaiserlichen Armee waren seine Freunde: und einer davon bezeigte ihm noch nach dem Kriege seine und seiner Mitbrüder Hochachtung und Freundschaft. Rabeners Antwort darauf ist merkwürdig genug, hier eingerückt zu werden, da sie sich nicht in der folgenden Sammlung findet:

Wie freundschaftlich haben mich Ew. H. mit Ihrem angenehmen Briefe überrascht! Ich war schon ganz kleinmüthig, weil ich in der That befürchtete, Sie, mein theuerster Herr, hätten mich vergessen: und wie sollten Sie nicht mitten unter Ihren Geschäften und einem ruhigen Ueberflusse einen armen schüchternen Flüchtling vergessen, der keine Vorzüge weiter hat, als Ihre Freundschaft!

Ihr Brief traf mich eben auf meiner Brandstelle an, wo ich mich auf eine traurige Art meiner Freunde und Feinde erinnerte. Aber das Vergnügen, von Ihnen einen Brief zu erhalten, war so groß, daß ich Verlust und Feinde vergaß, und nur an meinen A** dachte.

In der That kostet mich dieser unglückliche Krieg sehr viel; ungeachtet ich, das weis der Himmel! an dem ganzen Kriege nicht Schuld bin. Doch bin ich dadurch sehr viel entschädiget worden, daß ich unter feind und freundschaftlichen Armeen so viel rechtschaffene Männer und würdige Freunde gefunden habe, und meinen redlichen, besten A**— Ja, mein Herr, diese glückliche Bekanntschaft bezahlt mir viele Angst.

Werde ich Sie wohl jemals in meinem Leben wieder sehen? Wohl niemals. Zwar wünsche ich es sehr. Aber ja ohne das große Gefolge; ja nicht auf Ihrem bunten Berufsfuchse auf dem Paradeplatze!

Niemand von Ihren besten Freunden kann Ihnen mehr Glück wünschen, als ich für Sie alle Tage vom Himmel erbete: denn Sie müssen wissen, daß Ihr freundschaftlicher Ketzer oft betet, und niemals eifriger, als wann er wünschet, daß es Ihnen wohl gehen soll.

Meine Gesundheitsumstände sind leidlich genug, ob ich schon diesen Sommer über immer gekränkelt habe, welches eine Folge von den bisherigen Beängstigungen seyn mag. Meine Feinde sagen, es wäre ein Anfang von dem Podagra: aber nur meine Feinde sagen es. Ich wüßte nicht, wo es herkäme. Von hübschen Mägdchen?— Sie haben ja das Podagra nicht? Also von Mägdchen kann es nicht seyn. Vom Zorne? Gewiß vom Zorne nicht: denn ich lache mehr über die Welt, als daß ich mich über sie ärgere. Vom Weine? Wenigstens vom Tokayer nicht. Ich glaube also, Gott verzeihe mirs! daß ich, wenn es ja das Podagra seyn soll, es von Ihrem Passe habe, und von der Angst, in der ich damals war.

Sie wissen die großen Veränderungen, die seit dem 5ten November bey uns vorgefallen sind. Sie würden Dresden kaum mehr kennen, so aufgeheitert, so freudig, so hoffnungsvoll sind wir bey unserer neuen Herrschaft, die wir als Vater und Mutter lieben. Wie leicht ist es doch einem Fürsten, von seinen Unterthanen geliebt zu werden!

Gott

Gott zeigt uns die glücklichsten Aussichten, nachdem wir, wie Ew. H. Sich sehr wohl ausdrücken, die Rechte des Herrn in seinem Grimme haben kennen gelernet. Gebe Gott, daß wir uns bessern, und daß auch alle diejenigen sich bekehren, die an unserer Besserung sieben Jahre lang gearbeitet haben! Ich umarme Sie und küsse Sie, und werde nie aufhören, Ihr Freund zu seyn, wann man mir es auch bey Feuer und Schwerdt untersagte. Leben Sie wohl, und gönnen mir unverändert Ihr freundliches Andenken.

R.

Der Friede brachte Rabenern neue Munterkeit und Kräfte, neue Arbeiten, neue Belohnung seines Fürsten. Er wurde Steuerrath. Meine Leser werden in dem folgenden Briefe, wo er mir selbst diese Beförderung meldet, einen Mann erkennen, der viel und in solchen Geschäften zu arbeiten, wo er nach seinen Fähigkeiten und Kenntnissen recht nützlich seyn kann, für ein größer Glück hält, als Vermögen und Rang.

Wenn Sie, mein bester Freund, erfahren, daß ich Steuerrath geworden bin, so glauben Sie nur nicht, daß ich deswegen einen heiligen Schein um den Kopf bekommen habe. Sie wissen, wie ich über diesen Artikel denke. Was mir die Sache angenehm machet, ist, daß es ganz ohne mein Vorwissen, unter den gnädigsten Ausdrücken, als wirklicher Steuerrath, nebst einer nähern Verbindung mit dem Collegio, mit Beybehaltung meines bisherigen Amts, mit
einem

einem diesem Charakter gewöhnlichen Range, mit etwas mehrerer Arbeit, ohne Besoldungserhöhung geschehen. Alles dieses, und auch das letzte, ist mir um verschiedener Ursachen willen lieb, die ich Ihnen schon mündlich sagen werde. Man ließ mir verschiedene Vorschläge zu andern Aemtern thun, wo ich einen noch höhern Rang, und bey dem einen Vorschlage mit weniger Arbeit, eine ansehnliche Verbesserung haben konnte. Ich habe sie alle unterthänigst verbeten, und geäußert, daß ich die Arbeit nicht scheue, mehr Besoldung nicht nöthig habe, keinen höhern Rang verlange, und, so lange ich lebte, bey der Steuer zu bleiben wünschte, wo ich meine Arbeit schon kenne, und meiner Vorgesetzten Gewogenheit, Vertrauen und Freundschaft habe ꝛc. Unser höchstseliger und ewiggeliebter Churfürst fand dieses alles billig, und fiel von selbst auf diese Einrichtung, die nun mit mir getroffen ist. Bin ich nicht ein philosophischer Narr? Aber glauben Sie, mein liebster Weiße, ich befinde mich, wo ich bin und wie ich bin, recht wohl. Lateo bene et bene vivo! Bleiben Sie des Steuerraths wahrer und zärtlicher Freund, wie Sie es vom Steuerrevisor und Sekretär allezeit gewesen sind, so bin ich glücklich. Ich küsse Ihrer rechtschaffenen Frau mit dem demüthigsten Stolze eines nagelneuen Steuerraths — erschrecken Sie nicht — die Hände. Leben Sie wohl! Ich umarme Sie tausendmal.

Rabener.

Seit dieser Zeit sah ich ihn jährlich zweymal, in der Oster- und Michaelismesse, und während dieser Messen täglich. Ich ermunterte ihn, einen Versuch zu Wiederherstellung seiner verbrannten Schriften zu

machen,

machen, da die Ideen derselben noch lebhaft wären. Einige davon, und insbesondere die Entzückungen, deren ich oben gedacht habe, schien er selbst vorzüglich zu bedauern. Aber er war dem ungeachtet unbeweglich. Seine Amtsgeschäfte, sagte er, machten ihn müde, und in den Erholungsstunden zu allen Schriftstellerarbeiten unfähig und stumpf. Ueberdiß würde itzt sein Spott nicht mehr lachend, sondern bitter seyn, da er noch mehr Bosheit als Thorheit habe kennen lernen: und endlich, setzte er im Scherze hinzu, wolle er auch den Narren die Freude, die ihnen das Bombardement von Dresden gemacht hätte, nicht verderben. Alles, was ich über ihn erhielt, war, daß er die Briefe, die ich itzt herausgebe, sammelte und niederlegte. Er wollte durchaus nichts bey seinem Leben drucken lassen, weil er dadurch am besten verhindern zu können glaubte, daß nichts wider seinen Willen gedruckt würde. Er kündigte deswegen in der Vorrede zur sechsten Ausgabe seiner Schriften diese Sammlung an, und erklärte, daß nichts anders, weder bey seinem Leben, noch nach seinem Tode gedruckt und als eine authentische Schrift von ihm sollte erkannt werden. Ich wiederhole hier diese Erklärung, und hoffe, daß es meinen seligen Freund vor der Eitelkeit oder dem Eigennutze dererjenigen schützen wird, die durch die Herausgabe untergeschobener oder verworfener Aufsätze von ihm sich könnten ehren oder bereichern wollen.

In-

Indessen ist auch bloß diese Sammlung von Briefen ein schätzbares Geschenke für das Publicum, und in so ferne es den Mann selbst nicht bloß nach seinem Witze will kennen lernen, noch erheblicher, als irgend einer seiner Aufsätze. Diese Briefe sind alle wirklich von ihm geschrieben und gar nicht geändert worden * Er dachte noch nicht daran, als er sie schrieb, daß sie jemals sollten gedruckt werden, und die Leser sehen ihn also darinnen wirklich so, wie er sich seinen vertrautesten Freunden zeigte. Die Urtheile und die Gesinnungen, die darinnen vorkommen, sind die, welche er wirklich hatte. Die Gelegenheiten, bey denen er sie äußert, sind wirkliche Begebenheiten: Alles ist in diesen Briefen Wahrheit und Natur. Solche Briefe aber, wenn ihr Inhalt nur einigermaßen erheblich ist, sind immer der besten Lebensbeschreibung vorzuziehen. Es ist unmöglich, daß sich nicht in diese das Vorurtheil oder die Neigung dessen, der sie schreibt, mit einmische: es ist unmöglich, daß er von denen Umständen, die den Charakter entdecken, so vollkommen unterrichtet

sey,

* Wenn ja hin und wieder einige Zeilen oder auch Stellen weggeblieben, die entweder das Publicum zu wenig interessirten, oder die zu persönlich oder vielleicht zu freymüthig waren; so wird man dem Herausgeber diese Behutsamkeit um desto eher vergeben, da er von dem seligen Manne bey seinem Leben selbst diese Vollmacht erhalten.

sey, daß er in der Erzählung keinen verstellen, nicht seine Schlüsse für wirkliche Facta angeben sollte. Aber in den Briefen des Mannes wird er selbst sein eigner Geschichtschreiber, und zwar der Geschichtschreiber derjenigen Begebenheit, die itzt erst vorgegangen: er schildert den Zustand der Seele, in welchem er sich eben itzt befindet, und wenn er uns auch nichts wichtiges von seinen Begebenheiten erzählet; (denn freylich sind diese Briefe nicht gleich interessant:) so läßt er uns doch tiefer in die Natur seiner Empfindungen und Gedanken hineinsehen. Und gewiß, unser Rabener wagt nichts, wenn er sich der Welt so zeiget, wie er war. Einige Leute können zuweilen seine Munterkeit zu ausgelassen und seinen Spott zu beißend, aber kein Mensch wird sein Herz böse finden. Er sah vielleicht zuweilen dasjenige von einer lächerlichen Seite an, was andere nur ernsthafter Betrachtungen fähig halten; aber niemals lachte er in der Absicht, jemanden zu beleidigen, oder ihm zu schaden.

Ich hätte diese Sammlung mit Briefen, die er an mich geschrieben, vermehren können. Aber die ältesten, die die wichtigsten und zu einer Zeit geschrieben waren, wo er sich noch mehr mit dem Witze und der Lesung neuer Schriften unterhielt, habe ich unglücklicher Weise verloren, und die spätern enthalten bloß Privatangelegenheiten. Dieses
gilt

gilt auch von vielen andern Briefen, die er an
verschiedene seiner übrigen vertrauten Freunde geschrieben. Die Sammlung selbst hat er 1765 in
der Ostermesse in der Dyckischen Buchhandlung niedergelegt, und ihr nach seinem Tode alle Rechte
darauf übertragen.

Von dieser Zeit an fieng seine Gesundheit an
abzunehmen. Seine Arbeit ermüdete ihn; er bekam
Anfälle vom Podagra. Er verlor es wieder, vielleicht weil ihn seine Geschäfte hinderten, diese heil-
same Krankheit, die oft das Zeichen eines sonst dauerhaften und festen Körpers ist, gehörig abzuwarten.
Im Jahre 1767 bekam er den ersten Anfall vom
Schlage, da er von der Leipziger Michaelismesse
nach Dresden zurück kam. Er erzählt mir dieses
in dem folgenden Briefe mit seiner gewöhnlichen
Munterkeit.

Am 30. October, 1767.

Liebster, bester Freund,

Sonnabends halb zwey Uhr fuhr ich von Ihnen wohl
gesättiget ab, und kam bey garstigem Wege und vieler Gefahr Sonntags Mittags um zwölf Uhr in Dresden glücklich an. — Aber wie befinden Sie Sich mit Ihrer guten
kranken Frau? das will ich vorher wissen. — Dienstags
Abends speisete ich, oder saß vielmehr bey einem guten
Freunde, aß gar nichts, und trank nur ein Glas Wasser; setzte mich gesund nieder, und stund krank auf. Kaum

konnte

konnte ich meine Wohnung erreichen, und fand, daß mir die linke Hüfte ganz kraftlos, die linke Hand eingeschlafen, der linke Backen ohne Empfindung, und bey manchen Wörten die Sprache stammelnd und schwer war. Die Nacht gieng noch gut vorbey. Früh ließ ich meinen Arzt holen, und mußte, nach eingenommener Arzney, über Hals und Kopf zur Ader lassen, laxiren, schröpfen u. s. w. und so ist es fortgegangen bis heute. Kurz, es war eine Hemiplegie. Ich habe noch Stubenarrest, befinde mich aber ziemlich besser. Wenn die Holoplegie kömmt. —— Adieu, mein Herzens=Weiße, ich empfehle mich Ihnen, Ihrer besten Frau und Ihrer kleinen bande joyeuse zu gutem Andenken! Adieu Spargel, Austern, Lerchen und Witz! Was meynen Sie, soll daraus werden? Der erste Schritt zum Grabe wäre also gethan. Wann kommt der zweyte? Wie Gott will. Ich bin nur froh, daß es die linke Seite getroffen. Vielleicht macht es bald aus, ohne mich lange zu martern. Ich bin zu allem bereit. Hier kann ich doch nicht bleiben.

Unser bester Herr von Hagedorn hat mir den Vorschlag gethan, mich und Dietrichen von unserm berühmten Graff für sein Kabinet malen zu lassen, und es hernach zu Ihrer Bibliothek zu geben. Das bin ich wohl zufrieden: aber nicht eher, als bis ich gesund bin: denn die Hemiplegie möchte ich nicht gern mit verewigen lassen. ——

Allen meinen Freunden mein krankes Kompliment. Meine Freunde rathen mir einhellig, ich soll nicht zu viel arbeiten. Wie mache ich das? Leben Sie wohl, liebster Weiße, lieben Sie unaufhörlich
    Ihren
          Rabener.

Dieser Anfall gab nebst einem andern kleinen Umstande wenig Wochen darauf zu dem Gerüchte Anlaß, daß Rabener gestorben sey. Ich selbst beweinte schon meinen Freund, so sicher schienen die Nachrichten, die davon acht Tage lang nach Leipzig kamen, als ich unvermuthet folgenden angenehmen Brief erhielt.

Am 22. Nov. 1767.

Noch lebe ich, mein liebster Weiße, was auch meine Feinde von meinem Tode mögen ausgesprengt haben. Denn am heiligen Abende vor dem Bußtage war die ganze Stadt voll, ich sey gestorben, ungeachtet meine Gesundheitsumstände nicht gefährlicher waren, als sonst. Das verursachte ein ungefährer Zufall, da mein Wirth vor dem Hause das Martinsingen gewöhnlichermaßen von dem ganzen Chore mit Fackeln verrichten ließ. Daran starb ich, und hatte noch das seltne Vergnügen, daß ich hinter dem Vorhange meines Fensters lauschte, und mein Sterbelied mit sang, auch die folgenden Tage die Leichenreden anhörte, die mir meine Freunde und verschiedene Vornehme gehalten. Nun weis ich doch, was man ungefähr nach meinem Tode von mir sagen wird, und so zufrieden ich auch damit seyn kann, so habe ich doch deswegen nicht Lust, eher zu sterben, oder mir den Faden abschneiden zu lassen, als bis mein Knaul ganz abgesponnen ist.

In der That habe ich vier Wochen unmenschlich ausgestanden, verschiedne Nächte gar nicht, und die übrigen wenig geschlafen, und alles an einem arthritischen Husten, den mein

mein Arzt ein beneficium naturæ zu nennen beliebt. Wäre dieser nicht noch zur rechten Zeit gekommen, so wäre ich, spricht der böse Mann, an einem Steckflusse ohne Rettung gestorben. Denken Sie, bester Freund, was meine Natur für eine hämische Natur seyn muß. Erst eine Hemiplegie, und mir nicht ein Wort davon gesagt: Hinter drein ein Steckfluß, ohne den geringsten Wink zu geben, daß ich dem Tode so nahe wäre, als ob dieß nur so ein Spaß wäre? Warte Natur! Ich habe dich so väterlich gepflegt! Ist das der Dank? Warte, warte! Wie eine Bauernnatur will ich dich tractiren, bin ich nur einmal gesund!

Noch bin ich es nicht, und die Luft kann ich gar nicht vertragen. Zum Lager bin ich noch nie gekommen: aber ich habe mich auch recht gesperret. Ins Karlsbad werde ich wohl künftigen Sommer reisen, um mir mit vielen Kosten das Podagra zu holen. Denn kurz, meine ganze Krankheit ist ein zurückgebliebenes Podagra, das nicht die Kraft hat, in die äußerlichen Theile zu treten.

Nun bin ich überzeugt, wie wenig Griechisch und Lateinisch dazu gehöret, wenn man sterben soll. Und am Schlage und Steckflusse! Kann man sich wohl einen sanftern Tod wünschen? Ist das nicht eine wahre ἐυθανασία? Aber für dasmal hat es nicht seyn sollen, und Sie können bey allen, die mich noch todt machen, zum Trotze behaupten, daß ich noch lebe: ia, daß ich auf dem Wege bin, desto gesünder zu werden, zum Vergnügen meiner Freunde, und zur Betrübniß der Edelleute und Bauern im Lande.

Und was machen sie denn mit Ihrer guten Frau und Ihren kleinen Engeln? Melden Sie mir es unverzüglich! Empfehlen Sie mich und bleiben der Freund

   Ihres

     Rabner.

Er gieng auch wirklich das folgende Jahr 1768 ins Karlsbad. Die erwarteten Folgen blieben aussen: es fand sich hingegen ein periodischer Schwindel und eine grosse Schwäche des Hauptes, und er bekam einen neuen weit härtern Anfall vom Schlage den 7ten Merz 1769. "Jener, schrieb er "mir, hieß Hemiplegie, und ließ an der linken Sei"te unangenehme Empfindungen zurück: der itzige "Apoplexia sanguinea, und das heftig wallende Blut "drängte sich dergestalt zum Gehirne, daß ich mich "noch itzt nicht von dem grausamen Schwindel er"holen kann u. s. w.

Seit diesem Anfalle erholte er sich niemals ganz wieder. Seine Kräfte verloren sich, seine Munterkeit, sein Witz selbst nahm ab. Ich sah ihn noch ein paar Messen, aber ich erkannte nur schwach meinen ehemaligen gesellschaftlichen, lustigen Freund, der Leben und Fröhlichkeit in jede Gesellschaft mitbrachte. Besonders merklich war diese Veränderung in der Ostermesse 1770. Er kam zu seinen Freunden, mehr um bey ihnen auszuruhen, als sich bey ihnen zu vergnügen. Seine Einfälle waren immer noch munter, aber sie waren seltner, und er wiederholte oft die alten. Seine Amtsarbeit wurde ihm beschwerlich, und er brauchte Gehülfen, mit einem Worte, sein Geist schien in dem Streite mit seinem Körper, den er so lange ausgehalten hatte, endlich unterzuliegen.

Wir

Wir sahen ihn da in Leipzig zum letztenmale. Sein Abschied war wehmüthig, nicht weil er glaubte, daß es der letzte seyn würde; sondern weil er sich genöthiget sah, ihn auf ein ganzes Jahr zu nehmen, da er inskünftige nur alle Ostermessen hieher kommen wollte. Er hatte so viel Liebe für diesen Ort, und für die Freunde, die er hier besaß, daß er ungerne dem Vergnügen entsagte, sie zweymal des Jahres zu sehen. Der folgende Sommer und auch ein Theil des Winters war leidlich genug, doch vermehrte sich seine Entkräftung des Kopfs hauptsächlich in Absicht des Gedächtnisses, und sein Schwindel beständig. Aber die Annäherung der Ostermesse erfüllte ihn mit Vergnügen und Hoffnung. Die Vorsehung hat diese nicht erfüllt. Zu Ende der damaligen Steuersessionen überfiel ihn eine Art eines Steckflusses. Ein sich dazu gesellendes Fieber aber nebst einigen andern guten Umständen ließen noch Hoffnung übrig, daß auch diesesmal die Gefahr vorüber gehen werde. Allein den Tag vor seinem Tode fand sich des Morgens ein Schlucken ein. Der Arzt, der einen nahen Schlag vorhersah, gebrauchte die gehörigen Mittel, die auch Hülfe zu gewähren schienen. Den 22sten Merz stund er des Morgens früh auf, sagte, daß er sich wohl befände, trank seinen Kaffee ruhig, nahm den Besuch eines Freundes an, und redete von seiner bevorstehenden Reise nach Leipzig. Gegen zehn Uhr setzte er sich auf den Sopha, fieng ein wenig an zu schlummern, und nachdem er wieder jähling erwachte, rufte er seinen Bedienten, stammelte ein paar unverständliche Worte, und es erfolgte sein Tod, ein schleuniger Tod, ohne Schmerzen, so wie er sichs gewünscht hatte. Den 26sten Merz wurde er früh unter den Lobsprüchen seiner Vorgesetzten und Collegen, und unter den Thränen seiner zahlreichen Freunde, auf dem so genannten böhmischen Kirchhofe, in der Rathsgruft seinem Stande gemäß beygesetzt. Einer seiner Freunde, der Herr geheimde Kabinetssekretär Müldener, hielt ihm eine Standrede, die seiner würdig war. Ganz gewiß war er einer der schönsten Geister seiner Zeit. Deutschland verlor an ihm einen seiner ersten und besten Schriftsteller, sein Vaterland einen Patrioten und arbeitsamen Bürger, sein Fürst den getreuesten Diener, seine Freunde den rechtschaffensten, den edelsten Freund.

Er gehörte zu den außerordentlichen Menschen, die von der Natur auf eine vorzügliche Art zu dem ausgerüstet werden, was sie in der Welt seyn und thun sollen. Er dachte, er sagte alles auf eine ihm eigne Weise, seine Einfälle kamen alle aus der Quelle ungesucht, wurden auf die natürlichste Weise ausgedrückt, und waren doch so auffallend lustig und scherzhaft, und von einem so durchdringenden Witze, daß es unmöglich war, nicht dadurch aufgemun-

gemuntert zu werden. Seine Fähigkeiten und sein
Character stimmten vollkommen überein, ihn zu dem
Manne zu machen, der er wirklich war. Sein Gemüthe war immer so ruhig und heiter, daß der
Witz nicht einen Augenblick durch Verdruß oder
Besorgnisse unterbrochen wurde. Das Unangenehme im menschlichen Leben rührte ihn nur leicht,
und ließ ihm immer noch Freyheit des Geistes genug, das Angenehme oder das Scherzhafte, das
damit verbunden war, zu bemerken. Nie ist ein
Deutscher ein besserer Gesellschafter gewesen. Er
genoß oft das Vergnügen, eine ganze Versamm-
lung bey seinem Eintritte aufleben zu sehen. In
der That sagte er eben so gute Einfälle, als er
schrieb; er erzählte vortrefflich: er spottete mit wahrem Witze, und doch ohne zu beleidigen. Er ver-
schonte den Furchtsamen, und hielt den Dreisten
in Schranken. Der öffentliche Tisch, an welchem
er vormals in Leipzig speisete, wurde von allen, die
Geschmack hatten, als ein Ort des Vergnügens
und der Frölichkeit gesucht. Aber alle, die von
ihm ergötzt wurden, bekamen zugleich Liebe und
Hochachtung für ihn. Niemals durfte in seiner Gegenwart die Frölichkeit zur Ausgelassenheit werden,
niemals der Scherz die Gränzen der guten Sitten,
oder der Pflicht überschreiten. Aber sein eigner Witz
ergoß sich nur für seine Freunde. Er bot ihn
nicht den Großen und Reichen feil: und er ver-
barg

barg ihn so gar oft, wenn sie ihn bloß deswegen in ihre Gesellschaft zogen. Kein Mensch war weiter von dem Charakter eines Lustigmachers entfernt, als er. Da, wo er wußte, daß man auf seine Lustigkeit Rechnung gemacht und andere darauf vertröstet hatte, war er ernsthaft. Dieses war so bekannt, daß es auch kein Vornehmer mehr wagte, ihn anders als aus Freundschaft an seine Tafel zu ziehen.

Viele seiner in Gesellschaft gesagten Scherze verdienten aufbehalten zu werden. Aber sie sind zum Theil vergessen, und die, welche ich noch weis, werde ich mich sehr hüten, bekannt zu machen. Solche Anekdoten belustigen, ohne im geringsten von dem Manne etwas neues zu lehren. Sie sind oft mit besondern Umständen so zusammenhängend, daß der Scherz nur von wenigen so empfunden werden kann, als von denenjenigen, welche dabey gegenwärtig gewesen sind, und oft thun sie demjenigen, von dem sie erzählt werden, oder dem, an den sie gerichtet sind, oder deren, die dabey verwickelt waren, Schaden. Von einem vertrauten Freunde nimmt man auch den freysten Scherz nicht übel, man lacht selbst mit: man will aber deswegen nicht von andern belacht seyn, und der Inhalt einer lustigen Erzählung werden.

Er war freymüthig, ohne unbescheiden, und offenherzig ohne schwatzhaft zu seyn. Er sagte die Wahrheit, und scheute weder Stand noch Person. Indessen gehörte viel dazu, ehe man seine ganze Vertraulichkeit erwarb. Dadurch wurden seine Freundschaften so feste, daß seine ersten auch seine letzten waren, und so viel ich weis, hat er niemals eine errichtet, die er in der Folge bereuet hätte. Diesen Freunden aber diente er von ganzem Herzen, bald mit seinem Vermögen, bald durch seine Empfehlung, bald mit seinem Rathe und seiner Belehrung. Voller Treue für seine Regenten, voll patriotischen Eifer für sein Vaterland, voller Ehrfurcht für seine Vorgesetzten, besaß er im Gegentheile ihr Wohlwollen, ihre Achtung und ihr Vertrauen. Diese erwarb er sich nicht durch Schmeicheleyen, sondern durch seine Einsichten in die Geschäfte seines Berufs.

Er war im höchsten Grade arbeitsam, und opferte Vergnügen und Gesundheit seinen Geschäften auf. Obgleich die nothwendigen Arbeiten seines Berufs schon an und für sich zahlreich und mühsam genug waren: so unternahm er doch freywillig noch neue, damit er eben diese Arbeiten seinen Nachfolgern erleichtern möchte. Er hatte zeitig an den Geschäften, die ihm seine Pflicht auferlegte, Geschmack gewonnen: er unterrichtete sich so genau von der ganzen Landesverfassung und dem Steuerwesen insbesondere, als es kaum zu seinem Amte nöthig gewesen wäre; und da er hier eben den geschäftigen Geist, den eindringenden Verstand und die scharfe Beurtheilungskraft mitbrachte, wodurch er ein so vorzüglicher Schriftsteller geworden war: so hatte er in kurzem alle die Einsichten, die dazu gehören, nicht bloß die Geschäfte nach einmal gemachten Einrichtungen zu treiben, sondern diese Einrichtungen selbst zu verbessern. Die ordinäre Steuersekretariatserpedition besitzt, vermöge eines vorangesetzten testamentarischen Vermächtnisses, ein Denkmal seines Fleißes, in einer Sammlung aller Gesetze und Verordnungen, die sich nicht allein auf die ganze Landesverfassung überhaupt, sondern auch auf Cammer, Accißsachen u. s. w. erstrecket. Sie besteht aus fünf Foliobänden, und ist mit einem ungeheuren Fleiße aus den ältesten Landtagsacten, Rescripten und Befehlen gesammelt, und mit einem alphabetischen Verzeichnisse versehen. Außer diesem von ihm so benannten Repertorio hat er noch eine andere Sammlung unter dem Titel: Repertorium annale, gefertiget. In diesem finden sich alle Generalien und Verordnungen, welche die Steuerverfassung insbesondere betreffen. Diese hat er auf eine chronologische Art vom 15ten Jahrhunderte an geordnet, und dabey zugleich die Quellen, woraus er sie genommen, als den Codex Augustäus, oder andere

dere bey denen Steuersekretariatsexpeditionen befindliche Nachrichten angegeben. Hierüber hat er auch noch einen besondern Band schon als Steuerrevisor geschrieben, welcher die Grundsätze der Steuerverfassung insbesondere enthält, und zugleich durch Stellen aus dem bürgerlichen, canonischen und Lehnsrechte erläutert. Diesen pflegte er selbst im Scherze den Steuercatechismus zu nennen. Jedermann sieht, wie viel juristische Gelehrsamkeit, wie viel Kenntniß, wie viel Arbeitsamkeit zu solchen Werken gehörte, und wie nützlich sie für diejenigen seyn müssen, welche die dahin einschlagende Geschäfte besorgen. Seine trockensten Arbeiten haben durchgängig das Gepräge des guten Geschmacks und des offenen Kopfs. Seine Vorträge, seine Gutachten, seine Ausfertigungen, sind kurz, richtig, ordentlich und deutlich, ohne die Weitschweifigkeit, die Ueberladung mit Kunstwörtern und die wortreiche Beredsamkeit zu haben, die sonst Schriften dieser Art eigen ist, obgleich auch ohne Affectation einer schönen Schreibart am unrechten Orte. Und in der That, sollte denn ein Mann von Geschmack nicht alle Sachen anders thun, als ein gemeiner Mensch ohne Fähigkeit und ohne Empfindung? Sollte der Witz bloß dazu dienen, eine Gesellschaft oder müßige Leser zu belustigen? der Scharfsinn zu bloßen unnützen Speculationen? Sollten nicht vorzügliche Gaben des Geistes, wenn sie

sie nur frühzeitig genug auf Geschäfte des bürgerlichen Lebens angewandt werden, auch diese in einer weit höhern Vollkommenheit vollziehen? Rabener war ein Beweis, daß dieses wirklich statt finde.

Gegen seine Collegen und Untergebenen war er Güte, Freundschaft und Dienstbeflissenheit. Und so strenge er gegen sich selbst war, so nachsichtsvoll war er gegen andre in Dingen, die dem öffentlichen Wohl nicht nachtheilig, oder der guten Ordnung zuwider waren. Wahrheit und Billigkeit waren seine Führerinnen in seinem Amte. Er diente ohne eigennützige Absichten, so bald er konnte: er war aber gegen Bitten unbiegsam, so bald man nach seiner Einsicht nicht das Recht auf seiner Seite hatte.

Sein Tag war ordentlich abgetheilt, und seine Zeit wurde von ihm ausgekauft. Er stund gemeiniglich sehr früh auf, und that die schwersten Geschäfte zuerst, um sie mit der vollen Munterkeit seines Geistes zuthun. Seine Mahlzeiten nahmen ihm nur wenig Zeit weg, und er verließ sie, so bald seine Geschäfte ihn rusten. Er war gegen keine Art der gesellschaftlichen Ergötzungen unempfindlich; und wie wäre dieß bey einem Manne möglich gewesen, der selbst so viele Talente hatte, zu ergötzen? aber er liebte keine mit Ausschweifung. Seine letzte Krankheit legte ihm noch eine strengere Mäßigkeit auf.

Er

Leben und Schriften.

Er kannte die Liebe, aber nicht die Wolluſt. Seine Sitten waren äußerſt ſtrenge, wenn gleich zuweilen ſein Scherz frey war. Er liebte den Umgang mit vernünftigen Perſonen des ſchönen Geſchlechts, und kannte gewiß viele vortreffliche unter denſelben durch Umgang oder durch Briefe. Er ſah es ſehr gern, wenn ſich ſeine Freunde frühzeitig verheyratheten, und ermunterte ſie ſelber auf alle Weiſe dazu. Kurz vor dem Dresdner Bombardement war er ſelbſt noch feſt entſchloſſen, ſich zu verheyrathen, und in ſeinem Herzen, wie er mich mehr als Einmal verſichert, war ſchon ſeine Wahl gemacht. Aber er vollzog dieſe nicht, da der Krieg ihn zu einem längern Aufſchube nöthigte: und er in der Folge urtheilte, (denn er ließ ſich die Leidenſchaft nicht beherrſchen,) daß die bequemſte Zeit zur Ehe vorüber ſey.

Er verehrte die Religion, prüfte ihre Lehren und Gründe, beſuchte den öffentlichen Gottesdienſt ordentlich, und dachte und lebte als ein Chriſt. Er verabſcheuete die Spötter, und demüthigte ſie oft durch einen empfindlichern Spott, als ihr Angriff war. Aber er verachtete auch die Scheinheiligen, die Zänker und die Verketzerer, und machte ſie oft lächerlich. Vielleicht hat dieß einigen Leuten, die immer die Religion und die Fehler ihrer Anhänger vermiſchen, und auf den Schein des Chriſtenthums

mehr

mehr als auf seine Thätigkeit sehen, Anlaß gegeben, zu glauben, Rabener wolle die Religion selbst
lächerlich machen. Aber seine Schriften, noch mehr
sein Leben und sein Umgang zeigten ganz entgegen-
stehende Gesinnungen.

Er war ein ordentlicher Haushälter, sparsam,
nicht karg, freygebig, nicht verschwenderisch. Er
entzog sich selbst Bequemlichkeiten, die er bedurfte,
um nicht dadurch vielleicht in der Zukunft in die
Nothwendigkeit zu kommen, Wohlthaten einschrän-
ken zu müssen.

Er verabscheuete die Schmeicheley, und verachtete jedes Lob, das ihm zu laut, oder in seiner
Gegenwart ertheilt wurde; er ahndete es durch eine beißende Antwort an einem gewissen Manne
als eine Beleidigung, der ihn einstens einer zahlreichen Gesellschaft als den **großen** Rabener vor-
stellte.

Sollte ich einige Züge in seinem moralischen
Charakter vergessen haben, so verweise ich meine
Leser auf das zwey und vierzigste Stück des Jüng-
lings, wo er unter den Namen Philet von einem
seiner Freunde auf eine würdige Art geschildert ist.

Er war von mittlerer Größe, stark, aber doch
wohl gebaut. Seine Kleidung war im höchsten
Grade reinlich, ohne Pracht. Sein immer heite-
res,

res, lächelndes Gesichte und sein glänzendes Auge kündigten seinen lebhaften Geist und seine satyrische Laune an. Aber seine Gestalt wird besser und getreuer auf die Nachwelt kommen, als es durch eine Beschreibung möglich wäre. Einer unserer vortrefflichsten Künstler, Herr Bause, hat sein Bildniß, das der berühmte Herr Graff in Dresden gemahlt hatte, in Kupfer gestochen. Es ist eben so ähnlich, als es der Kunst nach schön ist.

Seine Schriften sind auch in auswärtige Sprachen übersetzet, und ungeachtet solches nicht mit gleichem Glücke geschehen ist, ungeachtet der satyrische Schriftsteller am meisten verliert, wenn er über die Gränze seiner Sprache und die Sitten seines Volks hinaus geht, doch gerne gelesen und mit Beyfall aufgenommen worden. In Frankreich gab man zween Bändchen davon heraus. Der Uebersetzer nannte sich Boisbreaur. Aber es vereinigten eigentlich zwo Personen ihre Arbeit. Ein gewisser Sellius, der ein geborner Deutscher war, und Herr de Chardin. Jener übersetzte aus dem Originale in schlecht Französisch, dieser aus dem schlechtern in besseres. Hieraus läßt sich leicht abnehmen, wie getreu die Uebersetzung gerathen seyn müsse? Doch hat man in der Choix litéraire, die in Genf herauskam, und nachmals in dem Pariser Journal étranger, einige Stücken weit besser geliefert.

fert. Vor kurzem aber hat Herr Huber, der die Deutschen durch seine schönen Uebersetzungen den Franzosen so rühmlich bekannt macht, einige in gegenwärtiger Sammlung vorkommende Briefe ins Französische übersetzt: * In ebendesselben Sammlung der besten deutschen Gedichte aber, nebst einer kurzen Nachricht von Rabeners Leben, ein paar seiner Sprüchwörter geliefert. **

In London kamen ebenfalls zween Theile davon in englischer Sprache heraus. *** Aber der Uebersetzer verstund weder die deutsche Sprache, noch die deutschen Sitten. In einer andern englischen Sammlung kleiner Schriften zum Vergnügen **** findet sich, als ein Anhang, sein Traum von abgeschiedenen Seelen.

Eine

---

* Der ganze Titel seines Buchs ist: *Lettres choisies de M. Gellert*, traduites de l'allemand, par M. *Huber*. Précédées de l'Eloge de l'auteur, suivies de quelques lettres de M. Rabener & des avis d'un Pere à son fils en l'envoyant à l'Université Par M. Gellert. A Leipzig, chez les Heritiers de Weidmann & Reich. 1770.

** Choix de Poésies allemandes, par M. Huber. Tome 4. pag. 259.

*** S. Bibl. der schönen Wissensch. 2. Theil, S. 434.

**** The Country Seat; or Summer Evenings Entertainments. Vol. the Second. London T. Lownds. 1762.

Leben und Schriften.

Eine sehr gute holländische Uebersetzung seiner sämmtlichen Schriften erschien in Amsterdam in vier Bänden, nebst dessen von Houbracken gestochenem Bildnisse. Dieses letztere war eine Kopie von einem Bernigerothischen Kupferstiche nach einem Gemälde des Herrn Liziewsky, den man einer Ausgabe seiner Schriften vorzusetzen willens war: aber da der selige Mann nicht damit zufrieden war, nahm er die Platte zu sich, und verlor sie im Brande. Die paar Zeilen darunter sind von einem holländischen Dichter, Herrn Rulland, dem Uebersetzer der Gellertschen geistlichen Lieder, welcher ebenfalls einen großen Antheil an der Uebersetzung von unsers Freundes Satyren hat.

Auch sind verschiedene Stücke in dänischer und schwedischer Sprache erschienen.

So einen ausgebreiteten Ruhm erlangte Rabener inn und außerhalb seinem Vaterlande. Ob gleich viele Fehler, die er verspottet, abgestellet sind, und sich vielleicht noch mehr verlieren, und mithin die Satyre auf dieselben weniger anziehend machen werden: ungeachtet viele seiner satyrischen Züge durch den öftern Gebrauch der folgenden Schriftsteller dieser Art den Stachel verloren haben, und dieses etwas dazu beytragen könnte, das Vergnügen zu schwächen, das sie ehedem gemacht haben: so ist doch so viel wahre Schilderung der nie ab-

Rab. Briefe.

wechselnden Thorheiten und Tugenden der menschlichen Natur darinnen, viele so unnachahmliche Züge eines Originalgenies, daß sie immer den Leser in hohem Grade belustigen und auch belehren können. Sein Name wird den Deutschen, den Sachsen, seinen Freunden unvergeßlich bleiben. „Der „Charakter dieses Mannes, so schließt Gellert eine „seiner moralischen Vorlesungen an seine Zuhörer, „der Charakter dieses Mannes verdienet eben so viel „Hochachtung, als sein Genie. Lernen Sie an sei„nem Beyspiele, daß man ein Originalautor und „doch zugleich für die Geschäfte des Vaterlandes „der arbeitsamste und brauchbarste Mann seyn kann.

C. F. W.

Versuch eines Tagebuchs,

vom 23 May, 1759. bis den 29 May.

S....n am 23 May.

Früh drey Viertel auf 5 Uhr, fuhr ich von meinem Hause weg, und freuete mich, daß ich eine so gute Gelegenheit hatte, das unglückliche und beängstigte Dresden auf einige Zeit zu verlassen. Ich empfand die ganze Glückseligkeit eines Menschen, den keine Familie fesselt, der seine Wohnung verlassen kann, ohne ängstlich an diejenigen zu denken, die er zurück läßt, und der kaum den zehnten Theil der allgemeinen Noth empfindet, da er sie allein empfindet. Das waren ungefähr meine Gedanken, und ich glaube, so philosophisch, als ich damals dachte, ist in der Couriercalesche, in welcher ich saß, noch niemals gedacht worden. Wenigstens wird von einem Courier, und wenn er auch ein Kammerjunker wäre, mehr erfodert, daß er gut reutet, als daß er gut denkt.

Ich fuhr also sehr vergnügt weg, und jeder Preuße, der mir auf der Gasse begegnete, vermehrte dieses Vergnügen, und verdoppelte meine Freude, da ich hoffen konnte, ihn binnen etlichen Wochen nicht wieder zu sehen. Kaum war ich auf der Brücke, als ich merkte, daß meine Ruhe und Zufriedenheit sich verlor. Ich kam in die Neustadt, und schon reuete es mich, Dresden zu verlassen. Ich überlegte, was wohl die Ursache dieser geschwinden Veränderung seyn möchte? ich fand sie bald, und gab mir Mühe, mich zu bereden, daß ich sie nicht gefunden hätte. . . . .

(Hier fehlt ein großes Stück im Manuscripte.)
Blaset Postillion, so bald ihr in die Meißner Gasse kommt, rief ich mit Ungeduld, als ich vor dem Tempel vorbey war, in welchem die Göttinn der Verläumdung, zum Glücke des menschlichen Geschlechts, noch schlummerte. Er blies, er blies dreymal, und ich erblickte niemanden in dem Hause meines Freundes. Sie schlafen noch, die guten Freunde; der Himmel lasse sie ruhig schlafen. Wie wohl thun sie, daß sie nicht aufwachen! Es war nur Heucheley, daß ich mich über diese sanfte Ruhe freute. Ich hätte gewünscht, noch einmal meine Freunde zu sehen. Ich sahe sie nicht, niemanden sahe ich, ich war unzufrieden. Wie ungerecht, wie unbescheiden kann man auch sogar durch die Freundschaft werden! Was hatte ich für ein Recht, diese Aufmerksamkeit von meinen Freunden zu fodern? Ich hatte diese Gefälligkeit noch den Abend vorher sogar verbeten, als meine Freundinn mir Hoffnung dazu machte. Es war um 9 Uhr ein feyerliches Fest, zu welchem eine lebhafte Farbe, und eine große Munterkeit der Augen gehört; was würden bey übernächtigen Augen und einer matten Farbe des Gesichts, der Hof, von Ihro königl. Hoheiten an bis zum

Kapelldiener, gedacht haben? Wie unglücklich hätte bey einem geschwinden Auffspringen vom Bette der Haarputz können verrückt werden, welcher den Abend vorher die halbe Familie beschäftigte; alles dieses wußte ich, und doch war ich so ungerecht zu wünschen, daß meine Freundinn sich noch einmal möchte sehen lassen. Ich empfand es bald, daß meine Wünsche unbescheiden waren. Ich schämte mich meiner Eigenliebe, und hüllte mich trotzig in meinen Pelz, um auf dem ganzen Wege nichts zu sehen, da ich niemanden von meinen Freunden hatte sehen können. Und so verhüllt, und mit mir selbst unzufrieden, kam ich endlich Mittags um 12 Uhr in S... an. Die gute und liebreiche Aufnahme meines Wirthes und der Seinigen war ganz besonders; aber mir nicht neu und nicht unerwartet. Ich habe mit gutem Appetite gegessen. Ein Umstand, der in einem Tagebuche aufgezeichnet zu werden eben nicht verdient, der aber damals sehr merkwürdig war, weil ich die ganze Mahlzeit über von nichts, als von meiner ausgestandnen Krankheit, von dem dadurch noch itzt geschwächten Körper, und dem ganz verlornen Appetite redete, und zu großer Erbauung der aufmerksamen Gesellschaft, erst bey der vierten Schüssel den verlornen Appetit und meine gänzliche Entkräftung empfand. Ich merkte meinen Fehler zu spät, und gab mir Mühe zu husten, mit kurzem abgestoßenen Odem zu reden, ein wenig zu erblassen, ich rieb die Stirne, und that auf meinem Stuhle ziemlich unruhig, aber alles vergebens. Hatte man die Gefälligkeit gehabt, zwo Stunden lang nicht zu merken, daß ich so gesund, und bey vortrefflichem Appetite war; so war man auch nunmehr so grausam, nicht zu merken, daß ich alle mögliche Anstalt machte, auf eine anständige und bequeme Art in Ohnmacht zu fallen. Ich blieb also für dasmal gesund, da es die Mühe nicht verlohnte, krank zu werden. Der Nachmittag ward theils mit Spatziergehen, so viel es die rauhe Witterung erlauben wollte, theils mit der nöthigen Einrichtung in meinem Zimmer, theils mit Quadrille zugebracht. Wir speiseten und ich gieng zu Bette, wo ich bald darauf sehr sanft einschlief, als ich einmal gebetet, und zweymal nach Dresden gedacht hatte.

Sehn Sie, meine liebe Freundinn, das ist die erste Probe von dem versprochenen Tagebuche. Was soll daraus werden, wenn ich von jedem Tage so viel schmieren will? Seyn Sie ruhig, es wird nicht geschehen. Wir leben hier so ordentlich und einförmig, daß der erste Tag in der Woche den übrigen sechsen ziemlich ähnlich ist. Ich fürchte sogar, daß es mir manche Tage an Stoffe mangeln wird. Um nun diese nicht leer zu lassen, werde ich Ihnen kurze Beschreibungen von unsern Gegenden machen, von meinem Zimmer, von einigen Freunden, die in unsere Gesellschaft kommen, reden, ich werde Ihnen kleine Anmerkungen über Stellen mittheilen, die ich den Tag über gelesen habe, und damit dieses Tagebuch auch für mich angenehm und interessant werde, so will ich sehr oft von Ihnen reden.

Den 24 May.

Wie vergnügt war der heutige Vormittag! Von 9 bis 11 Uhr habe ich nach Dresden geschrieben, und meiner guten Freundinn gesagt, wie hoch ich sie schätze, ohne mich mit der ängstlichen Untersuchung zu plagen, ob ihr diese Versicherung etwas mehr, als gleichgültig, seyn dürfte. Ich habe für Sie und die Ihrigen ziemliche Bitterkeiten mit eingestreut; aber sie haben es alle um mich verdient, und sie müssen es auch einmal empfinden, daß ihr Freund ein Satyrenschreiber ist.

Mittags kam die Baronesse von G.... mit ihrer Gouvernantinn, der Hofrath von H...: und der Hofrath Kl.... die beyden Vormünder, nebst des letztern Frau an. Die Mahlzeit war lebhaft und freundschaftlich, wie immer die Mahlzeiten eines Wirthes sind, der mehr für das Vergnügen seiner Gäste, als für seinen Stolz zu essen giebt, und lieber seine Gäste aufgeheitert, als sich bewundert sehen will.

Es war ganz natürlich, daß ich mich dabey sehr aufgeräumt befand. Den Hofrath von H.... habe ich schon einmal in einer Gesellschaft kennen lernen, und aus einer kurzen Unterredung mit grossem Vergnügen gefunden, daß er weit mehr leistet, als sein Aeußerliches verspricht. Den Hofrath Kl... sahe ich zum erstenmal. Eine lange Reihe von wichtigen und einträglichen Geschäften, haben ihm eine gewisse Erfahrung und Dreystigkeit zuwege gebracht, die seinen Umgang angenehm und lehrreich machen. Sehn Sie, meine Freundinn, wie unpartheyisch ich bin, den Verdiensten eines Mannes Gerechtigkeit wiederfahren zu lassen, welcher sich um mich sehr wenig verdient gemacht hat, da er meiner Aufmerksamkeit zwo Mädchen entrissen, die in meinem Hause wohnten, und davon die eine, wie sie wissen, nicht unangenehm und reich, und die andere, wie ich es noch besser weis, als Sie es wissen, jung, gut gebildet, noch reicher, und also doppelt tugendhaft und liebenswürdig war. Von seiner Frau kann ich nichts sagen. Was sie spricht, und was sie thut, ist angenehm. Aber ich wage es nicht, ein Urtheil von einem Frauenzimmer zu fällen, das ich nur wenige Stunden gesehen habe, da ich mir noch itzt nicht getraue, zu behaupten, daß ich ein gewisses Frauenzimmer vollkommen kenne, mit der ich seit vier Jahren fast täglich umgegangen bin.

Die Gouvernantinn der jungen Baronesse scheint ihre Absicht vollkommen zu verstehen. Sie ist gegen sie zu gleicher Zeit gefällig und ernsthaft, sie verliert selbige nicht einen Augenblick aus den Augen, ohngeachtet sie solches bey dieser so gesitteten

Baroneſſe vielleicht weniger nöthig hätte. Nur das finde ich zu grauſam, daß ſie das arme Kind mitten in ſeinem beſten Appetite durch ihre tyranniſche Fürſorge quält, und immer das Gerichte, das ihm am beſten ſchmeckt, eben für das ungeſundeſte hält, gleich als ob ihm ein Stückchen roher Schinken den Magen verderben würde, da es aus einer Familie iſt, wo der Großvater der Wittwen Häuſer verdauen konnte. Und doch erträgt die junge Baroneſſe dieſe hofmeiſteriſche Strenge mit einer ſo folgſamen Geduld, die der große Gouverneur in Baratavia, Sancho Panſa, dicken Andenkens, nicht hatte, als ihm der menſchenfeindliche Arzt eine jede Schüſſel, die ihm am beſten zu ſchmecken ſchien, am geſchwindeſten von der Tafel wegtragen ließ. Nur ein Wort noch von der jungen Baroneſſe! Ich bin mit ihr außerordentlich zufrieden. Sie hat eine geſittete Lebhaftigkeit. Sie ſchien es nicht zu wiſſen, daß ſie in der Geſellſchaft die Vornehmſte ſey; ſie war behutſam, ohne ſchüchtern zu ſeyn; ſie ſprach viel, ohne zu plaudern; ſie wagte dann und wann einen witzigen Gedanken, und ward freudig, wenn ſie den Beyfall in den Augen ihres Onkels und ihrer Gouvernantinn las. Ich habe ſie auf der Promenade beynahe zwo Stunden am Arme gehabt, und von hundert Materien, von der Religion und ihrer Saloppe, von Kriegsunruhen und dem Viehſterben, von den ſchönen Wiſſenſchaften und ihrem

Hunde gesprochen. Ihre Fragen und ihre Antworten waren unverbesserlich. Durch ihre Fragen hat sie mich verschiedenemal in eine ziemliche Verlegenheit gesetzt, und auf meine Fragen immer geschwind und richtig geantwortet. Als ich einen alten Schooßhund vom Hause, wegen seiner schmutzigen Lebensart, seines mürrischen Wesens, und seines neidischen Knorrens über seine Mithunde, welche aufgeräumter sind, als er, und also mehr geliebt und besser gefüttert werden, als er, als ich diesen unerträglichen Hund einen Philosophen nannte: so machte mir die junge Baronesse über diesen Mißbrauch des Witzes, die artigsten Vorwürfe, vertheidigte mit einer sehr satyrischen Art alle Philosophen, und wünschte sich endlich im Ernste einen Mann zu kennen, der dasjenige wäre, was die Alten unter einem wahren Philosophen verstanden haben.

Noch eins von unserer Baronesse. Bey einer gewissen Gelegenheit warf ich die Frage auf; woher es wohl komme, daß man in jüngern und gesunden Jahren gemeiniglich sehr gelassen von der Nothwendigkeit des Todes rede, im Alter aber, bey entkräftetem Körper, und bey der größten Ungemächlichkeit, doch diese Meinung ändere, und mit Schrecken an den Tod denke? Sie war mit ihrer Antwort geschwind fertig, und behauptete gar weitläuftig, es komme daher, daß man in jüngern Jahren um deswillen so gelassen vom Tode rede, weil man Ursache habe zu hoffen, daß er noch weit entfernt sey; im Alter aber die stündliche Besorgniß zu sterben, die Menschlichkeit unruhig mache; bey vielen verbittere der Geitz und das Mißvergnügen, andern ihr Vermögen zu überlassen, diese Trennung: bey noch andern aber, mache der Vorwurf, übel gelebt zu haben, und dahin zu fahren, ohne bedauert oder vermißt zu werden, den Tod schrecklich.

Was halten Sie davon, meine gute Freundinn? Finden Sie nicht diese Urtheile artig und zum Theil gegründet? Wie viel verspricht die junge Baronesse für ihre künftigen Jahre, da sie schon im eilften Jahre alle Erwartung übertrift: Das sind die glücklichen Folgen der Auferziehung eines vernünftigen Onkels, der zugleich ihr Herz bildet, ohne ihr Aeußerliches zu verabsäumen. Wollte doch der Himmel, daß ihr der Hof spät, so spät als möglich, den Fehler verziehe, daß sie nicht Ahnen genug hat! Ihr erster Schritt an den Hof wird uns lehren, ob ihr Verstand, ihr gutes Herz, ihr feiner Geschmack, wirklich Verstand, gutes Herz und Geschmack sind, oder ob alles dieses nur eine gelernte Rolle ist.

Den 25 May.

Der heutige Tag ist einer von denen, die ich Ihnen gleichförmige Tage genannt habe, und die ich sehr hoch schätze, da sie mir auf dem Lande und in einem Hause, wie das Haus meines Wirthes ist, eine stille Zufriedenheit geben, die ich mitten in dem Lärmen oft vermißte. Wie oft bedaure ich bey dem Genusse einer so sanften Gemüthsruhe die ängstlichen Bemühungen der Hofleute, welche funfzig Jahre lang unter beschwerlichem Zwange, unter nagender Unruhe, unter dem lärmenden Gewühle glänzender Thoren, die elendesten Sklaven, und sehr oft Betrüger sind, damit sie in ihrem sechzigsten Jahre bey einer dürftigen Pension verhungern. Verstünden diese Elenden ihr Glück, sie würden, sobald sie nur könnten, aufs Land flüchten, bey einer mäßigen Kost gesund leben, einen Freund suchen, und unbemerkt, aber desto glücklicher sterben. Doch ich wünsche nicht, daß viele von ihnen auf diesen vernünftigen Einfall kommen mögen, weil ein großer Theil der Glückseligkeit auf dem Lande darinnen bestehet, daß diese Thoren in der Stadt eingesperret sind.

Vergeben Sie mir diese Ausschweifung. Aber werde ich mich hüten, mehr Ausschweifungen dieser Art einzustreuen? Fast befürchte ich, daß ich mich nicht hüten werde. Denn Sie wissen wohl, wie oft Sie mir vergeben müssen, ohne daß ich die geringste Anstalt mache, mich zu bessern.

Ich will Ihnen eine kurze Beschreibung eines solchen einförmigen Tages, wie der heutige gewesen ist, machen, und mit Ihrer Erlaubniß, auch den kleinsten Umstand nicht übergehen. Dadurch werde ich den Vortheil gewinnen, daß ich künftig, so oft ein solcher Tag wieder kömmt, nichts weiter thun darf, als mich auf den fünf und zwanzigsten May beziehen.

Früh um 6 Uhr wird bey mir Tag; mit dem Schlage kömmt mein Bedienter vors Bette; denn da ich so glücklich bin, nur einen Bedienten zu haben, so geschieht alles, was ich verlange, auf den Punkt. Er holet von mir Ordre, was ich trinken, und zum Frühstück essen will. Ich dehne mich ein paarmal vornehm aus, und erwarte ganz despotisch Kaffee und Butterschnitten mit aufgestreuter Raute. Er geht, und ich strecke mich noch einmal auf meinem Bette aus, welches so weich und bequem ist, daß es sogar für einen Domherrn weich und bequem genug seyn würde. In dieser Hochwürdig-faulen Stellung erwarte ich mein Frühstück, denke zuerst an Sie, meine Freundinn, um meinen Tag mit der angenehmsten Beschäftigung anzufangen, theile die sechzehn lange Stunden ein, die ich vor mir habe, müßig zu gehn, werfe den Schlafpelz über, und strecke mich in einen großen Lehnstuhl, der sehr gemächlich, aber wenigstens dreyßig Jahr älter ist, als ich. Der Kaffee kömmt, ein Kaffee, den der Mufti nicht besser trinkt, und Raam darzu, der werth wäre von Ihnen getrunken zu werben. Bis 9 Uhr bringe ich mit dieser nahrhaften Berufsarbeit zu, und wenn ich den Abend vorher mit meinem Tagebuche nicht fertig werden können, so hole ich das ermangelnde nach. Von 9 bis 11 Uhr beschäftige ich mich meistentheils mit Ausarbeitung solcher Sachen, die in meinem Beruf Einfluß haben, und die mich oft zu einem patriotischen Donquixote machen. Ich untersuche die Fehler unserer zerrütteten Landesverfassung, thue sehr gründliche Vorschläge von Verbesserung des Steuerwesens, und so oft ich eine solche Abhandlung zu Papiere gebracht habe, so oft freue ich mich darüber wie ein Poet, der ein Sinngedichte ausgeheckt hat. Aber den Augenblick darauf schäme ich mich meines patriotischen Kollers, werfe die ganzen Vaterlandsgedanken in den Kamin, um dem Hofe nicht verdächtig, und den Patrioten nach der Mode nicht lächerlich zu werden. Doch alles dieses hindert mich nicht, den folgenden Morgen in eben den Paroxismus zu verfallen, von neuem zu reformiren, und mich von neuem zu schämen.

Seit den Abentheuern des Ritters von Mancha ist wohl keine tollere und gefahrlichere Krankheit gefunden worden, als die Vaterlandsliebe. Und wie jenem die Ritterbücher seiner Zeit den Kopf verwirrt machten, so will ich durch meine Erfahrung, jeden Menschen wohlmeinend warnen, Cato's Lettres und Gordens Tacitus nicht zu lesen, oder wenn er ja verwegen genug ist, darinne zu lesen, sogleich zum Niederschlagen der aufwallenden patriotischen Hitze, eine Seite vom Staatskalender auswendig zu lernen. Verzeihen Sie mir es wohl, meine gute Freundinn, daß ich so ein Steuerpedante bin, Sie mit Sachen zu unterhalten, welche kaum der Erbmarschall anzuhören genug Geduld haben würde? Aber Sie verzeihen mir es gewiß, ich kenne Sie zu gut, und bey dem glücklichen Vorsatze, den Sie haben, Ihre Kenntnisse in allen Sachen zu erweitern, muß es Ihnen einerley seyn, ob Sie ein Buch aus dem Homer, oder einen Meßkatalogus lesen. Und mich dünkt, diese beyde Sachen sind die äußersten Gränzen des menschlichen Witzes und Verstandes.

Gegen 11 Uhr kömmt mein gefälliger Wirth zu mir, fragt, wie ich geschlafen habe, und nimmt mich zu einem Spatziergange mit, welcher bis um 12 Uhr währet.

Das muß ich hier noch anmerken, daß um 11 Uhr die Woche ein paarmal Betstunde ist, die wir nicht versäumen. Künftigen Sonntag werde ich Gelegenheit haben, Ihnen von unserer Andacht mehr zu sagen.

Von 12 bis 2 Uhr essen wir. Mit dem Vergnügen und der Gemüthszufriedenheit, mit welcher ich hier esse, mit der esse ich in Dresden nur selten, und allenfalls nur dann, wann ich neben Jonen am Tische sitze.

Wir haben außer dem Nachtische, ordentlich vier Gerichte, die gut gewählt, eben so gut zugerichtet, und gesund sind; einen vortrefflichen Wein, und alles reichlich, ohne verschwenderischen Ueberfluß.

Nach 2 Uhr gehen wir in den Garten, und verdauen mit eben dem Vergnügen, mit dem wir gegessen haben. Göttliche Spatziergänge sind in diesem Garten, und in der ganzen Gegend. Ich hebe Ihnen die Beschreibung davon auf, bis zu einem andern Tage.

Um 3 Uhr begiebt sich ein jeder in sein Zimmer, schläft, liest, schreibt, thut was er will. Gemeiniglich lese ich alsdann, und was ich lese, sollen Sie auch in diesem Tagebuche erfahren.

Von 5 bis 9 Uhr, wird entweder gespielt, (denn ich spiele itzt fast täglich Quadrille um einen Preis der die Policeyordnung gewiß nicht übersteigt;) oder man fährt, oder man reutet, oder man geht Spatzieren.

Gegen 9 Uhr wird eine kleine Mahlzeit gegessen.

Von 9 bis 10 Uhr sitze ich neben dem Wirthe auf dem Sofa, rauche, wenn ich Lust habe, mit ihm Taback, unterrede mich mit ihm von wirthschaftlichen, von witzigen, von gelehrten, von politischen und andern Sachen, und je mehr ich mit ihm davon spreche, desto mehr sehe ich, wie viel mir noch in allen diesen fehlt.

Um 10 Uhr wird ohne großes Geräusche gute Nacht genommen. Ich setze mich in mein Zimmer, schreibe an meinem Tagebuche, stelle mir vor, daß Sie neben mir sitzen, und daß ich alles das, was ich schreibe, Ihnen mündlich sage. Je lebhafter diese Vorstellung ist, desto angenehmer und erquickender ist mein Schlaf, welcher bis früh um 6 Uhr und gemeiniglich ununterbrochen dauert, und wann ich endlich aufwache, so geschieht es immer zu meiner

ner großen Unzufriedenheit, weil mir fast immer träumet, daß ich bey Ihnen sey, mit Ihnen in einem Buche läse, Sie auf dem Flügel spielen höre, oder mich mit Ihnen zanke.

So ist ungefähr mein täglicher Lebenslauf. Wie gefällt er Ihnen? bin ich nicht glücklich?

Am 26. May.

Das Wetter ist heute Vormittags leidlich, nach Tische aber höchstunangenehm gewesen, und wir haben uns um deswillen eines Vergnügens begeben müssen, das wir uns bey einer Spatzierfahrt vorgenommen hatten. Seit ich hier bin, haben wir noch keine recht angenehme Stunde gehabt, nichts als kalten Wind, und untermischten Regen.

Ich wette drauf, Sie haben auf dieser Seite schon dreymal über mich und meine Predigt vom Wetter gespottet. Aber mit Ihrer Erlaubniß, Sie haben sehr unrecht gethan. Denn auf der See und auf dem platten Lande, kann man immer von Wind und Wetter reden, ohne den Vorwurf zu verdienen, den man Stadtgesellschaften dabey macht. Da ich hieher gereist bin, um durch öftere Bewegung meiner Gesundheit aufzuhelfen, so habe ich wohl ein Recht, auf Wind und Wetter zu schmälen, welche mir bey meiner wichtigsten Absicht so hinderlich sind. Und also hatten Sie die geringste Ursache nicht über mich zu spotten. W. Z. E. W.

In der Beschreibung vom gestrigen Tage, habe ich noch einen Hauptumstand vergessen, den ich heute nachholen will. Nach meiner Ausrechnung, mußten die Briefe, die ich den vier und zwanzigsten nach Dresden schrieb, gestern halb 1 Uhr in Ihrem Hause seyn. Um eben diese Zeit trat ich in Ihre Stube, fand meine gute Freundinn ziemlich gleichgültig am Fenster bey der Kommode sitzen, und so bald der Brief abgegeben ward, riefen Sie: Was? schon ein Brief von Herr Rabenern! Hannchen die eben ins Zimmer trat, ward blaß, flog der Fritzchen in die Arme, und rief ganz ängstlich: Gewiß genug hat er auch an mich geschrieben. Da siehst du nun, daran ist kein Mensch schuld, als du. Antworten thue ich gewiß nicht, drauf kann er sich verlassen! Fritzchen schweigt, und Hannchen hängt das Maul. Inzwischen kömmt Herr B. . . . Er öffnet den Brief. Ach! warlich auch an die Gretel ein Brief, und auch an die Hannchen! wo ist sie denn? die arme Kleine muß herbey. Sie kömmt wie ein zitterndes Kind, dem die Ruthe droht; Sie will den Brief nicht öffnen; da, lies du ihn Lorchen! Der Brief wird geöffnet, und sie verwandelt bey jeder Zeile die Farbe; die Gretel liest ihren Brief frisch weg, fragt, wann sie antworten sollte, und sagt der Mama das aufgetragene Compliment, welche lächelt, weil es ihr die Gretel sagt; Sie, mein liebes Lorchen, treten ans Fenster, lesen meinen Brief, sind eben nicht unzufrieden darüber, fangen bey der einen Stelle wirklich schon an, ein wenig zu lächeln; fassen sich aber sogleich, indem Sie sich besinnen, daß Sie Lorchen sind, und daß der Brief nur von Ihrem Freunde Rabener ist. Sie stecken den Brief nachläßig in den Schubsack; Herr B... verlangt ihn zu lesen: — O, ja, sie können ihn lesen, es steht gar nichts besonders darinne. Er fragt; wann Sie antworten werden? Ach lieber Gott! ist Ihre Antwort, fragen sie mich nur nicht so viel auf einmal. Heute kömmt der Claviermeister, Morgen habe ich Kopfschmerzen, Uebermorgen die Colike, und alsdann — mit einem Worte, ich will schon antworten. Sie eilen mit der Ihnen eigenen Miene davon, setzen sich an Tisch, und essen vermuthlich nicht. Denn was Sie da weiter gethan haben, weis ich nicht, weil ich in dem Augenblicke, als Sie die mir immer so gefährliche Miene machten, von Ihrem Saale weg — und nach S... zurück eilte, wo ich fand, daß ich an der Tafel mitten in der Gesellschaft saß, und etliche Minuten sehr tiefsinnig, bald heiter, bald mürrisch, und in dem letzten Augenblicke besonders, so verdrüßlich und erschrocken ausgesehen hatte, daß die Gesellschaft schon anfieng, sich meiner Gesundheit wegen Sorge zu machen, und die Wirthinn mir eben an den Puls fühlte, da ich von meiner Zerstreuung zu mir selbst kam. Solche Zerrüttung kann eine einzige Miene von Ihnen anrichten, wenn ich auch sechs Meilen entfernet bin. Bedenken Sie nun die traurigen Folgen, die eine solche verwünschte Miene anrichtet, wenn ich neben Ihnen stehe. Ich muß hier aufhören: denn indem ich von dieser unglücklichen Miene rede, merke ich, daß ich eben so unruhig und ängstlich werde, wie ein Kind, wenn man bey langen Winterabenden in einer Stube ohne Licht das Märchen von Mum Mum erzählt.

Um des Himmels willen, mein liebes L., daß ich bey meiner Rückkunft diese menschenfeindliche Miene ja nicht wieder finde, oder ich flüchte über Hals und Kopf wieder aufs Land.

Am 27. May.

Ich habe Ihnen versprochen eine Nachricht von unserm Gottesdienste zu geben. Hier ist sie. Eigentlich ist das hiesige Rittergut in ein Dorf, eine Stunde weit entlegen, eingepfarrt. Weil aber in dortiger Gegend die Viehseuche heftig wütet, so ist aus einer sehr vernünftigen Vorsorge die Anstalt getroffen worden, daß die Gemeine den Gottesdienst hier im Dorfe abwartet, wo eine alte und kleine Kapelle ist. Wer einen Begriff von dem Gottesdienste der ersten Christen hat, die in Höhlen zusammen kamen, den wird diese Kapelle nicht befremden.

Stellen Sie sich ein Zimmer vor, etwan dreyßig Ellen lang, und halb so breit, das mit dicken schmutzigen Mauern eingefaßt ist, und das Licht durch ein paar kleine Fenster empfängt. Auf diesen Mauern ruht eine hochgewölbte Decke, von braun angestrichenen Bretern, so dem Gebäude ziemlichermaßen das Ansehen eines Kobers giebt. In der Kirche selbst finden Sie die Anstalten zu allen kirchlichen Gebräuchen, und einen Altar, der noch diesen Sommer prächtiger ausgeputzt werden soll, itzo aber sich nur in einem leichten Negligee von grünem Taffet zeigt,

  and Pulpit, Drum Ecclesiastick
  is beat with Fist instead of a Stick;

welches aber nur vom Advente bis Fasten geschieht. Auf einer sogenannten Emporkirche, steht ein Positiv, welches von Silbermannen ist. Der Bader hiesigen Orts spielt darauf, und macht der christlichen Gemeine viel Ehre. Eine Stunde vorher barbierte er mich, und trat mir ziemlich derb im Gesichte herum; Sie können also wohl glauben, daß er das Positiv nicht schont. Da er ein so wichtiges Glied der Kirche ist, so hat er ein Recht, mit einer sehr erbaulichen Ernsthaftigkeit auf seiner Bank zu sitzen: ich wünschte nur, daß er sich weniger schaukelte, denn er wackelt beständig hin und wieder, nicht anders als ein türkischer Junge, der die Sprüche aus dem Alcoran lernt.

Die zwote Stütze der hiesigen Kirche ist ein Mensch mit ziemlich ordentlich ausgekämmten Haaren, und einer ehrwürdig = trotzigen Miene. Die Bauern, die ihm nicht gut sind, nennen ihn den Kinderlehrer; er aber nennt sich den Catecheten, und ein paar junge Bauerweiber nennen ihn auch so, weil sie ihm nicht so gram sind, wie ihre Männer. Dieser Mensch muß in der Kirche lesen, und die Lieder anfangen. Das erstere verrichtet er ziemlich gut, und das letzte so gut er kann. Sein Intoniren ist erzketzerisch. Weil er nicht singen will, wie der gemeine Bauerpöbel im Dorfe, so singt er so gräßlich, daß Menschen und Vieh zittern möchten. Stellen Sie sich ein Maul vor, das eben nicht das kleinste in hiesigem Dorfe ist; dieses Maul preßt er in den linken Winkel zusammen, und den rechten sperrt er so weit auf, daß man ihm bis in den tiefsten Abgrund des Magens sehen kann. Sodann preßt er mit verwendetem Halse den andächtigen Wind hervor, mit welchem er Gott loben und seinen Nächsten erbauen will, und intonirt oder maut vielmehr, wie ein zärtlicher Kater, ganz unvernehmliche Töne: und wie er singt, so betet er auch. Alle seine Vater unser kaut er, und bey Menschen würde diese Creatur schwerlich Erhörung finden.

Ich hatte versprochen, Ihnen eine Nachricht von unserm Gottesdienste zu geben, und ich sehe, daß ich Ihnen von nichts erzählet habe, als von dem

Bader, und von dem Kinderlehrer. Ich will Ihnen auch weiter nichts sagen, als daß der Probst Reinbeck predigte, und doppelt erbaulich und angenehm gewesen seyn würde, wenn er nicht durch den frommen Rachen des Catecheten hätte predigen müssen.

Unter dem Gottesdienste kam die Fräulein von W.. mit ihrer feisten Gouvernantinn. Wir haben heute, da ohnedem das Wetter angenehmer war, als bisher, uns sehr wohl vergnügt, und Anstalt gemacht, uns Morgen und Uebermorgen noch besser zu vergnügen. O! wären Sie doch bey uns, meine gute Freundinn! kommen Sie, ich beschwöre Sie, kommen Sie gleich! Aber das werden Sie nicht wagen. Ihr böses Gewissen wird Sie zurückhalten. Sie würden das jüngste Fräulein nicht ansehen können, ohne mit zerknirschtem Herzen an die Bosheit zu denken, die Sie mir erwiesen haben. Himmel, was für eine unerschöpfliche Quelle von Heucheley, dreister Verwegenheit, und schalkhaften Muthwillens! und das alles mit einer so gelassenen frommen und ehrlichen Miene, beynahe so gelassen, fromm und ehrlich, als die meinige ist. Sind Sie nicht ein gefährliches Mägdchen? Immer entdecke ich neue Fehler an Ihnen; aber zum Unglücke sind mir sogar ihre Fehler liebenswürdig.

Heute habe ich genug geplaudert; ich werde schläfrig; morgen wird für mich ein vergnügter Tag seyn, einer von den vergnügtesten, die ich in S.. erleben kann. Wie freue ich mich darauf! Wie lang wird mir die Nacht werden! o! wäre er schon da, dieser vergnügte Tag! Habe ich nicht Ursache ungeduldig zu seyn, denn morgen früh gegen sieben Uhr bekomme ich von Ihnen Briefe. Gute Nacht!

Den 28. May.

Noch vor sechs Uhr stund ich auf, und jagte meinen Bedienten aus dem Bette. Lauft, geschwinde lauft hinunter und fragt: ob Briefe mit der Post angekommen sind? Er gieng mir viel zu sachte, ob er schon ziemlich eilte. Tröbelt aus! rief ich ihm nach, gieng in meinem Zimmer mit geschwinden Schritten auf und ab, und erwartete mit unruhigem Vergnügen einen Brief von meiner Freundinn. Was wird sie schreiben, die gute Freundinn? vermuthlich einen langen Brief, denn sie weis, daß mir auch ihre längsten Briefe zu kurz sind. Sie wird sich rächen und mir Vorwürfe machen, die eben so bitter sind, als die meinigen; denn ob sie schon, außer ihrem Briefe an die Babet, keine Satyren geschrieben hat, so ist sie doch eben so satyrisch, als ein Autor von Profeßion. Viel neues wird sie mir schreiben vom Hofe und von sich, und das letzte wird für mich das wichtigste seyn. ... Krank? — das wolle der Himmel nicht! Nein sie wird recht gesund seyn, denn ich habe es ihr von ganzem Herzen gewünscht, da ich abreisete. Ich will viel wetten, ihr Brief wird freundschaftlicher, und weit gefälliger seyn, als ihre Unterredungen meistentheils sind ‑ ‑ aber wo bleibt mein Bedienter? das ist ein unerträglich langsamer Mensch — o wenn sie mir schriebe, daß sie meine Rückkunft wünschte, wie schmeichelhaft würde mir dieses Compliment seyn; es ist nur ein Compliment, ich weis es, aber doch würde ich stolz darauf seyn, weil mir es die Lorchen macht! Ich guter Narr! — Babet läßt mich gewiß auch grüßen, tausendmal will ich sie wieder grüßen lassen, die vortreffliche Freundinn meiner Lorchen. Aber warum nicht auch meine Freundinn? das lasse ich mir durchaus nicht nehmen ‑ ‑ aber wo bleibt mein Bedienter? Er wird eben so ein fauler E... o! da kömmt er, mit einem großen Pack Briefen! **Nun mein lieber guter Johann, seyd ihr schon wieder da? Gebt her** — Steuersachen? wie kömmt das auf den Brief? gewiß genug sind sie mit eingeschlagen. — Ein Brief; — ein Bericht, — o! der hätte warten können ‑ ‑ ‑ da finde ich keinen Brief von meiner Freundinn; vielleicht steckt er hierinnen? — nichts, überall nichts — das kann ich doch nicht begreifen — noch ein Supplicat von einem bedrückten Bauer — der Bärenhäuter hat gewiß unrecht — das kann ich doch nicht begreifen! ‑ ‑ Befehlen Sie Thee, oder Kaffee? — Was ihr wollt. Befehlen Sie Milch? — Wie ihr wollt. Bringe ich Brodschnitte mit? — ins He... wie ihr wollt. Habt ihr bald genug gefragt? ⹀ Das kann ich doch nicht begreifen — am Freytage zu Mittage — ja da müssen sie die Briefe bekommen haben — der Nachmittag — der ganze Sonnabend, — gesetzt auch, daß der Claviermeister gekommen wäre. In der Zeit kann man doch wohl ein Briefchen schreiben — und wenn ich gleich glaubte, sie wäre ⹀ o nein, sie war ja gesund, da ich wegreiste — ich habe sie so sehr, so sehr gebeten — und sie versprach mirs auch — das kann ich doch nicht begreifen! ⹀ Was für elenden Kaffee habt Ihr mir gebracht? nehmt ihn weg. — Nun, was sieht mich der Narr an? den Kaffee sollt ihr wegnehmen! Ich will euch schon rufen, wenn ich euch brauche. — Es ist warm heute, unerträglich warm heute ⹀ Nein, meine gnädige Fräulein, unmöglich kann ich heute vormittags spazieren gehn — vielleicht komme ich nach ⹀ nein, ich bitte unterthänig, warten Sie auf mich nicht, ich komme gewiß nach, — wie gesagt, ich kann unmöglich — Kopfschmerzen habe ich — ja, es kann wohl seyn, daß ich mich gestern erkältet habe — ich komme gewiß nach — aber ich sage ihnen, es ist mir nicht wohl ⹀ o! martern sie mich nicht mit ihrer Gnade! gut, ich bin verdrüßlich, es sey drum, wenn sie das lieber glauben wollen — warten sie nur nicht auf mich —

nun, wenn sie es schlechterdings wissen wollen; ich habe Briefe aus Dresden bekommen, die mir den Kopf wirbelnd gemacht haben! — "von der Mademoiselle D...?„ wie kommen Sie auf die? so gute Freunde sind wir eben nicht. Sie hat mehr zu thun, und ich = = = ja ein paar Briefe etwan, und das ist schon sehr lange — schreiben thut sie zwar sehr gut, das muß ich ihnen sagen, vortrefflich, und schreibt oft; aber an mich nicht. = = = Nein, mit ihrer Erlaubniß, da fragen sie mich zuviel, = = = kommen sie, wir wollen spaziren gehen! — Was für eine traurige Promenade war das! ich bin grausam müde, — und wenn es nur ein kleines Briefchen, nur ein paar Zeilen, nur ein Wort gewesen wäre, sie weis doch, wie sehr ich mich auf ihre Briefe freue! Ja wenn es ihr etwan sauer würde — das kann ich doch nicht begreifen. Nun, mein Entschluß ist gefaßt! — Nein, dasmal ist er gewiß gefaßt = = = Schon zur Tafel? Was für eine traurige, einförmige, langweilige Mahlzeit! Nicht einen Bissen gut gekocht! Und der Wein? = = = pfuh! ich weis gar nicht, wie die Gesellschaft, so aufgeräumt und lustig seyn kann! Ich dächte die itzigen Zeiten wären nicht darnach. — Es muß doch eine grausame Ueberwindung kosten, an einen guten Freund — zu schreiben, und der Sekretair B..., Nun, mags doch! Mein Entschluß ist gefaßt, das soll wahr seyn — wenn jemand nach mir fragt, Johann, ich schlafe — bis um fünf Uhr wenigstens, — der Teufel mag in dem Lärmen schlafen — alles geht mir heute der Quere — es soll mich doch verlangen, was für eine Entschuldigung sie vorbringen wird; o! fehlen wird es daran nicht, aber — nu, nu, – – nein, nimmermehr nicht — mags doch! — Schön sind ihre Briefe, es ist wahr, vortrefflich sind sie, und lesen sich so angenehm, so – – nun es sey drum; wie müßte ich thun – –: was giebt es denn schon wieder? mit eurer verfluchten Quadrille! sagt, ich käme gleich — dem Himmel sey Dank, das war auch überstanden — noch eine saure Stunde bey der Tafel — gut, auch diese war vorbey! Nun zu Bette! werde ich auch schlafen können? — Wie unglücklich bin ich mit meiner Freundschaft! immer muß ich – – auf eine viertel Stunde, auf eine kleine viertel Stunde, wäre es nur angekommen — zu so einem Briefchen, — und sie hat mirs ausdrücklich versprochen — es ist gut, an die Babet – – aber an die Babet ist allemal Posttag! —— Johann zieht mich aus! löscht das Licht aus! — einmal für allemal, das kann ich doch nicht begreifen!

Den 29. May.

Freylich konnte ich es gestern nicht begreifen, und ich legte mich mit feindschaftlichem und rachsüchtigem Herzen zu Bette. Mein Entschluß war gefaßt, und vielleicht im ganzen Ernste gefaßt; aber wie wenig kannte ich mich! ich hätte mich besinnen sollen, daß es, auch bey den größten Beleidigungen, mir niemals möglich gewesen ist, länger als vier und zwanzig Stunden mit Ihnen zu schmollen; und daß also bey dieser kleinen Nachläßigkeit im Schreiben, meine grimmige Wut, kaum sechs Stunden wiederhalten würde. Und in der That dauerte sie kaum so lange. Denn heute früh um fünf Uhr wachte ich auf, (es war schon ein gutes Zeichen, daß mich die freundschaftliche Verzweifelung beynahe sechs Stunden so sanfte und ruhig hatte schlafen lassen,) sobald ich erwachte, fiel mir mein gestriger Zank mit Ihnen ein. Ich stellte mir Sie mit meinem Tagebuche in der Hand vor. Sie hatten Ihre natürliche trotzige Miene, welche meine Uebereilung zu verdammen schien, und mitten in diesem Trotze, glaubte ich einen gewissen freundschaftlichen Blick wahrzunehmen, welcher meinen ganzen Zorn entwaffnete. Ich gab mir Mühe, Entschuldigungen für Sie auszufinden, ich glaubte dergleichen zu finden, aber ich gab mir auch eben so viele Mühe, nicht zu untersuchen, ob sie gegründet wären, weil ich schlechterdings verlangte, daß Sie Recht behalten sollten. Sehen Sie, meine gute Freundinn, so gefällig ist Ihr Rabener, so gut meynt er es mit Ihnen, so viel Mühe giebt er sich in wichtigen und gleichgültigen Sachen, durch eine beständige Achtung und sorgfältige Aufmerksamkeit auf alles das, was Ih-

nen angenehm seyn kann, Sie zu überzeugen, daß er Ihr wahrer, und obschon nicht der erste, doch der Ordnung nach, wenigstens der zweyte Ihrer guten Freunde ist. . . . .
Voll von Freundschaft und Vergnügen war ich bis hieher gekommen, als ich von der Post drey angenehme Briefe aus Ihrem Hause vom 28. May erhielt, von Ihnen aber nicht eine Zeile, auch die geringste Spur nicht fand, daß Sie in Willens gehabt hätten an mich zu schreiben, oder, daß es Ihnen eingefallen wäre, wegen dieser unterlassenen Antwort meine Freundschaft beruhigen zu lassen. Diese Gleichgültigkeit ist mir unerwartet. Vielleicht bringt die morgende Post, was ich so sehr wünsche; Und geschieht es auch alsdann nicht, . . . ich wage es nicht, mich zu erklären; aber ich wage es noch weniger, mein Tagebuch fortzusetzen. Denn da es scheint, daß Ihnen der kleine Brief vom 24. May sehr gleichgültig gewesen, so muß ich befürchten, daß Ihnen dieser Traktat, welcher aus sieben langweiligen Briefen besteht, gar ekelhaft werden möchte.

Meine liebe Charitas, *

Unser Briefwechsel ist mir viel zu angenehm gewesen, als daß ich nicht auf ein Mittel hätte denken sollen, Ihnen eine Gelegenheit zu verschaffen, wie Sie desselben sich fleißig erinnern, die nützlichen und guten Gedanken, die man Ihnen in die Feder gelegt, täglich vor Augen haben, und meine freundschaftlichen Lehren und Warnungen sich immer bekannter machen könnten. Ich habe geglaubt, daß dieses am füglichsten geschehen möchte, wenn ich alle Briefe, wie sie von Zeit zu Zeit von uns, und den beyden verkappten Barbern, geschrieben worden, zusammen bringen ließ. In diesem Bändchen sind sie alle beysammen. Ich werde wegen dieser Aufmerksamkeit für Ihr Bestes mehr belohnt seyn, als ich ein Recht habe, es zu verlangen, wenn Sie dafür meine Freundinn bleiben. Leben Sie wohl. Dresden, am 26. März, 1758.

* Zu besserm Verständnisse dieser Briefe dienet folgende kleine Anekdote. Der sel. Rabener gieng in einem gewissen angesehenen Hause aus und ein, wo sich ein paar junge Frauenzimmer befanden. Diese geriethen auf den scherzhaften Einfall, mit ihm einen Briefwechsel unter einem erdichteten Namen zu unterhalten. Ein paar Wochen lang wußte er nicht, woran er war; ein Zufall aber entdeckte ihm die Verfasserinn. Er ließ sich nichts davon merken und schrieb so lange in dem vorigen Tone fort, bis er eine Erklärung für gut fand. Dieß gab ihm inzwischen Gelegenheit, den Scherz in seinen Antworten den Personen gemäßer einzurichten.

Mein Herr,

Das ist der erste Brief, den ich in meinem Leben schreibe. Ich bin ein Mägdchen von drey bis vierhundert Wochen. Vor etwa drey Monaten habe ich angefangen schreiben zu lernen. Man sagt: ich schriebe für die kurze Zeit, da ich gelernet habe, recht hübsch. Es wäre mir lieb; doch möchte ich mich nicht gerne betrügen. Sie sollen Richter seyn. Belieben Sie Ihre Gedanken davon nur einigen von Ihren guten Freunden zu sagen, so will ich sie bald erfahren. Schmeicheln Sie mir nicht: erfahren sollen Sie aber auch nicht wer ich bin, bis ich gehört, wie Ihr Urtheil ausfallen wird. Verzeihen Sie meiner Freyheit. Ich bin Ihre Dienerinn, und heiße mit dem Vornamen

Charitas.

Dresden, am 9. Decemb. 1757.

Recht schön, meine artige kleine Correspondentinn, allerliebst schön schreiben Sie, ganz gewiß müssen Sie Sich in Ihrer Zeitrechnung geirret haben, denn unmöglich kann ein Frauenzimmer von vierhundert Wochen so richtig und so fein schreiben. Aber ich besinne mich, das schöne Geschlecht braucht kaum so viel Monate, als wir Mannspersonen Jahre brauchen, recht gut, oder recht schlimm zu werden.

Wenn

Wenn Sie, meine liebe Unbekannte, dieses noch nicht verstehen, so fragen Sie nur Ihre Tanten, die werden es Ihnen gewiß erklären. Sie warnen mich, ich solle Ihnen nicht schmeicheln? O! merken Sie sich die Warnung, ich bitte Sie darum. Nicht alle Mannspersonen sind so aufrichtig, als ich bin. So bald Sie achthundert Wochen alt sind, werden Sie erfahren, daß ich heute wahr geredet habe. Sie schreiben mir doch bald wieder? Wie sorgfältig will ich Ihren Brief aufheben, da er, wie Sie sagen, der erste ist, den Sie in Ihrem Leben schreiben. Mir wird er allemal schätzbar, und künftig für viele ein Heiligthum seyn, die Ihre Briefe vergebens wünschen. Habe ich Ihnen nunmehro genug gesagt? Nun erfahre ich doch Ihren ganzen Namen? Ich möchte mich gerne mündlich bey Ihnen bedanken, und Ihnen die Hände küssen.

Rabener.

Mein Herr,

Ist es wahr, daß Sie sich die Mühe nehmen, und mir auf meinen gestrigen Brief antworten wollen? Die Frau, die ihn überbracht, hat mir es beredet. Damit könnten Sie mir eine rechte Freude machen. Wie fleißig wollte ich ihn durchbuchstabieren, und allemal in meinem Schränkchen wieder aufheben. Schreiben Sie geschwinde, die Frau soll darauf warten. An solche kleine Mägdchen haben Sie doch noch nicht geschrieben. Ich möchte schon wissen, was Sie sich für eine Vorstellung von mir machen? Warten Sie — ich will sehen, ob ich mich beschreiben kann. Ich bin zu meinem Alter weder zu groß noch zu klein, schöne sehe ich nicht aus, aber auch nicht häßlich. Artig — manierlich — Ich will aufrichtig seyn. So gar sehr artig und manierlich, als viele andere von meinen Jahren, bin ich auch nicht. Ich bin mehr ernsthaft, als lustig, und halte mich gern zu erwachsenen Personen, die sittsam und verständig sind. Ich habe — nein, das sagt Charitas nicht. Schweigen muß sie, sonst wird sie sich verrathen, das thut sie nicht.

Mein Herr, Charitas ist Ihre gehorsame
Dienerinn.

Am 9. December, Abends.

Sie sind schalkhaft meine kleine Freundinn, beynahe so schalkhaft, als ein erwachsenes Frauenzimmer. Ich hofte gewiß, ich würde Sie heute kennen lernen. Sie können wohl glauben, daß ich mich sehr darauf freute. Voll Ungeduld erbrach ich Ihren Brief; ich lief ihn flüchtig durch, ich las ihn noch einmal, noch zweymal mit der größten Aufmerksamkeit durch, und nun weis ich heute eben so wenig, als ich gestern wußte! Aber nehmen Sie Sich in Acht, meine gar zu verschwiegene Charitas; ich habe schon mit dem Amtmanne gesprochen. Noch in dieser Woche, vielleicht Morgen, soll durch die ganze Stadt in allen Quartieren Aussuchung gethan werden. Alle Frauenzimmer von drey bis vierhundert Wochen, die nicht zu groß und nicht zu klein, nicht zu schön und nicht zu häßlich, mehr ernsthaft als lustig sind; alle diese Frauenzimmer sollen zusammen gebracht werden. Was wetten wir, ich ertappe Sie? Ich werde eine jede nach der Reihe fragen: ob sie artig und manierlich sey? Und wenn eine darunter ist, die es aus Bescheidenheit läugnet, daß sie es nicht so wäre, wie viele von Ihren Jahren, diese ist gewiß meine versteckte Charitas. Wird Ihnen nun bald Angst? — Wie? ich glaube Sie lachen gar noch darüber? Nun warten Sie nur; gewiß, gewiß ertappe ich Sie; und wie soll ich Sie hernach bestrafen?

Rabener.

Mein Herr,

Ey, wie freue ich mich, daß Sie an meine kleine Muhme schreiben! Nicht wahr, an mich schreiben Sie nun auch? Aber ich frage nicht, ob Charchen beſſer ſchreibt, als ich; denn Charchen iſt auch älter als ich; aber wenn Sie noch mehr an Charchen ſchreiben wollen, da will ich auch recht hübſch ſchreiben lernen, ich laſſe mir aber doch keine Linien ziehen. Ach! hören Sie, wenn Sie mir ſchreiben, will ich auch mit keiner Puppe mehr ſpielen; aber Charchen ſpielt noch mit Puppen, und hat einen Hampelmann, der heißt Wilhelm. Ach, ich möchte gerne wiſſen, welche Sie für die leichtfertigſte hielten? Nicht wahr, mich nicht? Charchen ſagte mir in der Schreibeſtunde, daß ſie gleich den andern Tag wieder ein Briefchen von Ihnen erhalten, und das hätte ſie in ihr Schränkchen verſteckt; wenn Sie mir aber ein Briefchen ſchicken, das will ich allen Leuten weiſen, und da werden die Leute ſprechen: Ey, hat er denn auch kleine Mägdchen lieb? Nicht wahr, das iſt beſſer? Aber Sie müſſen mir auch antworten, ſonſt lacht mich Charchen aus; auf mein Briefchen dürfen Sie nur ſchreiben: An die kleine Barbara, Couſine der Charitas.

Barbara.

Am 11. December, 1757.

Das iſt eine verzweifelte Sache, mein gutes Barberchen. Ich ſoll ſagen, wer am leichtfertigſten iſt: ob Sie, oder Ihre Couſine Charitas? Ich dächte nun – was meynen Sie wohl, was ich dächte? — ich dächte Sie wären am leichtfertigſten! warum? — das will ich Ihnen gleich erzählen. Charitas ſagt von sich selber sehr wenig gutes, und von Ihnen hat sie mir gar nichts böses gesagt; aber Sie sagen mir von der Charitas, daß sie nach Linien schreibe, daß sie mit Puppen spiele, und ich weis selbst nicht, was Sie mir alles von ihr sagen. Habe ich nicht recht, daß Sie leichtfertiger sind? Ich glaube auch, daß mich Charitas lieber hat, als Sie mich haben. Denn sie versteckt meine Briefe in ihr Schränkchen, und Sie wollen meinen Brief allen Leuten weisen: das sehe ich nicht gerne.

In vierzehn Jahren werden Sie mich schon verstehen. Schreiben Sie mir doch bald wieder, ob ich Recht habe: aber seyn Sie verschwiegener, und zeigen Sie diesen Brief keinem Menschen, am wenigsten Ihrer Mama. Das merken Sie Sich einmal für allemal. Ich küsse Ihnen Ihre kleinen Hände.

Rabener.

N. S.

Wissen Sie denn wohl, daß der Charitas ihr Hampelmann eben so heißt, wie ich? Das hat wohl was zu bedeuten. Noch eins; sind Sie wohl großmüthig genug, Ihrer Charitas zu sagen, daß für sie schon seit vorgestern ein Brief bey mir liegt?

Mein Herr,

Ich bin schon wieder da; haben Sie etwas zu thun? so lesen Sie nicht weiter Ich komme nur, mich für Ihren schönen Brief gehorsamst zu bedan=

len. Ach, wenn ich so schreiben könnte! Glauben Sie wohl, daß ich es mit der Zeit lernen sollte? Ich wollte recht fleißig seyn. Ich weis auch wohl, wen ich gerne zu meinem Lehrmeister haben möchte; aber wer wird sich mit so einem kleinen Mägdchen, wie ich bin, die Mühe nehmen. Zum wenigsten will ich mir bey Ihnen ausbitten, daß ich noch etlichemal an Sie schreiben darf, und da müssen Sie mir auch erlauben, daß ich noch nicht sagen darf, wer ich bin; denn so bald Sie das erfahren, so wird die ganze Freude aus seyn. Soll ich die Woche ein oder zweymal schreiben? — Sie antworten mir aber doch auch? Denn daran ist mir am meisten gelegen. Sie schreiben gar zu schön, und ich weis Jemanden, der mir, was ich nicht verstehe, erklären soll. Den Jemand kennen Sie auch. Meine Tanten kann ich nicht darum fragen. Ich habe nur Eine, und die bekomme ich selten zu sehen. Leben Sie wohl. Wann darf ich denn wieder erscheinen?

Charitas.

P S.

Verbieten Sie doch Ihrem schlauen Diener, daß er meiner Briefträgerinn nicht mehr nachschleicht.

Am 12. December, 1757.

Da haben Sie zweene Briefe auf einmal. Seit Freytags habe ich mit Schmerzen auf eine Antwort von Ihnen gewartet. Ich glaubte schon — verzeih mirs Gott — ich glaubte schon, Sie wären unbeständig, und mir ● meiner Correspondenz untreu geworden. Denn, ob Sie gleich noch ein sehr junges Frauenzimmer sind, so sind Sie doch ein Frauenzimmer. Ja, meine liebe Charitas, alle Wochen zweymal, — siebenmal schreiben Sie alle Wochen, wenn Sie wollen. So oft ich kann, werde ich antworten, und mannigmal habe ich viel Zeit. Fahren Sie nur fort; Sie werden in kurzem noch viel besser schreiben lernen, als ich es kann, denn ich sehe schon durch die Brille. Wollen Sie mich im Ernste zum Lehrmeister annehmen? O! versuchen Sie es, ich bin recht fromm, und Mägdchen-Schulmeister habe ich schon in meiner Jugend werden wollen. Aber darf ich denn inzwischen gar nicht wissen, wer Sie sind? Gut, ich will es auch nicht wissen. Mein Bedienter soll auch Ihrem verschwiegenen Courier nicht mehr nachschleichen. Das ist eine verstockte Frau, sie hat nur gar nichts gestanden! Darf ich denn auch nicht wissen, wer der Jemand ist, der Ihnen alles erklärt, und den ich kennen soll? Wenn ich nur zum wenigsten das wissen sollte. Noch eins, haben Sie denn noch eine jüngere Cousine, die Barbara heißt? Sie hat mir am Sonnabend geschrieben, recht viel Böses von Ihnen geschrieben: aber ich habe ihr gestern kurz und gut gesagt, ich glaubte das alles nicht; ich habe sie brav ausgescholten, aber ich war auch recht böse auf die leichtfertige Barbara; Ihren Jemand grüßen Sie von mir aufs verbindlichste. Nur den Jemand? Aber Sie schütteln mit dem Kopfe. Gut! von Ihnen lasse ich mir alles gefallen. Leben Sie wohl.

Rabener.

Mein Herr,

Ich bitte zwar um Verzeihung, daß Sie so oft überlaufen werden: ich kann mir aber nicht helfen. Gestern Nachmittage waren Sie nicht zu Hause. Also konnte ich auch keine Antwort bekommen, und gleichwohl möchte ich gar zu gerne wissen, ob Sie mir erlauben, noch weiter an Sie zu schreiben, und wie vielmal die Woche? wenn es auch nur Einmal wäre. Ach ja, das erlauben Sie, bitte bitte ganz gehorsamst.

Charitas.

Am 14. December, 1757.

Nun schreibe ich den dritten Brief an Sie, meine liebe Charitas, aber vielleicht wird er eben so wenig abgeholt, wie die ersten beyde. Es geht Ihnen wie allen vornehmen Leuten; je mehr Bediente, desto schlechtere Bedienung. Jeden Brief senden Sie mir durch ein neues Gesichte, und diese kommen wohl gar nicht wieder, oder doch, wenn niemand zu Hause ist. Ihre erste Briefträgerinn war wohl die beste, diese wollen wir zu unserm Briefwechsel verpflichten lassen. Sind Sie nicht auch meiner Meynung? Wenn dieser Brief wieder liegen bleibt, so lasse ich unsere ganze Correspondenz in den Dresdner Anzeiger setzen, damit Sie erfahren, daß ich Ihnen geantwortet habe. Soll ich das thun? à Dieu.

Rabener.

Ey, ey! wenn der Herr Amtmann wüßte, daß Sie Ihn zum Popanz machten, was würde er sagen? Fürchten Sie Sich aber nur nicht, dasmal soll er nichts erfahren. Den Spas möchte ich schon sehen, wenn wir Kinder in zwo Reihen stünden, und Sie giengen mitten durch, und fragten eins nach dem andern: bist du es mein Kind, oder bist dus? Nimmermehr hätten Sie es erfahren sollen. Es giebt auch leichtfertige Mägdchen unter uns, die hätte ich angestifft, daß sie Sie und den Herrn Amtmann hätten zu lachen gemacht: aber so ist es besser. Ich habe Sie noch einmal so lieb, daß Sie nicht wissen wollen, wer ich bin, und daß ich so oft schreiben darf als ich will. Sie sagen mir so viele schöne Sachen, daß ich nicht weis, für was ich mich zuerst bedanken soll. Das aller — allerliebste ist mir, daß Sie mich zu Ihrer Schülerinn annehmen wollen. Sie werden sehen, daß ich recht hübsch folge. Fragen Sie im rechten Ernste, ob ich noch eine Cousine habe, die Barbara heißt? Das ist ein fürchterlicher Name, den habe ich noch niemals gehört. Und die hat an Sie geschrieben? und die hat Böses von mir geschrieben? von mir? Das kann unmöglich ein klein Mägdchen seyn. Es ist schon recht, daß Sie sie brav ausgescholten haben. Hat sie denn auch gesagt, wie sie aussieht? Wenn sie nun schöner wäre als ich, blieben Sie deswegen doch mein Herr Lehrmeister? Wenn ich mich nur nicht abgemalet hätte; ich bin nun eben nicht so gar = = das Ding verdrießt mich. Schreiben Sie ihr etwan bald wieder? Wollten Sie wohl ein Briefchen von mir mit einschlagen? Barbara! nein, Barbara möchte ich nicht heißen; nicht wahr, Charitas klingt schöner?

Charitas.

Am 16. December, 1757.

Also soll ich würklich Ihr Lehrmeister werden? Ja, meine liebe Schülerinn, darauf bin ich recht stolz, weit mehr stolz, als kleine Mägdchen, die nicht so vernünftig, wie Charitas denken, auf neue Kleider sind. Was werde ich nicht für Ehre mit Ihnen einlegen! Aber, wie mache ich es, wenn ich Sie strafen soll: da ich nicht weiß, wer Sie sind, und wo Sie wohnen? Doch ich bin überzeugt, Charitas straft sich selbst, wenn Sie ja einmal fehlt, und Sie fehlt gewiß nur selten. Haben Sie denn im Ernste keine kleine Muhme, die Barbara heißt? Das ist für mich ein neues Räzel. Und hätten Sie vier Barben zu Muhmen, so bleiben Sie mir doch die liebste. Halten Sie das würklich für den bittersten Vorwurf, den Ihnen Barbara machen könnte, wenn sie gesagt hätte: daß sie schöner wäre als Charitas? O wie ähnlich sind sich doch die Frauenzimmer von ⸺ ja vielleicht, von dem Jemand an, bis auf die Charitas! Barbara hat mir von Ihnen das nicht gesagt. Und ich bin gewiß: wenn Charitas nicht so schön, ja, und wenn sie so gar häßlich aussähe; so würde ich sie doch wegen ihrer andern guten Eigenschaften unendlich hochschätzen. Bey einem artigen und tugendhaften Mägdchen, vermißt man die Schönheit sehr wenig. Sehn Sie, rede ich nicht schon in einem wahren Schulmeistertone? Fürchten Sie Sich nur nicht: So ernsthaft ich manchmal aussehe, so freundlich küsse ich Ihnen doch izt die Hände.

Rabener.

Am 17. December, 1757.

Da ich nun einmal Ihr wohl berufener und verordneter Leib= und Mundschulmeister bin; so werden Sie mir die große Neugierde verzeihen, die ich habe, Sie näher kennen zu lernen; nicht Ihre Person, weil Sie dieses nicht wünschen, sondern Ihre tägliche Beschäftigung. Melden Sie mir doch, wie

Sie vom Morgen bis auf den Abend, Ihren Tag zubringen, was Sie lernen, und am begierigsten bin ich zu wissen, womit Sie Sich in Nebenstunden vergnügen? Von diesen letztern, und besonders von Ihren Spielen, verschweigen Sie mir ja nichts. Barbara sagt mir sonst alles; und ich werde mich sehr betrüben, wenn Sie mir nicht die reine Wahrheit sagen. Sie spielen doch nicht mit einem Hampelmann, der Wilhelm heißt? Was die Barbara für ein leichtfertiges Mägdchen ist! Mir solch Zeug zu bereden! Sie soll mir nur noch einmal wieder kommen. Nem, Charitas hat mir gesagt, daß sie ernsthaft sey, und mit erwachsenen Personen am liebsten umgehe, nicht mit Hampelmännern. Nun der Charitas muß ich wohl mehr glauben, als der Barbara, nicht wahr?

Rabener.

O. S.

Wollen Sie mir einen Brief an die Barbara schicken? Ich habe Gelegenheit ihn zu bestellen.

Mein Herr,

Nein, gewiß, ich kenne keine kleine Muhme, die Barbara heißt. Glauben Sie denn, daß ich Ihnen Unwahrheiten sagen könnte? Da wäre ich nicht werth Ihre Schülerinn zu seyn. Sie sind wohl gar ein wenig argdenklich. Nehmen Sie mirs aber nicht übel. Sie glauben, ich habe die Barbara im Verdacht, daß sie Ihnen geschrieben, ich wäre nicht hübsch: Nein, versichert nicht. Ich will Ihnen sagen, warum ich verdrießlich war. Ich habe Ihnen geschrieben, daß ich nicht schön und auch nicht die allerartigste wäre: Könnte ich nun nicht fürchten, daß Sie vielleicht nicht gerne an zwey kleine Mägdchen schreiben möchten, und also die hübscheste aussuchen, und mich etwa sitzen ließen? Sehen Sie, das war es, wovor ich mich fürchtete. Nun bin ich aber wieder froh, recht froh, daß Sie mein Lehrmeister seyn wollen; wenn ich auch häßlich aussähe. Immer strafen Sie mich, wenn ich fehle. Je ernsthafter Sie sind, desto lieber mir es ist, aber nur böse müssen Sie nicht werden, sonst weine ich, gewiß ich weine, und da wird mich niemand trösten können, denn ich werde es niemanden sagen, warum ich weine. Gienge es denn nicht an, daß ich Sie selber fragen dürfte, über das, was ich in Ihren schönen Briefen nicht recht verstehe? Ach ja Sie sind ja mein Herr Lehrmeister, und können mirs am besten erklären. Ich will es probiren: In einem Briefe sagen Sie, ich wäre schalkhaft, wie ein erwachsenes Frauenzimmer: Heißt denn das gelobt oder getadelt? Kann man denn nicht tugendhaft und schalkhaft zugleich seyn? Hernach sagen Sie auch, Sie hätten geglaubt, ich wäre unbeständig, oder gar untreu geworden; denn wenn ich nur ein klein Frauenzimmer wäre, so wäre ich doch ein Frauenzimmer. Sind denn alle Frauenzimmer so, oder nur einige, und sind denn die Mannspersonen gar nicht unbeständig, gar nicht untreu? Endlich sagen Sie: o! wie ähnlich sind sich doch die Frauenzimmer, und Sie sagen gleich darauf, wie Sie glaubten, ich wäre böse auf die Barbara, daß sie sich für schöner hielte, als mich. Aergerts denn die großen Frauenzimmer mehr, wenn man ihnen sagt, daß sie nicht schön sind, als wenn man ihnen sagt, daß sie nicht verständig sind? Antworten Sie mir fein umständlich, ich möchte gar zu gerne etwas lernen. Verlangen Sie aber nicht zu wissen, ob mich mein Jemand etwa angestellt hat, daß ich Sie fragen soll; ich sage nichts, und gleichwohl möchte ichs Ihnen hernach auch nicht abschlagen. Nein, nein, Sie fragen mich nichts, ich weis es schon.

Charitas.

Den 22. December, 1757.

Sie fragen mich auf einmal zu viel:

Ob ein Frauenzimmer tugendhaft und schalkhaft zugleich seyn könne?

Ob alle Frauenzimmer, oder nur einige davon unbeständig? Und ob die Mannspersonen gar nicht unbeständig, gar nicht untreu wären?

Ob es die Frauenzimmer mehr ärgere, wenn man ihnen sagt, daß sie nicht schön, als wenn man ihnen sagt, daß sie nicht verständig sind?
Charitas! wo haben Sie hingedacht? Drey solche wichtige Fragen auf einmal zu thun! Und in einem einzigen Briefe drey solche Fragen beantworten zu sollen; das ist zu viel. Ich getraue mir von diesen Fragen einen ganzen Stoß zu schreiben, über den Charitas nicht wegsehen kann. Aber desto weniger werde ich itzt davon schreiben, denn ich weis es gewiß, meine gute Charitas, ganz gewiß weis ich es, Sie haben so viele von Ihren Freunden um Sich, die mich auslachen würden, wenn ich über etwas predigen wollte, das diese Ihre Freundinnen besser verstehen. Und der Jemand — aber nicht ein Wort wieder gesagt, Charitas, — und ich denke immer der Jemand, weis viel aus der Erfahrung. Aber nur etwas auf Ihre Fragen zu antworten: Warum ist Ihnen das Wort schalkhaft verdächtig? Unmöglich kann es was Böses sagen, da ich Sie genennet habe, und wenn Ihre Tanten, (denn ich glaube es immer noch nicht, daß Sie nur Eine Tante haben) und wenn diese Tanten nicht so schalkhaft wären, so würden sie nur halb so liebenswürdig seyn. Ueber die Unbeständigkeit des Frauenzimmers, will ich mich mit Ihrer und der werthesten Angehörigen Erlaubniß, nicht weitläuftig erklären; unter uns gesprochen; die meisten sind es; nicht alle in der Liebe,

auch in der Freundschaft nicht alle, aber doch in andern Sachen, und im Geschmacke gewiß alle, verstehen Sie mich, Charitas? alle, alle! Ob es die Mannspersonen auch sind? O! meine liebe Charitas, vor diesen Leuten nehmen Sie Sie sich in acht! die sind unbeständig, sie sind untreu, und zum größten Glücke, läßt ihnen dieser Fehler sehr lächerlich, ganz unerträglich lächerlich, denn er ist ihnen nicht so natürlich, wie dem Frauenzimmer. Ihre dritte Frage ist zu verfänglich. Viele Frauenzimmer, das räume ich ein, werden mehr beleidiget, wenn man sie häßlich, als wenn man sie unverständig nennt: Aber davon war in meinem Briefe an Sie, die Rede nicht. Hätten Sie mich gefragt: ob auch verständige Frauenzimmer empfindlich würden, wenn man ihnen zu verstehen gäbe, daß sie nicht schön wären, und ob sie nicht lieber wünschten, auch schön zu seyn? Wenn Sie so gefragt hätten, so wüßte ich die Antwort. Ueberhaupt meine werthe Charitas, wenn ich vom Frauenzimmer Böses rede, so müssen Sie mir das nicht übel nehmen. In Leipzig hatte ich es Ursache, und in Dresden kann ich mir es nicht abgewöhnen. Die Fehler des schönen Geschlechts fallen viel stärker in die Augen, als ihre Tugenden, weil man nichts als Tugenden von ihren Vollkommenheiten erwartet. Und wir Mannspersonen sind allerdings sehr mühsam, ihre Fehler auszuspähen, weil

sie

sie außerdem zu unendlich viel Vorzüge vor uns haben würden. Sind Sie mit dieser Ehrenerklärung zufrieden?

P. S.

Mein Brief war schon geschlossen, da ich den Ihrigen bekam. Ich danke Ihnen für Ihren schönen Lebenslauf, und für Ihren abgedankten Hampelmann. Das war wohl ein großes Opfer? Also hätte Barbara doch nicht ganz unrecht? Der kleine Spion! ich wünsche Ihnen recht viel schönes zum heiligen Christe.

Rabener.

Mein Herr,

Sie wollen von mir wissen, wie ich vom Morgen bis auf den Abend meine Zeit zubringe. Das will ich Ihnen sagen. So bald ich angezogen bin und gebetet habe, sehe ich, wo ich etwas zu thun bekomme, denn müßig gehe ich nicht gerne; zuweilen nähe ich auch, aber nähen kann ich noch nicht viel, doch will ich es schon lernen, und Ihnen einmal etwas von meiner Arbeit zuschicken. Des Vormittags habe ich eine Stunde, da lerne ich den Catechismus, hernach kömmt mein Schreibemeister. Zweymal die Woche kömmt mein französischer Sprachmeister. Künftigen Sommer soll ich noch mehr Lehrmeister bekommen. Ich lerne auch rechnen, und seit dem ich lesen kann, lese ich fleißig. Schlagen Sie mir doch ein hübsch Buch zum Lesen vor. Ich habe wohl Puppen und auch einen Hampelmann, er heißt aber nicht Wilhelm, und ich spiele auch nicht mehr damit, und daß Sie sehen, daß ich mir gar nichts aus ihm mache, so schicke ich ihn durch die Briefträgerinn auch mit. Da sehn Sie, daß ich Ihnen nichts verschweige. Wenn ich nur sollte wißen, wer die kleine Barbara wäre, und wer ihr alles sagte. Ehestens will ich einmal an sie schreiben. Sagen Sie ihr nichts, daß Sie den Hampelmann haben, wir wollen doch sehn, ob sie das auch erfahren wird.

Charitas.

Meine lose Barbara,

Zweymal haben Sie einen Brief von mir verlangen laßen, ohne mir eine Zeile zu schreiben. Ist das wohl zu verantworten? Wenn Sie wüßten, daß ich mich mit Ihnen zanken wollte; so würden Sie kaum so neugierig nach meinen Briefen seyn. Warum schreiben Sie denn so viel Böses von meiner guten Charitas? Sie kennen wohl das arme Mägdchen nicht einmal; wenigstens will Charitas von keiner Cousine wissen, die Barbara heißt. Da steckt wohl gar eine kleine Schelmerey darhinter. Verantworten Sie Sich, das will ich Ihnen rathen, sonst glaube ich, daß Sie fast so boshaft sind, als Ih-

re Mama. Charitas hat mir ihren Hampelmann
geschenkt. Hier schenke ich Ihnen solchen wieder
zum Weihnachtsgeschenke; Sie spielen doch wohl
lieber damit, als meine ernsthafte Charitas. Unter-
stehn Sie Sich ja nicht wieder, der Charitas solche Vorwürfe zu machen, oder ich komme selbst und
gebe Ihnen ‧ ‧ = die Ruthe nicht ‧ ‧ = ein Mäul-
chen gebe ich Ihnen. Das können Sie Sich
merken.

Rabener.

P. S.

Bitten Sie es meiner Charitas ab; die Charitas ist ein
recht gutes und geschicktes Mägdchen. Auf mein Wort!

Mein Herr,

Da haben Sie einen Brief. Können Sie ihn
doch an Ihre auserwählte Charitas schicken; wenn
Sie hübsch wüßten, daß sie = ‧ = Je ja doch! Sie
sollen nichts wissen; Sie sagen doch alles wieder.
Ihre Dienerinn, kurz und gut.

Barbara.

P. S.

Ich schimpfe, wenn Sie den Brief an die Charitas
öffnen.

Den 22. December, 1747.

Mein Herr,

Sie mögen mir wohl ein rechter loser Herr Lehrmeister seyn. Warum wollen Sie mir denn auf meine Fragen nicht ausführlich antworten? Woher wissen Sie denn so gewiß, daß ich viele von meinen Freundinnen um mich habe, die Sie auslachen würden? Und warum glauben Sie mir denn nicht, daß ich nur Eine Tante habe? Warten Sie nur, das sollen Sie mir und meinen Freundinnen einmal abbitten müssen. In der kurzen Antwort, die Sie mir auf meine letzten Fragen geben, finde ich vielerley, worüber ich gerne aufs neue fragen möchte. Erlauben Sie mir es immer. Ich will nicht mehr so viel auf einmal fragen. Nur eins möchte ich dasmal gerne wissen: Warum können Sie Sich denn in Dresden noch nicht abgewöhnen, von dem Frauenzimmer Böses zu reden? In Leipzig, sagen Sie, hatten Sie es Ursache. Haben Sie es denn in Dresden auch? Ich bin recht froh, daß ich noch klein bin, und Sie zum Lehrmeister habe. Vor den Mannspersonen will ich mich recht in Acht nehmen. Die sollten sich schämen unbeständig zu seyn. Sind Sie denn auch einmal so gewesen? Wie haben Sie Sich denn das abgewöhnen können? — Schweig Charitas, du fragst schon wieder zu viel. Es ist auch wahr; nicht ein Wort mehr, bis aufs Wiedersehn.

Charitas.

Den 3L December, 1757.

Bald werden Sie aus dem Lehrmeister Ihren Beichtsohn machen. Erwarten Sie wohl im Ernste ein treuherziges Geständniß auf die verfänglichen Fragen?

> Ob ich auch in Dresden Ursache hätte, Böses vom Frauenzimmer zu reden?
> Ob ich auch einmal untreu gewesen sey?

Unmöglich können Sie dergleichen Offenherzigkeit von mir erwarten. Und doch will ich so aufrichtig seyn, Ihnen wenigstens das zu gestehen, daß ich auch in Dresden Gelegenheit gehabt habe, mit Frauenzimmern unzufrieden zu seyn, noch niemals aber eine Gelegenheit untreu zu werden. Nun fragen Sie mich davon weiter nichts mehr, wenn ich bitten darf; es giebt Augenblicke, in denen ich sehr stumm bin. Hier ist ein Brief, den ich an die Barbara, und einer, den Barbara an mich, und noch einer, den Barbara an Sie geschrieben; den an mich bitte ich mir zurücke aus, und wenn ich nicht zu viel bitte, auch den zum durchlesen aus, den Barbara an Sie geschrieben hat; Sie antworten ihr doch, und darf ich hernach wohl wissen, was Sie geantwortet haben? Aber wenn ich es auch nicht wissen darf, so will ich mich beruhigen. Gerne möchte ich beyde lesen. Ueberlegen Sie es mit Jemanden.

Rabener.

Ma chere Cousine,

Es ist gar nicht hübsch, daß mich Herr Rabener verrathen hat. Je nun mags doch! Wenn Du mirs zu bunt machst, so verrathe ich Dich auch. He? soll ich? Daß Du nun besser schreiben kannst als ich: denk doch, das machts noch nicht aus. Was Du nicht schreiben kannst, schreibt Deine : . . . bald wär's heraus gefahren. Kann ich doch besser tanzen als Du, und habe immer hübsche weiße Wäsche, und neige mich; tief, tief neige ich mich. Kannst Du das? Auf den Schoos lasse ich mich auch nicht mehr nehmen, und bin doch lange nicht vierhundert Wochen alt. Ich grinze auch nicht, wie Du, und krieche nicht beständig hinter die liebe Mutter. Wirst Du es nun bald Herr Rabenern gestehen wollen, daß Du mich kennst? Das ist doch toll. Deine Barbara nicht kennen zu wollen! Wart Du : . . geh nur, ich bin böse!

Barbara.

P. S.

Den rechten Hampelmann hast Du auch nicht geschickt. Den dickköpfichten Balg habe ich gemeinet, der oben in der Stube liegt! Weißt Du nicht, wo er liegt? Frage nur Linen.

Mein lieber Herr Lehrmeister,

Heute will ich mich nur für die übersandten Briefe bedanken. Sind Sie mir denn auch würklich so gut, als wie Sie es der sogenannten Barbara schreiben? = = = Ja so, ich soll Sie nicht so viel fragen. Nun antworten Sie mir nur nicht drauf: so bin ich gestraft genug. Sie verlangen der Barbara ihren Brief zu lesen, hier ist er, und auch meine Antwort. Sie werden sie wohl bestellen. Die Barbara, die soll ein klein ehrbares Mägdchen seyn? Ein kleiner wilder Dragoner muß sie seyn; sie droht ja mit Verrathen, mit Schimpfen, es fehlt nichts mehr, als daß sie noch flucht und schwört. Ich will nur sehen, was sie nun vornehmen wird. Es ist gewiß kein kleines Mägdchen, und wenn es eines wäre, könnten Sie es lieb haben? Sie glauben ihr doch nichts mehr? —— Schon wieder gefragt. Aber wie soll ich es denn sonst machen, wenn ich gerne etwas wissen will? Ich muß nur das mal gar aufhören. Vielleicht sagen Sie mir es ungefragt.

Barbara.

Sie heißen sich Barbara, und mich Ihre kleine Muhme. Was Sie reden! Ich halte Sie nicht einmal für ein kleines Mägdchen; und wenn Sie eines wären, so müssen Sie gewiß sehr klein seyn, weil Sie die Leute noch Du heißen. Was habe ich Ihnen aber gethan, daß Sie so viel Böses von mir reden? So eine kleine Muhme wäre mir recht! Schämen Sie Sich. Was Sie für Unwahrheiten sagen. Sie drohen, mich zu verrathen; das fehlte noch! Doch meinetwegen verrathen Sie mich; aber erstlich müßen Sie den Herrn Rabener durch Jemanden versichern, daß Sie wirklich ein kleines Mägdchen sind, daß Sie noch nicht vierhundert Wochen alt, und meine Anverwandtinn sind. Können Sie das thun? Ich glaube es nicht. Ich möchte schon Ihre tiefen Neigen sehen! das ist eine große Kunst, darüber muß ich lachen.

Charitas.

Den 4. Jenner, 1758.

Ich kann Ihnen heute nur ein paar Zeilen schreiben. Nun bin ich der Barbara im Ernste gram. Das ist eine kleine ungezogene Hummel! Unmöglich kann ich ihr gut seyn. Das werde ich ihr selbst sagen. Nimmermehr werde ich ihr wieder was glauben; und wenn sie gar meine Charitas verriethe: so glaube ich ihr doch nichts. Gott tröste einmal ihren armen Mann, der wird was an ihr zu ziehen kriegen! Aber meiner Charitas ihr künftiger Mann, (ich meine nicht den Hampelmann) der wird ein glücklicher Mensch seyn. Denn ein klein Frauenzimmer von vierhundert Wochen, das schon so gesetzt ist, so fleißig arbeitet, so gerne lernt, und in seinen Sachen so ordentlich ist, von andern Personen nichts Böses spricht, mit einem Worte: das so tugendhaft ist, wie meine Charitas, das muß mit der Zeit eine gute Wirthinn, eine vernünftige Freundinn, und also eine liebenswürdige Frau seyn. Heben Sie diesen Brief auf, er wird Ihnen einmal so lieb seyn, als ein Hochzeitcarmen, denn ich weis nicht, ob ich so lange leben möchte, da ich (im Vertrauen gesprochen) schon ein ziemlich alter Junggeselle bin. Ja, meine gute Charitas, nur bis auf Ihre Hochzeit möchte ich noch leben, damit ich Ihrem Mann Glück wünschen könnte. Ich glaube, vor Freuden tanzte ich gar, und wenn ich am Stocke tanzen sollte.

Sind Sie mit der Nativität zufrieden, die ich Ihnen stelle? Sie müssen wissen, daß das mein Handwerk ist. So bald ich ein kleines, oder auch ein erwachsenes unverheyrathetes Frauenzimmer kennen lerne, so bald beschäftige ich mich in Gedanken am liebsten damit, daß ich ihrem künftigen Manne den Planeten lese. Manchmal betrüge ich mich wohl, denn manche Mägdchen sind ganz unergründlich. Aber noch öfter erlebe ich, daß ich recht habe. Die unergründlichen Mägdchen betrügen mich freylich, aber zu seiner Zeit sich doch am meisten; sie würden sich doch nicht so verstellen, wenn sie nicht

Ursache hätten, sich vor andern und vor ihnen selbst zu schämen. Die Strafe kömmt gewiß, und ihr Mann ist sodann nicht allein unglücklich; sie sind es zugleich mit, und vielleicht doppelt.

Aber ich wollte Ihnen heute nur ein paar Zeilen schreiben, und habe schon die vierte Seite angefangen. So gerne schreibe ich an meine liebe Charitas, daß ich meine Weitläuftigkeit nicht einmal merke. Ich finde, da ich itzt diesen Brief wieder durchlese, daß ich sehr ernsthaft geprediget habe; aber Charitas ist auch keine Barbara. Leben Sie wohl.

Rabener.

P. S.

Hier sende ich Ihnen der Barbara Pasquill, mit Danke, zurücke, und bitte mir auch den Brief wieder aus, den Barbara an mich geschrieben hat. Noch zur Zeit hat sich kein Bothe von ihr gemeldet.

Mein Herr,

Ey ich habe eine rechte Freude gehabt, daß Sie mir eben so bald ein Briefchen zugeschickt, als der kleinen Charitas, aber meiner Mama habe ich den Brief weisen müssen, denn ich kann noch nicht lesen, und ich hätte auch nicht mehr schreiben können, weil meine Mama mir meine Briefe machen hilft: denn ich darf nicht in meiner Schreibestunde an Sie schreiben, und ich darf auch meinem Schreibemeister gar nicht sagen, daß ich an Sie schreibe; ich möchte nur wissen warum? Als ich den ersten Brief an Sie schrieb, dachte ich, Sie wären etwan in meinem Alter, aber aus der Antwort merke ich wohl, daß Sie müssen etwas älter seyn, denn Sie schreiben auch viel besser, als ich, Sie mögen also wohl etliche Monate länger gelernt haben. Meine Mama lachte recht, da sie das von vierzehn Jahren in Ihrem Briefe las, und sagte, ehe ich so alt werden würde, würden wir einander wohl von Person kennen — ach! darauf freue ich mich recht sehr. Wenn Sie mir wieder schreiben, sagen Sie mir, ob Sie mich auch gerne wollen kennen lernen? Mein Jungfer Mühmchen will Ihren Brief abholen lassen, denn ich habe ihr gesagt, daß ein Brief bey Ihnen fertig läge... ach! wenn ich nur bald alleine schreiben könnte, ich wollte Ihnen rechte lustige Sachen erzählen. Je nun vielleicht lerne ich bald, Sie müssen mir nur hübsch oft schreiben, damit ich nicht die Lust verliere, fleißig zu lernen.

Barbara.

Mein Herr,

Ich habe gedacht, Sie wären gar böse auf mich, daß Sie mir nicht auf meinen Brief geantwortet haben, aber die Charitas hat ihn nicht bestellt, und darum kriegen Sie auch zwey auf einmal. Aber wenn Sie mir recht gut wären, hätten Sie mir wohl selber schreiben können, ich werde Ihnen also wohl noch zu klein seyn. Je nun, mags doch, ich werde auch schon groß werden, und da wirds auch wohl große Musjees geben, an die ich schreiben kann, und die werden mir gerne antworten; aber hören Sie, an die Charitas schreiben Sie oft, und das ärgert mich, ich bin eben so hübsch wie sie, und noch darzu eine Brünette, und das ist wohl besser, als einen rothen Kopf zu haben, und den hat Charitas. Wenn ich gleich ein bischen hinke, das will nichts sagen, und ich habe nun einen hohen Absatz bekommen, da sieht man fast gar nichts mehr, und mein Papa sagte letzthin bey Tische, es wäre mancher Mann so betrogen worden; er könnte aus Erfahrung reden, es wäre ihm mit seiner ersten Frau bald selbst so gegangen, denn die Eltern hätten es verschweigen wollen, aber sie hätte es ihm selbst gesagt. Ach seyn Sie doch so gütig, und schicken mir der Charitas ihren Hampelmann, ich will Ihnen auch von meinem heiligen Christe eine schöne Schäferinn schicken, und einen kleinen Harlekin, und hernach will ich die Charitas recht trillen, daß Sie mir ihre Puppe geschickt.

Barbara.

Den 7. Jenner, 1758.

Meine liebe Barbara,

Sie, oder ich, müssen behext seyn. Wissen Sie das Mährchen von dem alten Einsiedler? Ich will es

Ihnen erzählen: Es war einmal ein Mann — aber lassen Sie sichs nur Ihre Amme erzählen. Mit einem Worte, der Einsiedler ließ sich an zween Orten zugleich sehen; und so muß es mit Ihnen unfehlbar auch seyn. Heute bekomme ich zween Briefe von Ihnen, und vor vierzehn Tagen bekam ich auch einen von einer Barbara, einer kleinen Cousine der Charitas. Welche von Ihnen beyden ist nun die rechte Barbara? Charitas will von keiner Cousine, Barbara wissen, und sagt, Sie möchten wohl ein kleiner Dragoner seyn; aber warum schreiben Sie auch einen so boshaften Brief an die Charitas? — Ihre Antwort haben Sie doch richtig bekommen? Ich bin ganz verwirrt; ich weis nicht, mit welcher Barbara ich itzt rede; machen Sie es mit der andern Barbara aus. Eine von beyden ist wohl eine kleine Betrügerinn, künftig will ich alle meine Briefe an Sie, bey der Charitas einschließen. — Soll ich?

Rabener.

Mein Herr,

Was soll ich Ihnen auf Ihren schönen Brief antworten? Ich weis nichts, als mich zu bedanken. Sie loben mich, das soll mich nicht stolz machen? Ich will es aber suchen, immer mehr und mehr zu verdienen. Ich habe nicht gewußt, daß Sie auch wahrsagen können, wenn das die erwachsenen Frauenzimmer erfahren, da werden sie sich erst recht vor Ihnen fürchten; ich will Sie aber nicht verrathen. Das ist wohl die Ursache, warum Sie noch nicht geheyrathet haben. Ja, ja, wer die Leute so kennt, wie Sie, der mag sich nun wohl in Acht nehmen. Ich dächte aber doch, Sie hätten Sich eine Frau nach Ihrer Hand ziehen können. Und wie Sie die Mannspersonen beschreiben, da haben sich die Mägdchen noch mehr zu fürchten. Ich will zwar nichts verschwören, es hat auch noch lange Zeit mit mir. Aber einen Mann zu nehmen... Sie lachen vielleicht? Nein, lachen Sie nicht; ich schäme mich. Daß ja die Barbara nichts von diesem Briefe erfährt. Die würde erst lachen! Leben Sie wohl.

Charitas.

P. S.
Verzeihen Sie mir heute meine schlechte Schrift.

Dresden, am 12. Jenner, 1758.

Sie haben mir recht Angst gemacht, meine liebe Charitas, da Sie mir sagen, die erwachsenen Frauenzimmer würden sich vor mir fürchten, wenn sie erführen, daß ich wahrsagen könnte. So alt ich bin, so gut bin ich doch noch dem erwachsenen Frauenzimmer. Das ist bey mir ein Familienfehler, wenn es ein Fehler ist, und ich würde mich sehr betrüben, wenn mich die guten Kinder scheuen sollten. Aber ich weis es schon, Sie verrathen

mich nicht, und weil Sie so verschwiegen sind, so
will ich Sie künftig zu meiner Vertrauten machen.
Ich will Ihnen recht viel Heimlichkeiten ins Ohr
sagen. Ich will Ihnen ein paar Mägdchen beschreiben, die ich sehr geliebt habe, da ich noch in Leipzig
war. Ich will Ihnen den Charakter einiger meiner Freunde, oder vielmehr meiner Bekannten machen, damit Sie Sich vor den Mannspersonen desto-
mehr in Acht nehmen. Meinen itzigen Charakter
will ich Ihnen machen, wie ich bin, und wie ich
würde seyn, wenn ich geheyrathet hätte, damit Sie
sehen, daß ich meine Fehler eben so gut kenne, als
die Fehler anderer. Ich will Ihnen, (aber um
des Himmels willen verrathen Sie mich nicht;) Ihre
zwo Tanten will ich Ihnen schildern, die verheyrathete und die unverheyrathete; jene, wie ich glaube, daß sie war, ehe sie den Mann nahm, und diese, wie sie seyn wird, wenn sie einmal einen Mann
hat. Sehn Sie, das alles will ich Ihnen nach
und nach vertrauen, wenn Sie recht verschwiegen
seyn wollen. Wollen Sie das? Melden Sie mir
doch, ob ich mich darauf verlassen kann, und welches von allen diesen Geheimnissen Sie zuerst wissen
wollen. Ich dächte das von den Tanten; nicht wahr?

Rabener.

Mein Herr,

Je pfuy! ich werde doch keine Amme mehr haben
sollen? ich bin ja schon seit sieben Jahren entwöhnt,
und seit dem meine Kinderfrau den alten garstigen

Senftenträger geheyrathet, habe ich auch keine Kinderfrau mehr, ich habe auch alle Leute im Hause gefragt, wegen des Einsiedlers, aber es weis niemand etwas davon. Aber nein, ich mag es auch lieber nicht wissen, denn es mag wohl eine Gespensterhistorie seyn, und da ich mich so leichte fürchte, schade darauf. Ihr Brief ist doch recht garstig geschrieben. Warum schreiben Sie mir denn nicht so gut, als der Charitas, und warum will mich denn das alberne Mägdchen nicht kennen? Ich mag auch gar nicht mehr zu ihr gehen, und mit ihr spielen. Ich sehe wohl aus Ihrem Briefe, daß Sie das garstige Ding lieber haben als mich: und warum heißt sie mich einen wilden Dragoner? das leide ich gewiß nicht. So bald ich sie sehe, schmeiße ich sie in die Augen: und warum soll ich denn eine kleine Betrügerinn seyn? Sie werden machen, daß ich anfange, recht über Sie zu weinen. In Ihrem ersten Briefe waren Sie so artig, und nun seyn Sie wohl aufgehetzt? Je nu, mags doch, kann es doch gar bleiben, ich muß ja eben nicht an Sie schreiben, es giebt ja mehr Mannspersonen, die auch gerne an Mägdchen schreiben. Sie sind schon hochmüthig, weil auch die Charitas an Sie schreibt. Wenn Sie mir also nicht wieder ein hübsches Briefchen schreiben, so ist das der letzte, machen Sie nun was Sie wollen. Ich habe auch um der Charitas ihren Balg gebeten, allein wenn Sie mir auch den schicken wollen, so mag ich ihn nicht haben.

Barbara.

Pour

Pour Madame O. F. mere de la petite
Barbara.

Den 12. Jenner, 1758.

Madame,

Ich kann mir nicht helfen, ich muß Ihre Barbara bey Ihnen verklagen; Sie ist ein gar zu schlimmes Mägdchen; das kleine trotzige Geschöpfe hat mir einen so grämischen Brief geschrieben, daß mir die Augen übergehen möchten. Wenn ich nicht glauben soll, daß Sie selbst eine böse Frau sind, so züchtigen Sie das leichtfertige Kind. Von wem hat sie denn so viele Bitterkeit gelernt, vom Vater oder von der Mutter? Ich möchte Sie wohl kennen, Madame. Wenn Ihre Barbara mir es nicht recht bußfertig abbittet, so lasse ich ihren Brief in die Erlanger Zeitungen setzen, und warne alle Junggesellen vor einem so kleinen bösen Kraute. Das werden Sie doch nicht gerne wollen, daß Ihre Tochter als eine alte Jungfer sterben soll? Gewiß thue ich es, denken Sie an mich, denn ich bin sehr beleidigt. Ich hoffe, Sie werden meine Bitte billig finden, und in dieser Hoffnung bin ich

Ihr

ergebener Diener,
Rabener.

Mein Herr,

Sie wollen mir also nicht glauben, daß ich nur Eine Tante habe? Zwo soll ich wenigstens haben;

Rab. Briefe.

eine verheyrathete, und eine unverheyrathete? Nun meinetwegen, ich kann mir nicht helfen, wahr bleibt es aber doch allemal, daß ich nicht mehr als Eine Tante habe. Sie stellen sich auch wohl nur so, als wenn Sie daran zweifelten, und hinter dieser Verstellung mag wohl sonst etwas stecken, das = = Charitas sollte ihren Herrn Lehrmeister etwas versichern, und er sollte es nicht für wahr halten, und sie doch zu seiner Vertrauten machen wollen? Das kann Charitas nicht zusammen reimen. Wer soll sich einbilden, daß Sie von einem kleinen Mägdchen, das nicht wahr redet, glaubten, sie werde verschwiegen seyn. Da sind Sie viel zu klug dazu. Oder möchten Sie vielleicht gerne verrathen seyn? Nein, aufrichtig bin ich, und verschwiegen bin ich auch. Ich freue mich schon auf Ihre Charaktere. Nehmen Sie zuerst, welchen Sie wollen, sie werden alle hübsch seyn. Ich bin auch zufrieden, wenn Sie mit den vermeinten Tanten anfangen. Sind es gleich nicht meine Tanten, so kann ich doch vielleicht errathen, wen Sie dafür halten. Meinem Jemand darf ich doch alles weisen, was Sie mir schreiben?

Charitas.

Dresden, am 20. Jenner, 1758.

Beynahe machen Sie mich argwöhnisch, meine gute Charitas! Was können Sie für Ursache haben,

Ihre zwo Tanten so hartnäckig abzuläugnen? Hätte ich zwo solche liebenswürdige Tanten, ich thäte groß mit ihnen, und verklagte alle Leute, die nicht glauben wollten, daß sie meine Tanten wären. Und Sie wollen es nicht einmal gestehn, da ich behaupte, und mit so gründlicher Gewißheit behaupte, daß diese zwo Tanten Ihre sind. Nein, Charitas, Sie treiben die Verstellung zu weit! Was wird die Frau von = = = sagen, wenn sie zurücke kömmt, und ich erzähle ihr von ihrer Schwester Charitas, daß sie von ihren lieben Tanten nichts wissen will.

Warum werden Sie roth, Charitas, da ich Ihnen die Frau von = = = nenne? Weis ich etwan von Ihnen zu viel, mehr als ich wissen sollte? Ja, wenn Sie mich mit Ihrem Läugnen böse machen, so sage ich von Ihnen noch mehr, was ich schon lange weis, und alsdann ist Ihre ganze Karte verrathen. So schlau Ihre Briefträgerinn ist, so schlau ist auch mein Bedienter, und ich denke immer, meine kleine Correspondentinn wohnt mir näher, als ich Anfangs gedacht habe. Verstehen Sie mich? Nun lassen Sie es nur gut seyn, ich will weiter nichts sagen, und auch weiter nichts wissen. Unser Briefwechsel verlöre viel Angenehmes, wenn er das Geheimnißvolle verlöre. Aber seyn Sie nicht wieder so halsstarrig. Denn wenn Sie Ihre Tanten läugnen können, so glaube ich auch, daß Sie eine Cou=

sine Barbara haben, daß Sie die Verstellung so hoch treiben, daß Ihr Jemand recht schlimm ist, daß Sie = = wer weis, was ich alles noch glaube, wenn Sie Ihre Tanten weiter läugnen. Aber wenn ich das alles auch glaubte, so würde mich dieses doch niemals hindern zu glauben, daß Charitas ein gutes Mägdchen, aufrichtig und verschwiegen sey; Lügen kann Charitas niemals, wenn sie auch nicht allemal die Wahrheit gesteht. Das ist ein großer Unterschied, wenigstens bey uns Juristen, und wenn Sie mir das nicht glauben wollen, so fragen Sie nur Ihren Großpapa; Haben Sie etwan auch keinen Großpapa? Kleine Verstockte! Sehn Sie, wie viel ich von Ihrer Familie erzählen könnte, wenn ich Sie nicht schonte. Aber da Sie nun schlechterdings keine Tanten haben wollen, so darf ich Ihnen freylich auch keine Beschreibung von Ihren Tanten machen, wie ich mir vorgesetzt hatte. Das würde sich schicken, was sollten Sie dazu sagen? Könnten Sie mir es wohl einräumen, daß ich dieselben ähnlich geschildert hätte? Wie viel Freude verderben Sie mir! Schon einen ganzen Bogen hatte ich von Ihrer ältesten Tante aufgesetzt, ich hätte Ihnen recht viel ins Ohr sagen wollen; recht treuherzig wollte ich mit Ihnen von den vielen Tugenden und den wenigen Fehlern Ihrer Tante reden. Aber nun ist das alles vergebens. Denn da Sie keine solche Tante haben, so können Sie mich unmöglich verstehen, und meine ganze Offenherzigkeit wäre ohne Nutzen. Sehen Sie, Charitas, um so vieles Vergnügen bringen Sie mich durch Ihren Eigensinn. Glauben Sie ja nicht, daß ich mir nur die Mühe ersparen wollte, mein Versprechen auszuführen; es war schon ausgeführt, und damit ich Sie davon überzeuge, so will ich Ihnen nur einen Auszug von der weitläuftigen Beschreibung geben, die ich für Sie aufgesetzt hatte. Ich habe vieles weggelassen, das Sie gar nicht verstehen können, weil Sie nun, leider! schlechterdings keine solche Tante haben wollen. Da ist der Auszug selbst:

„ꝛc. ꝛc. Eben so oft habe ich angemerkt, daß Ih„re verheyrathete Tante mitten in ihren Vergnügun„gen traurig wird. So lebhaft zuweilen die Art ist, „ihre Freude auszudrücken, so merklich ist hernach „ihre Traurigkeit, und weit öfter ist sie traurig, als „vergnügt. Ich stelle mir um deswillen vor, und „vielleicht nicht ohne Grund, daß sie in ihrem le„digen Stande ein großes Räthsel für ihre Freun„de gewesen seyn mag. In Einer Stunde dreyer„ley Gesichter! Gegen diejenigen, mit denen sie vor „einer Minute freundlich gesprochen, nun frostig und „zurückhaltend. Einen Freund, den sie vor kurzem „mit einer beleidigenden Unaufmerksamkeit stehen „ließ, sucht sie wieder auf, und lächelt ihn an, da „er es am wenigsten hoffet. Heute scheint sie ganz

„hungrig auf die schönen Wissenschaften, und Mor=
„gen liegen ihr alle Bücher im Wege; Sie zankt,
„versöhnt sich, zankt wieder, und wird gut. Sie
„wünscht auszufahren, der Wagen wird angespannt,
„nun ist es ihr zu windig, und sie schmollt in ihrem
„Zimmer. Keine Spielgesellschaft! Lieber Gott!
„was ist Dresden für ein todter Ort! Aber da kömmt
„der Hofrath, und noch ein junger Mensch, der
„seit einem Monate eitel genug ist zu glauben, daß
„er jetzt regierender Liebhaber sey. Geschwind Kar=
„ten her! — man spielt. Ihre Tante ist lebhafter,
„als jemals, sie verbreitet tausend Vergnügen über
„die Gesellschaft, ihr entzückter Liebhaber schmelzt
„vor Liebe. Mit einemmal giebt sie die Karten ihrer
„Schwester, wirst sich ans Fenster, und hält den
„Kopf ꝛc. ꝛc. So war Ihre Tante ehedem, oder
„ich müßte mich sehr irren. Sie wird vielleicht da=
„mals mehr aufgeräumt, als traurig geschienen ha=
„ben, aber schon ehedem ist sie eben so traurig ge=
„wesen, als itzt: Sie hielt es nur damals für nö=
„thiger, sich mehr zu verstellen, als itzt, weil sie
„fand, daß ein aufgeheitertes Gesicht allemal mehr
„Bewunderung an sich zieht, als eine kranke finstere
„Miene. Aber immer aufgeheitert durfte sie auch
„nicht bleiben, ihre Freunde würden es zu gewohnt
„worden seyn, und verlernt haben, den Werth ih=
„rer heitern Blicke zu schätzen ꝛc. ꝛc. Sie besaß auch
„eine g＿isse Bosheit, die nur den Frauenzimmern

„eigen iſt, und die man, (ich weis wahrhaftig nicht,
„wie man ſie im Deutſchen nennt,) genug, ſie be-
„ſtehet darinnen, daß man ſelten ausſieht, wie man
„iſt; daß man diejenigen, die ſich ſchmeicheln, un-
„ſern Charakter ausſtudirt zu haben, durch neue
„Scenen verwirrt macht; daß man diejenigen, die
„ſich zu ſehr einbilden, unſre Freunde zu ſeyn, be-
„leidigt, und ſobald dieſe Beleidigung ſie zu dem
„bitterſten Entſchluſſe gebracht hat, ſie wieder ſo
„viel Freundſchaft verrathen läßt, daß ſie ihrer Em-
„pfindlichkeit ſich ſchämen, und kaum noch glauben,
„daß ſie beleidigt geweſen ſind. In dieſer feinen
„Bosheit mag ihre Tante eine ziemliche Meiſterinn
„geweſen ſeyn ꝛc. ꝛc. Sie fand es für ihren Ehr-
„geiz ſehr bequem, die Geſellſchaft in einer beſtän-
„digen Aufmerkſamkeit zu erhalten. Dadurch, daß
„ſie immer ſich unähnlich war, brachte ſie es ſo weit,
„daß ihre itzigen Freunde ſich Mühe gaben, ihre
„Neigung ſich zu erhalten, und ihre abgeſetzten Freun-
„de ſich noch mehr Mühe gaben, wieder empor zu
„kommen. Da ſo wenig Mannsperſonen verſchwie-
„gen ſind, ſo mochte ſie wohl merken, wie vortheil-
„haft dieſe Unverſchwiegenheit für ihren Ehrgeiz ſeyn
„müſſe, wenn der eine, mit einer ängſtlichen Sorg-
„ſamkeit, von ſeinem erlangten Glücke, ihr Freund
„zu ſeyn; und der andere, mit einem unruhigen
„Verdruſſe, von dem Verluſte dieſer Freundſchaft

„ſprach. Ich wünſchte wohl nicht, meine liebe
„Charitas, daß Sie einmal Ihre Tante in dieſem
„Stücke nachahmen möchten, da dieſelbe ſo viele
„andere vorzügliche Eigenſchaften beſitzt, die Ihnen
„zum Muſter dienen können. Ein Frauenzimmer
„wagt dabey immer viel, wenn ſie gleich eben ſo
„tugendhaft und unſchuldig iſt, als Ihre Tante alle-
„mal geweſen. Unter ſo vielen Arten der Freunde
„ſind einige beſcheiden, und reden auch alsdann
„nichts Böſes, wenn ſie beleidiget ſind; aber ſie
„ziehn ſich zurücke, und vergeſſen die Eigenſinnige;
„und mich dünkt, der Verluſt eines beſcheidenen
„Freundes iſt für ein vernünftiges Frauenzimmer
„ein wirklicher Verluſt. Andere Freunde ſind bos-
„haft, und rächen ſich mit Bitterkeit an dem Ei-
„genſinne, der ihnen unerträglich geworden iſt. Noch
„andere ſind weder beſcheiden noch boshaft, aber
„muthwillig, und lachen in Geſellſchaft über die
„Begegnungen, womit man ſie beleidiget hat; und
„eben dieſe ſind für das Frauenzimmer die gefährlich-
„ſten, weil die ganze Stadt gerne mitlacht. Auf
„ſolche Art ꝛc. ꝛc. Aber ich verliere mich gar von
„Ihrer Tante, und bin durch dieſe Ausſchweifung
„auf den Charakter ſolcher Perſonen gebracht, die
„nur die Fehler Ihrer Tante, und nichts von dem
„Angenehmen und Liebenswürdigen beſitzen, das
„dieſelbe in den Augen der Stadt, ihr Freunde,
„und ihres Mannes, ſo ſchätzbar macht; wie ge-

„sagt, so gar ihres Mannes, den ein jeder auch bey
„dem flatterhaften Eigensinne seiner Frau, für den
„vergnügtesten Ehemann, und seine Frau, ungeach=
„tet ihrer kleinen muthwilligen Unachtsamkeiten, für
„die getreueste Frau, bis zur Eifersucht getreu, hält.
„Das einzige 2c. 2c."„

Sehn Sie, meine gute Charitas, ungefähr noch
einmal so viel, als ich hier gesagt habe, hatte ich
von dem Charakter eines verheyratheten Frauenzim=
mers aufgesetzt, das ich für Ihre Tante hielte.
Aber weil Sie nun durchaus keine solche Tante
haben wollen, so darf ich Ihnen das übrige nicht
einmal erzählen, denn Sie würden mich doch nicht
verstehn. Und eben so wenig darf ich Ihnen künf=
tig von der unverheyratheter Tante noch etwas sa=
gen. Um so viel Vergnügen bringen Sie mich mit
Ihrem eigensinnigen Läugnen! Leben Sie recht wohl,
und bessern Sie Sich.

Rabener.

P. S.

Barbara muß gar gestorben seyn. Seit Ihrem letzten
Briefe an diese kleine Ungestüme habe ich keine Nach=
richt von ihr.

Mein Herr,

Wenn ich mich wirklich so verstellen könnte, wie
Sie es zu glauben vorgeben, so würde ich den
Verlust, der mir dadurch zuwächst, für eine wohl=

verdiente Strafe ansehen müssen. Sie wollen mir den Charakter von der vermeinten unverheyratheten Tante gar nicht schicken, und den von der verheyratheten bekomme ich auch nicht vollkommen, weil ich nicht zugestehen will, daß sie meine Tanten sind. Was würden Sie aber künftig einmal von mir denken, wenn Sie es erführen, daß ich Sie hintergangen hätte. Nein, viel lieber will ich das Schönste entbehren, als nicht aufrichtig seyn, und wenn es auch mein Großvater und meine Großmutter, da doch beyde nicht mehr leben, hätten erlauben wollen. Es kann auch unmöglich Ihr rechter Ernst seyn. Ich glaube, Sie versuchen mich nur, ob ich mich werde verführen lassen. Nicht wahr, ich habe es errathen? Mein Jemand weis, für wen Sie mich halten. Er sagt, Sie thäten mir viel Ehre an. Er könnte sich aber nicht recht einbilden, daß Sie mich wirklich dafür halten, weil er sonst nicht glaubte, daß Sie meine Tante so abgeschildert, und mir zugeschickt haben würden. Nun Sie müssen am besten wissen, warum er daran zweifelt, aber wenn ich nur meiner Aufrichtigkeit wegen nicht um die Charaktere kommen sollte. Kann man denn nicht an Fremden auch etwas lernen, müssen es lauter Bekannte seyn? Wenn ich nun recht sehr bitte? Ach ja, Sie schicken mir der unverheyratheten ihren Charakter auch, und nach und nach die übrigen, die Sie mir versprochen haben. Wenn ich es werde gelernt haben, da will ich Ihnen auch . . . Aber du arme Charitas, das wird noch lange währen, wenn gleich . . . lachen Sie nicht, endlich werde ich es schon auch lernen. Nur sein viel Charaktere! Aber so ein Frauenzimmer, wie Sie die Tante beschreiben, das kann ja unmöglich vergnügt seyn, was muß sie nicht den ganzen Tag zu thun haben, um ihre Rolle recht zu spielen? Da ist kein Wunder, wenn sie zuweilen im Ernste Kopfschmerzen bekömmt. Nein, Charitas, da kann man den Verstand zu etwas Bessern anwenden. Sind aber die Mannspersonen nicht etwa, die sich ihre Freunde nennen, mit Schuld daran? Bestärken sie nicht etwa gar die Frauenzimmer in ihren kleinen Thorheiten, damit sie ihnen dagegen größere zu gute halten, oder auch, weil sie dadurch belustiget werden, und sich um so viel klüger zu seyn einbilden? Oder läßt es etwan vornehmer, wenn man anders aussieht, als man ist? Das mag es wohl seyn. Die Mannspersonen! die mögen zum Theil gefährliche Leute seyn! Sie haben viel in dem Stücke zu verantworten! Hernach werden sie aber meistens dafür auch bezahlt, wenn sie heyrathen. Sie werden wohl glauben, daß mein Jemand so spricht, freylich, aber = genug, ich will mich hüten. Bleiben Sie nur mein Herr Lehrmeister, so wird es schon gut gehen. Und wenn Sie auch errathen könnten, wer ich bin, so

errathen Sie es lieber nicht! Wollen Sie so gütig
seyn? Nicht wahr? Wenn Sie auch wissen, wer
ich bin, so stellen Sie Sich doch wenigstens, als
wenn Sie es nicht wüßten. Denn sonst wäre die
ganze Freude aus.

Charitas.

Den 28. Jenner, 1753.

Wir wollen uns vergleichen, meine liebe Charitas.
Ich will wegen Entdeckung Ihrer Person nicht weiter in Sie dringen. Aber ich will, mit Ihrer Erlaubniß, ungeachtet Ihrer Verstellung, dennoch dasjenige weiter glauben, was ich nur gar zu gewiß
weis. Warum wurden Sie denn vorgestern so roth,
da ich Sie auf der Treppe von der Hand Ihrer
Mama nahm, und an das Zimmer führte? Sehn
Sie, kleine Heuchlerinn, daß ich Sie wohl ertappt
habe! Aber vielleicht nehmen Sie Sich vor, auch
das zu läugnen, was vorgestern geschehen ist? Das
wäre zu arg. Lieber übergehen Sie es gar mit
Stillschweigen. Es scheint, daß Sie den Charakter
der verheyratheten Tante, oder wer sie ist, tadelhaf-
ter gefunden haben, als er in der That ist. Sie
legen die ganze Schuld ihrer Fehler auf die Mannspersonen, ihre Freunde. Diese Vertheidigung ist
einer Nichte, oder wer Sie sind, allerdings anstän-
dig. Und im Grunde haben Sie recht, daß sehr oft
die Mannspersonen an den Fehlern der Frauenzim-

mer Ursache sind. Sobald ein Mägdchen vierhundert Wochen alt ist, sobald schmeichelt man ihr als einem schönen artigen Kinde; (denn nicht alle Mägdchen von vierhundert Wochen sind so gesetzt, wie meine Charitas, und nicht alle Mannspersonen reden mit ihnen in einem so altklugen Tone, wie ich mit meiner Charitas rede) diese Schmeicheleyen betreffen nur Kleinigkeiten; aber das junge Herz empfindet sie, und der Schmeichler gefällt ihr. Sie beschäfftiget sich von den ersten Jahren an, in diesen Kleinigkeiten, die ihr so viel Schmeicheleyen zuziehen, immer vollkommener zu werden, und vergißt wichtige Tugenden, welche, wenn es hoch kömmt, nur von ihren Aeltern und Lehrmeistern gebilliget, und noch seltner bewundert werden. In dieser unglücklichen Gleichgültigkeit gegen die wahren und vorzüglichen Eigenschaften eines Frauenzimmers nähert sie sich den gefährlichen Jahren, wo sie der Aufmerksamkeit der Mannspersonen täglich wichtiger wird. Ihre Eigenliebe, ihr Verlangen bewundert zu werden, sind mit groß gewachsen. Die Mannspersonen merken diese Schwäche gar zu bald; Sie drängen sich an die aufblühende Schöne! Sie schmeicheln ihr, und werden mit einer beyfälligen Weigerung lächelnd angehört. Sie sagen ihr tausend allerliebste Tändeleyen von ihrer Bildung, ihrem Anzuge, ihrem Gange, und zur Abwechselung eben so unwichtige Tändeleyen von ihrem Witze vor. Also werden Bildung, Anzug und Gang und Witz, oder welches bey ihr einerley ist, die geschwinde Fähigkeit, andere muthwillig und bitter zu beurtheilen, diese werden für die einzigen Mittel, ihren schmeichelnden Freunden zu gefallen, angesehen. Mit jedem Jahre wird sie darinnen vollkommen, und mit jedem Jahre steigt der eigennützige Beyfall dieser gefährlichen Mannspersonen. Die Liebe zur Veränderung ist allen Menschen, und dem Frauenzimmer vorzüglich, eigen. Die Liebe zur Veränderung: Sie wird die Thoren überdrüßig, die alle Tage um sie her faseln, sie macht sich neue Bekanntschaften, und wählt sich neue Thoren zu Freunden. Die erstern werden also verdrängt, glauben beleidigt zu seyn, und reden in der ganzen Stadt Böses von ihr. Die neuen Bekanntschaften werden auch abgedankt, und doch keine bessern gewählt. Denn wie soll sie glücklicher wählen, da sie, seit dem ersten Jahre von den Schmeicheleyen flatterhafter Personen betäubt, niemals auf die ernsthaften Höflichkeiten eines vernünftigen Umgangs hören können. Sie hat Witz, aber keinen ausgearbeiteten Verstand; Sie ist nicht lasterhaft, aber ohne Tugend. Alle bewundern ihre Schönheit, und niemand hegt eine wahre Hochachtung für sie; ihre Hände sind immer arbeitsam, ohne dasjenige zu thun, was man von der anständigen Wirthschaft eines wohlgezogenen Frauenzimmers verlangen kann;

Ein jeder, der mit ihr spricht, betet sie an, nur, um mit ihr zu tändeln, weil sie artig ist; Der Verwegenste unter ihnen seufzt tückische Seufzer, lächzt nach ihrer Schande, schwört ihr im Stillen, nur im Stillen, ewige Treue, und würde sie in dem Augenblicke für die verächtlichste Creatur halten, wo sie aus ehrgeiziger Hoffnung, seine Schwüre anhörte! Und an allen diesen sind, ich schäme mich, es zu bekennen, nur die Mannspersonen sind an allen diesen Schuld. Diese tändelten mit dem artigen kleinen Kinde, diese flatterten schmeichelnd um die aufblühende Schöne, eben diese sind ihr in den schlüpfrigen Jahren gefährlich, in welchen der Grund zu ihrem künftigen Glücke oder Unglücke gelegt werden soll. Aber, meine gute Charitas, nicht alle Mannspersonen denken so lieblos, und noch weniger würden so denken, wenn alle Frauenzimmer so geartet wären, wie etliche sind, die ich hier in Dresden kenne, und wie meine unvergeßliche Freundinn war, die ich in Leipzig verloren habe. Sie ist todt — Bedauren Sie mich, Charitas. Soll ich Ihnen künftig beschreiben, wie sie, diese meine beste Freundinn, war? Für heute leben Sie wohl.

Rabener.

P. S.

Hier ist wieder ein Brief von der Barbara. Darf ich ihn lesen? Aber wenn er nicht anständiger ist, als der letzte, so mag ich ihn nicht einmal lesen.

Mein Herr,

Den Vergleich gehe ich recht gerne ein. Sie verlangen, daß ich weiter nichts mehr von mir gedenken soll. Ich lasse mir es gefallen; halten Sie mich für wen Sie wollen, wenn ich nur gewiß seyn kann, daß Sie mit mir zufrieden sind, und mein Lehrmeister bleiben, und mir noch viele solche schöne Briefe schreiben wollen, so bin ich vergnügt. Das ist alles was ich wünsche. Der letzte Brief hat meinem Jemand ausnehmend gefallen; er hat ihn mehr als einmal durchgelesen; Er hat mir ihn vorgelesen; Er sagt, ich könnte mich glücklich schätzen, von einem solchen vernünftigen Manne unterrichtet zu werden, der die Menschen so gut kennete, sie zu bessern suchte, weil er sie liebte, den Thorheiten, aber nicht den Personen, feind wäre, und — und was er mir alles noch mehr zu Ihrem Lobe sagte. Wie sehr erfreute ich mich darüber, denn mein Jemand ist kein Schmeichler. Ich soll den Brief, wie alle Ihre Briefe, recht wohl aufheben, sie würden mir künftig von sehr großem Nutzen seyn. Er wüßte gewiß, daß ich mich Ihnen nicht erkenntlicher erweisen könnte, als wenn ich Ihren guten Lehren folgen würde; das sagt er, und das will ich auch thun. Aber die armen Mägdchen, die sind in großer Gefahr, besonders die schönen; Schmeicheleyen mögen freylich gefallen; die guten Kinder! sie dauern mich. Wenn ich es ihnen
nur

nur sagen könnte. Ich werde Ihren Brief etlichen zu lesen geben; und wenn ich nur einige erst auf meine Seite habe, so ist es schon gut. Diese sollen wieder ihre gute Freundinnen warnen, und wenn hernach die gefährlichen Herren mit ihren Tändeleyen kommen, so wollen wir sie brav auslachen. Ich bin recht böse auf sie. Es ist nur gut, daß sie nicht alle so sind. Machen Sie mir doch die Freude, und beschreiben mir die geliebte Freundinn, die Sie in Leipzig verloren haben. Ich kann mir einbilden, daß sie recht viel gute Eigenschaften gehabt haben muß, weil sie von Ihnen geliebet worden ist, um so viel mehr sind Sie zu beklagen. Aber wird Sie eine solche Beschreibung nicht betrüben? das möchte ich nicht gerne, so lieb mir auch ihr Charakter wäre. Alles, was Sie schildern, ist schön, und alles, was Sie mir schicken, wird mir angenehm seyn.

Charitas.

P. S.

Hier ist das mir zugeschickte Briefchen, ich weis nicht, was ich drauf antworten soll.

Ihnen, Ihnen, Ihnen, Ihnen, Ihnen, Ihnen, Ihnen, Ihnen danke ich demüthig ergebenst, für Dero, Dero, Dero geehrte und wertheste Zuschrift, die Sie, Sie, Sie, Sie, Sie an mich zu senden geruhet haben. Da Charitas, da haſt du Ihnen, Dero und Sie, ſo viel du willſt. Schäme dich, wir kleinen Dinger ſollten ſo fremde mit einander thun, und ſind noch oben drein ſo nahe Freunde. Aber beym tauſend = = = warum willſt du mich denn nicht für deine Couſine erkennen? Beſinne dich, wie war dir, da du ſchriebſt? Haſt du etwan auch traurige Stunden, wie große Jungfern? Pfuy, dar= zu ſind wir zu klein. Herr Rabenern haſt du auch verführt; Es iſt ſchon gut. Er hat mich ausge= hunzt, wie unſer alter Magiſter. Muß ich doch nicht mehr an ihn ſchreiben. Aber an dich ſchreibe ich zum Poſſen; zum Poſſen ſchreibe ich an dich, denn du biſt doch meine Couſine, trotz, rühre dich! He? bin ich nicht deine Couſine?

Barbara.

Mein Herr,

Warum verklagen Sie die arme Barbara ſo ſehr bey mir? Sie, der Sie ein Kenner des weiblichen Geſchlechts ſind, wundern Sie Sich wohl über die= ſes kleine Mägdchen? Glauben Sie, ſie ſey noch ohne Empfindungen? Nein, gar nicht; denn ſie hat ihr zehntes Jahr zurückgelegt, und da wiſſen Sie wohl, wie es um ſo ein Mägdchen ſteht; Sie iſt allerdings ein wenig eiferſüchtig auf die Charitas, und glaubt: Sie ſagen ihr mehr Schönes; und es kann auch möglich ſeyn, weil Sie mit ihr an einem Orte leben, und Barbara hingegen wohnt ſechs

Meilen von Ihnen; dieses ist auch die Ursache, warum die Correspondenz manchmal unterbrochen wird. Mich, als Mutter, ermahnen Sie zugleich, auf meine Tochter wohl Acht zu haben, und dieses thue ich auch, so viel als möglich; Allein es wird Ihnen auch bekannt seyn, daß mancher ehrlicher Vater es nicht an guten Exempeln, Vermahnungen und treuen Lehren hat ermangeln lassen, und hat doch wohl einen Satyr an seinem Sohne erzogen, und alles das Gute, was etwan der Sohn in seiner Jugend von sich blicken ließ, ist so ausgefallen, daß sich Roß und Mann vor seiner Feder fürchten. Dieses an meiner Tochter zu erleben, wünsche ich mir nicht, und sie hat auch nicht das Talent, daß ich solches vermuthen könnte. Darf ich mir noch zum Schluß ausbitten, daß Sie Sich ferner die Mühe geben, an mein Mägdchen (wenn es Ihre Verrichtungen erlauben) zu schreiben, so werden Sie sehr obligiren die Mutter der Barbara.

F. C.

Den 28. Jenner, 1758.

Madame,

Beym Anfange des verwichenen Decembers war Ihre böse Barbara weit jünger als Charitas, die damals drey bis vierhundert Wachen alt seyn sollte, und heute ist eben diese Barbara schon ein eifer=

süchtiges Frauenzimmer von zehen Jahren. Ihre Kinder wachsen sehr geschwinde, Madame. Wenn sie so fortwächst, welches ich von Herzen wünsche, so ist sie im künftigen Märze Braut, im April Mutter, im November Großmutter, und im December ein altes verschrumpeltes Weibchen, ohne Zähne, und mit grauen Haaren. Erklären Sie mir doch das Räthsel, Madame! Ueberhaupt nach Dero gestrigen Briefe zu urtheilen, so schlimm er auch sonst ist, wünschte ich mir lieber mit Ihnen zu correspondiren, als mit Ihrem kleinen Dragoner. Ich würde mir es ausbitten, wenn ich nicht morgen auf etliche Wochen verreisen müßte. Leben Sie allemal wohl, und bleiben Sie auch unbekannt meine Freundinn. Ich bin

Dero

ganz ergebenster Diener,
Rabener.

Den 3. Febr. 1758.

Allerdings, meine liebe Charitas, kann ich nicht ohne traurige Empfindung an meine verlorne Freundinn denken: Aber seit sechs Jahren und drüber habe ich so gar in diesem traurigen Andenken mehr Beruhigung empfunden, als in vielen Arten des Vergnügens. Um so weniger wird mich dieses abhalten, Ihnen eine Beschreibung von ihr zu machen, zumal da Sie mir sagen, daß Sie meine Briefe aufheben wollen, bis Sie groß werden; daß

Sie Freundinnen haben, denen Sie solche zeigen, und daß Ihr Jemand so beyfällig von meinen Charakteren urtheilet.

Von dem äußerlichen Ansehen meiner unvergeßlichen Freundinn werde ich Ihnen nicht viel sagen können. Sie war mehr blond, als braun, noch etwas länger als ich, und sehr wohl gebaut. Eine hohe Stirne, eine runde Hand, und ein vollkommen schöner Fuß machten, daß man die Fehler ihres etwas zu sehr aufgeworfenen Mundes weniger bemerkte. Ihre blauen Augen waren zwey vortheilhafte Verräther eines menschenfreundlichen, redlichen und immer heitern Herzens. In ihrer Aussprache hatte sie etwas Unangenehmes und zu Männliches, welches man aber vergaß, so bald man hörte, was sie sprach, und welches wenigstens mir, so lange ich sie kenne, niemals unangenehm geschienen hat, weil ich sie, so lange ich sie kenne, geliebt habe.

Sie war aus einem Hause, welches in Leipzig seit langen Jahren in gutem Ansehen gestanden, und immer rechtschaffene Leute hervorgebracht hat: So war auch ihr Vater ein frommer, ein arbeitsamer, ein rechtschaffener = = = mit einem Worte, ein Mann, welcher werth war, eine so liebenswürdige Tochter zu haben. Er starb für uns zu früh, und ließ seiner Tochter einiges Vermögen. Einen

Theil davon wendete sie an, sich in dem, was sie zu
lernen angefangen hatte, immermehr zu verbessern.
Im Zeichnen hatte sie eine nicht gemeine Fertigkeit
erlangt; Sie verstand einige Sprachen, und, welches noch seltner ist, ihre Muttersprache vollkommen; Sie las gern und viel, und alles mit einem
reifen Geschmacke, und einer gesunden Beurtheilungskraft; Die alte und neue Geschichte war ihre angenehmste Beschäftigung, weil sie dadurch mehr das
Herz, als den Witz zu bessern glaubte; Sie besaß
die schwere Kunst, im Briefschreiben eine Meisterinn
zu seyn, und die noch schwerere Kunst, von allen
diesen Geschicklichkeiten sich in Gesellschaften nichts
merken zu lassen. Sie glaubte nicht, daß es die
wichtigste Pflicht eines Frauenzimmers sey, zu Zeichnen, Sprachen zu verstehen, belesen zu seyn, Witz
und Geschmack zu haben: Diejenigen Arbeiten hielt
sie für wichtiger, welche Ordnung und Gewohnheit
von dem Fleiße eines wohlgezogenen Frauenzimmers
foderten. In solchen war sie vollkommen, und sie
sah es gerne, wenn man ihr darinne mit einer anständigen Schmeicheley den Vorzug vor andern
Frauenzimmern zugestand. Ihr Anzug war von
dem Augenblicke, da sie das Bette verließ, so sorgfältig und so reinlich, als er den ganzen Tag über
seyn sollte. Sie würde sich die geringste Unachtsamkeit in Wäsche und Kleidung nicht vergeben haben, weil sie glaubte, daß sie diese Aufmerksamkeit

ihren Freunden schuldig wäre, die Gelegenheit suchen möchten, sie den Tag über zu sprechen. Bey der fortdauernden Krankheit ihrer Mutter regierte sie ganz allein die ziemlich weitläuftige Wirthschaft ihres Stiefvaters. Ohne jemals eine unruhige Beschäftigung merken zu lassen, erhielt sie die Bedienten, die Küche, die Vorräthe, mit einem Worte, alles, was zu einer Wirthschaft gehört, in einer bewundernswürdigen Ordnung, denn sie glaubte, daß ein Frauenzimmer, wenn es auch noch so geschickt, belesen, witzig, und artig wäre, dennoch ohne diese Haushaltungskunst sehr unvollkommen, und für ihren Mann, es geschähe nun zeitig oder spät, ein unvermeidliches Unglück seyn müsse. Ich erinnere mich noch eigentlich einer gewissen Gelegenheit, wo sie mit einem ziemlichen Eifer behauptete, daß ein Frauenzimmer, welches nicht eine sorgfältige Beobachtung der häuslichen Wirthschaft für eine ihrer wichtigsten Pflichten ansähe, eben so tadelhaft sey, als eine Mannsperson, die ihr Amt nicht verstehe, oder verabsäume, und sich nur auf die eigennützige Vorsorge seiner Untergebenen und Bedienten verlassen wolle. Ich habe sie einmal roth und fast im Ernste böse gemacht, da ich die Meinung vieler Frauenzimmer in Leipzig vertheidigte, daß eine Frau nur darum Frau sey, daß sie mit ihrem Manne speisen und zu Bette gehen könne. Ich weis, Sie vergeben mir es, meine liebe Charitas, daß ich bey diesem Punkte mich länger, als bey den übrigen, aufgehalten. Ich habe das Vergnügen gehabt aus einem Ihrer Briefe zu bemerken, daß Sie selbst eine glückliche Anlage zu einer guten Wirthinn haben. O! Charitas, ändern Sie diese rühmliche Gesinnung niemals! Sie werden ein vollkommenes Frauenzimmer seyn, wenn Sie eine gute Wirthinn werden. Und wenn Sie auch Ihrem Manne gar kein Vermögen zubrächten; und wenn Sie in keinem Buche, als in der Bibel gelesen hätten; und wenn Sie keinen Menschen aus der alten Geschichte kennten, als den Pontius Pilatus; und wenn Sie keinen Geschmack von irgend einer Sache besäßen, die in das Feld der schönen Wissenschaften gehört; und wenn Sie keinen so hübschen Brief schrieben, als Sie schon itzt schreiben, und immer besser werden schreiben lernen: So werden Sie dennoch, auch ohne alle diese angenehmen Vorzüge, ein vollkommenes Frauenzimmer seyn. Aber sind Sie keine Wirthinn, so muß Ihr Mann zu Grunde gehen, es kann nicht fehlen. Je mehr er verdient, desto stärkern Aufwand werden Sie machen; je weitläuftiger seine Haushaltung ist, desto mehr werden Sie dabey zu Grunde gehen lassen. Sie sollen keine Arbeit der Dienstbothen thun, das wird kein vernünftiger Mann verlangen; Aber Sie sollen nach dem Maaße, als Ihr Mann in reichlichen Um-

ständen ist oder nicht, durch eine anständige Einthei=
lung und Besorgung desjenigen, was Ihr Mann
zur Wirthschaft ohne Unbequemlichkeit hergeben kann,
sein Glück befördern helfen, die Hochachtung und den
Gehorsam der Bedienten Sich erwerben, und Sich,
und Ihren Mann, und . . . ja, Charitas, ich sa=
ge alles heraus, = = = und Ihre Kinder vom Man=
gel und Schande retten. Sehn Sie, gute Cha=
ritas, wie lieb ich Sie haben muß, daß ich so lan=
ge mit Ihnen rede, ohne an meine unvergeßliche
Freundinn zu gedenken. Diese hätten Sie kennen
sollen: Wie viel Gutes hätte sie Ihnen sagen kön=
nen, das ich Ihnen nicht sagen kann! Nehmen
Sie die Vermahnung, die ich Ihnen hier gebe,
als eine Vermahnung von meiner verstorbenen Freun=
dinn an. Heben Sie, wenn ich bitten darf, diesen
Brief auf, bis Sie einmal heyrathen. Zeigen Sie
ihn Ihrem künftigen Manne. Wenn er vernünftig
ist, (und meine Charitas wird Sich gewiß keinen,
als einen vernünftigen Mann wählen,) wenn er
vernünftig ist, so wird er mir für diesen Brief,
als ein Hochzeitgeschenke, auch alsdann noch dan=
ken, wenn ich vielleicht schon lange vermodert bin:
Wollen Sie das thun, Charitas?

So lang auch dieser Brief schon ist, so kann
ich doch unmöglich schließen, ohne Ihnen noch ein
paar Worte von meiner ewig schäzbaren Freundinn

zu sagen: Sie besaß die Glückseligkeit, immer aufgeräumt, und munter und scherzhaft zu seyn. Sie liebte kleine Spöttereyen, aber ihr Spott schmeichelte, anstatt zu beleidigen, weil man ihr redlich Herz kannte, und sie nur über solche Sachen spottete, über welche die Gesellschaft sich gerne Vorwürfe machen ließ. Ihre Scherze belebten eine ganze Gesellschaft, und doch wußte sie die ganze Gesellschaft, und oft die ungezogensten Mannspersonen in einer gewissen Entfernung und bescheidenen Ehrfurcht zu erhalten. Ihre Aufführung gegen einen widersinnigen, heftigen und eigennützigen Stiefvater, erwarb ihr die Liebe des ganzen Hauses. Es hat mich oft mehr Ueberwindung gekostet, sie nicht an diesem nichtsw – (aber er war der Stiefvater meiner Geliebten, und hat bey ihrem Tode geweinet;) wie gesagt, mehr Ueberwindung hat es mich gekostet, sie nicht zu rächen, als es ihr Ueberwindung kostete, das Unrecht, das man ihr oft erzeigete, geduldig zu verschmerzen. Es war dieses eine glückliche Folge nicht bloß von ihrer natürlichen Gemüthsart; es war die Folge einer wahren Frömmigkeit: denn meine göttliche *** war fromm, nicht darum nur, weil die Religion, in welcher sie erzogen war, es also haben wollte, sondern weil sie den innern und unschätzbaren Werth einer aufrichtigen Frömmigkeit mit Ueberzeugung kannte. — O Gott! wie viel habe ich mit ihr verloren! – Ja, Charitas, diese meine Freundinn ist todt, für mich ganz verloren! Noch itzt ist mir der Augenblick schrecklich, da ich sie zum letztenmale gesehen habe. Sie starb, da ich meinem Glücke am nähesten zu seyn glaubte. Eine verwüstende Krankheit entriß sie mir. O! wie viel sagte sie mir noch in dem letzten Augenblicke! Wie viel Großes sagte mir noch diese Freundinn zu meiner Beruhigung! Noch ihre Augen redeten zu mir, da sie schon nicht mehr stammeln konnte. Als eine Christinn, als meine beste Freundinn starb sie. — — Nicht ein Wort mehr, Charitas!

P. S.

Nichts, gar nichts können Sie auf den Brief der Barbara antworten. Vielleicht schläft auf solche Art die ganze leere Correspondenz ein. Es ist gar nicht die Schreibart eines kleinen Mägdchens; ich halte sie für das Gewäsche einer erwachsenen Person, die im Namen eines Kindes Ungezogenheiten sagt, welche sie, in ihrem Namen zu sagen, sich schämt. Gute Nacht! Es hat schon zwölf Uhr geschlagen. Da Sie vielleicht schon halb ausgeschlafen haben, wache ich noch, um Ihnen zu sagen, daß ich Ihr Diener bin.
Rabener.

Ich bedanke mich, mein lieber Herr Lehrmeister, recht sehr bedanke ich mich, für die schöne Beschreibung Ihrer verstorbenen vortrefflichen Freundinn. Mein Jemand sagt: daß so viele herrliche Eigenschaften nur selten beysammen angetroffen würden, daß dieser Charakter allen Frauenzimmern zum Muster dienen könne. Ich soll den Brief sorgfältig aufheben, abschreiben soll ich ihn, und mir die guten Lehren, so Sie mir darinne geben, wohl zu Nutze machen, so würde ich, obgleich nicht alle diese vorzügliche Eigenschaften, dennoch die nöthigsten und nützlichsten erlangen. Was werde ich Ihnen nicht zu danken haben? und was werden Ihnen nicht andere zu danken haben? Denn ich soll diesen Brief, weil Sie es erlauben, auch andern zu lesen geben. Bekomme ich denn noch mehrere Charaktere von Ihnen? Ich hoffe es, weil Sie es versprochen haben; jedoch mit Ihrer Bequemlichkeit. Behalten Sie mich lieb.

Charitas.

Am 14. Febr. 1758.

Werden Sie mir es denn vergeben, meine gute Charitas, daß ich Ihren Brief so lange unbeantwortet gelassen habe? Ich bin seit Donnerstags etwas unpaß gewesen, und ob ich mich wohl die meiste Zeit inne halten müssen, und also wohl Zeit gehabt hätte zu schreiben, so ist doch mein Gemüth bey den traurigen Umständen unserer Stadt (von denen Sie wegen Ihrer Jahre glücklicherweise am wenigsten empfinden,) so umnebelt und zerstreuet, daß ich auch itzt noch nicht viel antworten, am wenigsten einen von den verlangten Charakteren senden kann.

Haben Sie denn meinen Brief wirklich einigen von Ihren Freundinnen lesen lassen? Was sagten denn diese darzu? Melden Sie mir doch das in Ihrem nächsten Briefe.

Rabener.

Mein Herr,

Es ist mir leid, daß Sie Sich nicht wohl befunden, und daß dieses und andere unangenehme Dinge mehr, Ursache sind, warum Sie mir nicht eher geantwortet haben. Entschuldigen Sie Sich aber deswegen nicht. Ich habe mir ja ausgebeten, daß Sie nur mit Ihrer Bequemlichkeit schreiben sollen. Haben Sie mich nur lieb, ich will gerne warten, und ich habe auch schon so viel Gutes von Ihnen zu lesen, daß ich mich lange damit behelfen kann. Was diejenigen zu Ihrem Briefe sagen, denen ich ihn habe wollen zu lesen geben, davon kann ich noch nichts melden. Viele haben ihn noch nicht gelesen. Und, was wollen Sie sagen, eine ist, indem sie gelesen, roth geworden; worüber aber? das weis ich nicht. Ich war nicht dabey, ich habe es nur gehört. Erfahre ich etwas, so werde ich es Ihnen gewiß schreiben.

Charitas.

Dresden, am 28. Febr. 1758.

Wie ist das möglich, daß eine Freundinn von Ihnen bey Lesung meines Briefs kann roth geworden seyn? Ich bin darüber sehr betreten. Sollte wohl etwas darinne gestanden haben, das beleidigen können? Sollte ich in einigen Ausdrücken nicht vorsichtig genug gewesen seyn? Kaum kann ich das glauben; wenigstens wünsche ich, daß es nicht seyn möge. Aber ich muß noch einige Zeit in dieser Ungewißheit bleiben, da ich, ich will es Ihnen nur gestehen, die ganze Sammlung unserer Briefe einem Frauenzimmer geliehen habe, die ich sehr hochschäze, und welche ich über diesen Umstand besonders befragen werde, sobald ich Gelegenheit habe, mit ihr davon zu reden. Hätten Sie wohl Lust, meine liebe Charitas, auch mit diesem Frauenzimmer einen Briefwechsel anzufangen? Sie ist in der Kunst, Briefe zu schreiben, eine Meisterinn; sie denkt gut und richtig; sie kennt alle Pflichten eines Frauenzimmers, und wird um eben deswillen weit besser im Stande seyn, Ihnen die nüzlichsten Lehren zu sagen, die in ihrem Munde viel stärkern Nachdruck haben werden, als wenn ich Ihnen solche vorpredigte. Melden Sie mir doch Ihre Gedanken darüber. Den Namen dieses mir schäzbaren Frauenzimmers kann ich Ihnen nicht nennen; aber sie ist meine Freundinn, und wird mir eine Bitte nicht abschlagen, die zum Besten meiner guten Charitas gereicht. Ich will mir dieselbe in dieser Correspondenz adjungiren lassen. Das einzige befürchte ich, Sie werden von mir keine Briefe mehr lesen wollen, wenn Sie einmal von dieser meiner Freundinn einen Brief gelesen haben. Antworten Sie mir auf diesen Umstand bald. Wie wäre es, wenn Sie gleich ein paar Zeilen an meine Freundinn schrieben, und um den Briefwechsel mit derselben ansuchten. Sie können den Brief überschreiben: Pour Mademoiselle D. E. und wenn Sie ihn nicht siegeln, ist es mir desto lieber. Leben Sie wohl.

Rabener.

Das hätte ich nicht gedacht, mein lieber Herr Lehrmeister. Worinne habe ich es denn versehen? Es scheint, als wenn Sie mich auf eine gute Art los zu werden suchten. Sie wollen Sich eine Freundinn adjungiren lassen, an diese soll ich schreiben, und mir ihren Briefwechsel ausbitten? Sie loben sie? Sie glauben, daß sie mich besser, als Sie selbst, unterrichten würde? Ich weis es nicht. Allemal würde mir lieber seyn, wenn Sie mein Lehrmeister blieben. Sie haben mir es auch versprochen. Indessen will ich gehorsam seyn. Hier ist ein Brief an die Mademoiselle D. E. Ich hoffe, Sie werden ach ja! Sie werden es schon so einzurichten wissen, daß ich noch ferner Ihre Schülerinn bleibe. Wollen Sie?

Charitas.

Pour Mademoiselle D. E.

Mademoiselle,

Was werden Sie denken? Ein kleines Mägdchen nimmt sich die Freyheit, an Sie zu schreiben. Und

das ist noch nicht alles. Sie will sich auch etwas
ausbitten. Werden Sie es nicht übel nehmen?
Könnten Sie Sich entschlüßen? = = = Nein —
wollten Sie wohl so gütig seyn, und = = = Lassen
Sie Sich es lieber von Herr Rabenern sagen, wa=
rum ich Sie bitten will. Er weis es, und wird
es viel besser machen, als ich! Aber gleich! Sie
müssen nicht weiter lesen, bis er es Ihnen gesagt
hat. Er hat mir recht viel Gutes von Ihnen ge=
schrieben. Er lobt aber auch mich manchmal. Nun
Sie haben ja unsere Briefe gelesen, nicht wahr?
Schreibt er nicht überausschön? Was er will, schreibt
er; Und Sie sollen noch schöner schreiben? Was
für schöne Briefe werde ich bekommen! Ich soll
nicht wissen, wer Sie sind. Gut, Sie verlangen
doch auch nicht zu wissen, wer ich bin? Aber lieb
wollen Sie doch haben

   Ihre
      kleine
        Charitas.

Den 4. Merz, 1758.

Ich habe Ihren schönen und für mich gar schmeichel=
haften Brief meiner guten Freundinn, der Mademoi=
selle D. E. in ihre eigene Hände gegeben, und ich hatte
die gewisse Hoffnung, ich würde Ihnen heute eine
Antwort schicken können: Aber eine unerwartete
Hinderung hat mich um diese Hoffnung gebracht.
                Sie

Sie können glauben, daß diese Hinderung sehr wichtig seyn müsse; denn meine Freundinn hat über Ihren Brief so viel Beyfall gezeigt, daß es ihr gewiß angenehm seyn muß, sich mit Ihnen in einen Briefwechsel einzulassen. Einen Brief zu schreiben, und den recht artig zu schreiben, kostet ihr auch gar keine Mühe, und von mir ist sie, wie ich seit einiger Zeit gewiß hoffe, eine viel zu gute Freundinn, als daß sie aus Bequemlichkeit oder Eigensinn mir eine so angelegene Bitte abschlagen sollte, die auf mein Vergnügen, und auf das Beste meiner Charitas abzielt. Also können Sie glauben, daß diese Hinderung sehr wichtig ist. Desto gewisser verspreche ich Ihnen auf künftige Woche einen Brief von ihr: gedulden Sie Sich so lange! Deßwegen bleibe ich immer noch ihr Lehrmeister, ob ich schon weis, daß Sie meine Lehren ganz entbehren können, wenn Sie mit meiner Freundinn einen ordentlichen Briefwechsel führen werden. Ich wünsche dieses um so viel mehr, da mich einige Umstände nöthigen werden, künftige Feyertage auf einige Wochen zu verreisen. Ich werde alsdann meine Reise mit ruhigem Herzen antreten, wenn ich Sie in so guten Händen weis. Vergessen werden Sie mich doch nicht darüber, meine liebe Charitas? das sollte mir nahe gehen. Denn wenn meine Freundinn auch noch so schön, noch so lehrreich, noch so vernünftig schreibt, so bin ich doch von Ihnen ein älterer Lehrmeister, und ein aufrichtiger Freund. Wollen Sie mir versprechen, mich auch abwesend nicht zu vergessen?

Rabener.

P. S.

Antworten Sie mir, wenn ich bitten darf, bald! Wir haben nur drey Wochen noch bis auf Ostern.

Also soll ich Abschied nehmen, mein lieber Herr Lehrmeister, von Ihnen und Ihren schönen Briefen soll ich Abschied nehmen? Das geht mir sehr nahe. Billig ist es, daß ich Ihnen nicht länger beschwerlich falle. Sie haben mit mir kleinem Mägdchen lange Geduld gehabt; Ich danke recht sehr dafür. Ich bedanke mich für alle gute Lehren, die Sie mir gegeben haben, und werde, wenn ich sie noch besser einsehen und verstehen lerne, immer mehr danken.

Sie wollen mein Herr Lehrmeister bleiben; das ist mir lieb. Ihre gute Freundinn — und die vorgegebene Reise = = arme Charitas! Geduld! — leben Sie wohl, recht wohl leben Sie, mein lieber Herr Lehrmeister! Behalten Sie mich lieb und denken Sie zuweilen an

Ihre

kleine Schülerinn, Charitas.

Am 9. Merz, 1758.

Ich erwarte heute eine Antwort von Ihnen, und um Zeit zu gewinnen, fange ich meinen Brief immer an, ich möchte vielleicht Nachmittags gehindert werden. Vielleicht bekomme ich noch vor Tische einen Brief von meiner Freundinn D. E. inzwischen sende ich hier einen, den ich gestern Abends noch spät erhielt, und der, wie ich aus dem Siegel urtheile, wieder von der Barbara ist. Wenn wird doch das Mägdchen aufhören zu plaudern! Darf ich ihn bey Gelegenheit lesen? Heute ist schon der 11te und ich habe noch nicht eine Zeile von Ihnen; wie geht das zu? Krank werden Sie doch nicht seyn? Ich bin sehr besorgt, antworten Sie mir bald. Adieu.

Rabener.

Am 8. Merz, 1758.

Meine liebe Gretel;

Nun ist es einmal Zeit, daß wir ohne Maske mit einander reden. Tausendmal danke ich Ihnen für den angenehmen Briefwechsel, den Sie mit mir seit einigen Monaten unterhalten haben. Wie viel artiges haben Sie mir binnen der Zeit geschrieben, und wie offenherzig haben Sie mich einmal gemacht, Ihnen vieles zu sagen, das in künftigen Zeiten Ihnen verständlicher und nützlicher seyn wird, als es Ihnen vielleicht ißo seyn mag. Es war für mich sehr vortheilhaft, daß Sie glaubten, ich kennte Sie nicht, denn nun konnte ich viel ungezwungener schreiben, und viele Stellen in unsere Briefe bringen, ohne welche die Correspondenz vielleicht einigemal würde matt geworden seyn. In der That habe ich Sie in den ersten vierzehn Tagen nicht gekannt, aber länger blieben Sie mir nicht versteckt. Glauben Sie das nicht? Herr S. B... soll mein Zeuge seyn, dem ich es schon vor acht Wochen anvertraut habe. Mündlich kann ich Ihnen auch noch mehrere Umstände angeben. Nur Einen will ich itzt berühren. Die zwote Barbara bin ich selbst gewesen; wo hätte sonst ein fremdes Mägdchen wissen können, daß der Hampelmann, um den wir uns vor Weihnachten zankten, oben in Ihrer Stube liege, und L.... ihn am besten finden würde? Diese zwey Worte waren freylich sehr mühsam ausgekratzt, als Sie mir den Brief zuschickten, aber für mich konnten sie kein Geheimniß seyn, da ich ihn selbst geschrieben hatte.

Also müssen wir von einander Abschied nehmen? Ich thue es mit schwerem Herzen. Fahren Sie fort, so fein zu schreiben, als Sie es schon itzt können, so werden Sie es mit der Zeit Ihren zwo ältesten Schwestern gleich thun, und wenn Sie fortfahren, auch so fleißig, wie bisher, zu schreiben, so werden Sie es im Fleiße Ihren zwo ältesten Schwestern weit zuvorthun. Gewöhnen Sie Sich so gut, so vernünftig, und so tugendhaft zu denken, als man Sie hat in Ihren Briefen denken lassen; so werden Sie bis in Ihr Alter glücklich, und das Vergnügen Ihrer ganzen Familie seyn. Wollen Sie denn auch meine Freundinn bleiben? Gewiß hoffe ich das; gewiß wird mich die Gretel eben so lieb haben, als mich Charitas hatte.

Und Ihnen, mein lieber guter, ehrlicher Herr Jemand, gehört freylich dieser Dank ganz allein. Sie haben mir durch diese glückliche Erfindung viele angenehme Stunden gemacht. Vergeben Sie mirs aber auch, daß ich Sie mannigmal in große Verwirrung setzte, wenn Sie mir weder eine Unwahrheit sagen, noch auch die Wahrheit gestehen wollten? Noch itzt dauern Sie mich, wenn ich Sie mir vorstelle, wie Sie vor etlichen Wochen auf meinem Sofa saßen und wider die Erde sahen, da ich als von ungefähr, die Gretel unter meiner vermuthlichen Correspondentin nennte.

Aber Lorchen! mein verrätherisches Lorchen, was fange ich mit Ihnen an? Wie grausam sind Sie mit mir umgegangen! wie dreiste! Sie, die Sie sonst den Augenblick roth wurden, wie dreiste haben Sie Ihre Rolle gespielt! Tausend Wendungen habe ich machen müssen, mich gegen Sie nicht zu verrathen. Ich, der ich sonst, wie Fritzchen sagt, das Herz in meinen Augen habe, mußte mich durch ganz ungewohnte Mienen verstellen, um Ihnen mein Herz nicht sehen zu lassen, und wie oft habe ich, in diesem meinen Herzen über Sie, kleine Heuchlerinn, triumphirt, wenn ich, mit einer ernsthaften und gelassenen Miene, mir von Ihnen eine Sache erzählen ließ, die ich schon besser wußte, und wenn ich durch erdichtete Umstände neue Gelegenheit gab, über meine Leichtgläubigkeit zu frolocken? Fast muß ich nun glauben, (eine Sache die kein Mensch glauben wird,) daß ich beynahe, aber nur beynahe, so schlimm und boshaft bin, als Lorchen ist. Doch habe ich Sie manchmal ertappt. Erinnern Sie Sich noch des Abends, wo wir beyde an der Comode saßen, die Gretel neben uns stund, und Sie nach dem Fortgange der Correspondenz mit der Charitas fragten, wie roth, wie bestürzt wurden Sie, wegen Ihrer Uebereilung! Wie geschwind sprangen Sie auf, änderten die ganze Unterredung, und dankten dem Himmel, daß ich guter Narr, nichts von Ihrer Uebereilung gemerkt hatte. Wollen Sie unsere schlaue Briefträgerinn noch mit einem Glase Wein bestechen, um, mir zum Besten, zu entdecken, wer die Charitas sey? Wie bestrafe ich Sie, Lorchen? Denn bestraft müssen Sie werden, mehr als auf Eine Art bestraft. Die erste Strafe soll diese seyn, daß Sie Ihrer liebenswürdigen Freundinn Babet, die Entwicklung unserer Comödie melden. Sie wären ungerecht, wenn Sie das nicht thun wollten, da Sie die Babet oft mit Freuden von meiner Leichtgläubigkeit, und noch damals, als ich Sie am Pulte überraschte, unterhalten haben. Himmel! was für eine Menge Verstellungen haben Sie in Ihrer Gewalt! Je mehr ich allen den Umständen nachdenke, bey denen ich Sie erwischt habe, desto mehr erstaune ich über Sie. Aber zu meinem Glücke hatte ich meine Rolle auch gelernt. Künftig wollen wir beyde in allen Sachen recht aufrichtig mit einander umgehen. Denn, wie es scheint, sind wir einander gewachsen, und Corsaire contre Corsaire thut nicht gut. Leben Sie wohl, mein ehrlicher Herr Jemand! Mein verrätherisches, grausames, heuchlerisches, boshaftes und bey allen diesen doch mein gutes Lorchen, leben Sie wohl! Und Ihnen meine liebe Charitas, küsse ich zu guter letzt die Hände, und bleibe von Ihnen, und Ihrem ganzen Hause, ein aufrichtiger Freund und Diener.

Rabener.

Hier sende ich Ihnen, Mademoiselle, wie ich es gestern versprach, die Auszüge von einigen Briefen, die zwischen mir und dem Herrn C** gewechselt worden sind. Ich könnte sie eben so leicht selbst bringen, als ich sie durch meinen Bedienten überschicke; aber alsdann würde ich nicht haben an Sie schreiben können, und an Sie zu schreiben, ist für mich eben so schmeichelhaft, als es mir ist, an meine besten Freunde zu schreiben. Ich bin stolz darauf, wenn die Nachwelt erfährt, daß Cramer, Gellert, Schlegel, Giseke, Hagedorn in Hamburg, und mehr rechtschaffene Männer, meine so guten Freunde gewesen sind, daß ich seit vielen Jahren mit ihnen in einem vertrauten Briefwechsel gestanden habe. Aber wie stolz würde ich erst darauf seyn, wenn die Nachwelt erfahren sollte, daß ich heute, am 29sten Jenner, 1757, ein paar Zeilen an Mademoiselle Lorchen habe schreiben dürfen! Denn, daß Sie mir auch nur in einer einzigen Zeile den richtigen Empfang und die gütige Aufnahme meines Briefs melden sollten, das werde ich, und die Nachwelt, freylich nicht erfahren, das weis ich wohl; so hochmüthig lassen Sie mich gewiß niemals werden Ich erkenne es als eine Gefälligkeit, wenn Sie diese Auszüge niemanden sehen lassen. Ihr Herr Papa gehört darunter nicht. Ich bitte mir es vielmehr ausdrücklich aus, daß ich Ihrer beyder gemeinschaftliche Kritiken darüber erfahren kann. Kritiken; verstehen Sie mich ja recht, und nicht bloße Complimente. Mademoiselle Fritzchen wird nicht verlangen, sie zu lesen, außerdem möchte ich meinen Briefen dieses Glück wohl gönnen. Getrauten Sie Sich, es bey Ihrer freundschaftlichen Babet zu verantworten, wenn Sie ihr diese Sammlung auch im Vertrauen zuschickten, und ihre Urtheile darüber verlangten, so würde ich Ihnen unendlich dafür verbunden seyn. Sie müßten es nur in Ihrem Namen thun, als geschähe es ohne mein Vorwissen. Außerdem würde es von mir eine allzudreiste Verwegenheit seyn. Und, wenn deren Mademoiselle = = aber nein, ich bin gar zu begehrlich; merken Sie bald die Eigenliebe meines trotzigen Herzens? Erst sollten Sie diese Auszüge ganz alleine sehen; und hernach fiel mir auch der Papa ein; und hernach hätte ich bald Fritzchen aus ihrer nachdenkenden Ruhe stören lassen, und hernach wünschte ich auch von Ihrer Babet gelesen zu werden; und hernach = = = Aber warum haben Sie so viel Freundinnen, die Ihnen ähnlich, und mir daher so schätzbar sind? Ich küsse Ihnen die Hände. Sie haben doch keine geschwefelten Handschuhe an?

Rabener.

Am 16. Febr. 1757.

Wie gütig sind Sie, mein liebes Lorchen, daß Sie mich in dem Augenblicke schriftlich zu Gaste bitten, da mich Ihre grausame Mutter zum Hause hinausstößt, und mir den nothdürftigen Bissen Brodt versagt. Ich werde morgen Mittags zum Generale, und Abends zu Ihnen kommen. So gerne ich sonst beym Generale bin, so ungeduldig und geschwind werde ich von ihm wegeilen. Damit ich Ihre Gefälligkeit nicht mißbrauche, will ich heute wegbleiben. Werde ich das wohl halten können? Wahrhaftig ich weis es noch nicht. Also ist Ihnen die ansehnliche Brezel wohlbekommen? und haben Sie noch Appetit genug, itzt über Tische noch einmal zu essen? Gewiß! über Ihren guten Magen geht nichts, als Ihr gutes Herz!

Werde ich die Antwort an Mademoiselle bald bekommen, fragt mich mein Bedienter unverschämt. — Was ficht den Bengel an, mich so dreiste zu fragen? — Ja, spricht er, aber sie will gleich Antwort haben, und nun hat sie schon länger als eine Stunde darauf warten müssen. — Er geht fort und hängt das Maul. Ich vergebe es ihm, weil er aus Achtung für Sie, so unverschämt ist. Es bleibt dabey, was ich schon gesagt habe; Menschen und Vieh sind auf Ihrer Seite, und mein Johann ist ein ziemlich vernünftiges Vieh. — Er kömmt wieder in die Stube, und nimmt den Hut. Ich

Ich muß nur schließen, sonst läuft er fort, und sagt Ihnen, daß mein Brief noch nicht fertig sey. Leben Sie wohl! Ich küsse Ihnen die Hände.

Rabener.

Den 26. August, 1758.

Vor den Kopf, mein liebes Lorchen, mit meiner eignen Faust, vor den Kopf möchte ich mich schlagen, daß ich tummer Teufel nicht errathen kann, wer Ihr unbekannter Correspondent ist. Das bleibt mir ein unauflösliches Räzel. Wenn ich einmal glaube, ich habe den rechten gewiß ertappt, so paßt wenigstens Ein Umstand nicht, und ich bin wieder eben so verwirrt, als ichs war, da ich zu rathen anfieng. Ich kann nicht begreifen, was Ihr Correspondent für Ursachen haben muß, verborgen zu bleiben, da alles so sehr zu seinem Vortheile ist. Ein Mann, der so viel Geschmack hat, Ihre Verdienste einzusehen; so viel Gerechtigkeit, diese Verdienste zu bewundern; der so bescheiden ist, einem Frauenzimmer keine schmeichelhaften Unwahrheiten vorzusagen, über die es roth werden könnte; ein Mann, der unserm F..r so ähnlich sieht, (wie vortheilhaft ist ihm diese Vergleichung mit einem Freunde, dem die Ehrlichkeit aus jedem Gesichtszuge sieht;) mit einem Worte, ein Mann, bedenken Sie einmal, was das sagen will, ein Mann, den Babet hochschätzt, und dieser Mann will verborgen bleiben? Das alles ist mir unbegreiflich. Nur den vierten Theil dieser guten Eigenschaften und Vorzüge wünschte ich mir; was für Lärmen wollte ich in der Stadt anfangen, um bemerkt und bekannt zu werden! Zu allen Leuten lief ich, unangemeldet lief ich zu ihnen auf die Zimmer, und sagte ihnen meinen Namen. Und Ihr Correspondent versteckt sich, und will von Lorchen nicht gekannt seyn, von der ein jeder gesitteter und tugendhafter Mensch gekannt zu seyn wünscht?

Unsere Babet ist ein boshaftes Kind, sagen Sie ihr das, aber in Ihrem Namen, sonst glaubt Sie es nicht. Mit ihrer neuen Schilderung hat sie mich noch viel verwirrter gemacht, als ich vorher war. **Ein junger Mensch, von acht und zwanzig Jahren** — (auf den ich rathen wollte, der ist älter.) **ziemlich lang** — (ja, ja alles träfe ein,) **und mager** — (mannichmal,) **schwarze Augen** — (kohlschwarz) **und eine lange Nase** — (richtig getroffen,) **dem ältesten Bruder ähnlich** — (o du allerliebster junger Mensch! sieht er dem Bruder ähnlich, so sieht er auch seinen vier Schwestern ähnlich,) **trägt immer ein grünes Kleid** — (das habe ich nicht die Ehre zu kennen,) **ist in diesem Kleide kleiner als sonst** — Hum! Lorchen da fällt mir was ein! kleiner? ist dieses Kleid von einem andern Schnitte, als die andern? Ich dächte gar — wahrhaftig Lorchen ich dächte = = = soll ichs

sagen? kaum daß ich es wage! — ich dächte, Gott
verzeih mirs, gar — es wäre kein Freund! —
Nun rathen Sie vollends, mein liebes Lorchen,
und sagen Sie mir auf den Montag Ihre Gedanken mündlich.

Hier sende ich für die Charitas etwas von dem
Dessert, das der Papa gestern Abends übrig gelassen. Sie wird wohl Lorchen lassen mit essen.
Wie haben Sie geschlafen? Unsere brsie Babet
grüßen Sie millionenmal von mir. Guten Morgen!

Rabener.

Dresden, am 31. October, 1757.

Hier sende ich Ihnen, mein liebes milzsüchtiges
Lorchen, zween Briefe, die Sie bey Ihrer Me-
lancholie und Menschenliebe nicht ohne Rührung
lesen werden. Ich habe diese zärtliche Thoren gestern zum erstenmale nennen hören, und sie, ungeachtet ihrer unglücklichen Thorheit, herzlich, und
um so mehr bedauert, daß ich weder Linderung,
noch Rettung für sie weis. Es wird billig seyn,
daß wir den Namen dieser Elenden schonen, und
diese Briefe nicht sehr bekannt werden lassen. Glauben Sie aber, daß Ihre Babet sie gerne lesen möchte, so sind sie für selbige kein Geheimniß, nur will
ich mir solche über Morgen zurücke ausbitten. Die
arme Frau ist doppelt zu beklagen: sie scheint natürlichen Witz, und ein gutes Herz zu haben, und

was ich noch mehr bewundere, in ihrem ganzen Briefe sagt sie nicht ein Wort von ihrem Mangel, um ihren Mann nicht noch mehr zu beunruhigen. Der Mann ist auch ehrlich und zärtlich; und in seiner Art vielleicht großmüthig. Aber eben dieser Tugenden wegen, hasse ich ihn, weil er sie nur angewendet hat, ein armes, junges und schönes Mägdchen ohne Rettung ins Unglück zu stürzen. Nehmen Sie seine Parthie nicht, ich bitte Sie drum: Sie müßten seine Frau verdammen, und das wäre noch härter. Leben Sie wohl.

Rabener.

Dresden, am 10. Jenner, 1758.

Mein Herr,

Ich würde Ihnen auf Ihren ersten Brief eher geantwortet haben, wenn ich nicht nöthig gefunden hätte, nähere Erkundigung von Ihnen, und des Frauenzimmers Umständen einzuziehen, mit welchem Sie in die unglückliche Bekanntschaft gerathen sind. Da mich das Unglück eines jeden Menschen rührt; so können Sie mir glauben, daß ich bey Ihrer Erzählung nicht habe gleichgültig seyn können. Das Frauenzimmer scheint eine gute Denkungsart, und einen sehr vortheilhaften Charakter zu haben. Sie selbst sprechen mit so vieler Achtung von ihr, daß Sie geraume Zeit vor Ihrer zu genauen Bekanntschaft von derselben liebenswürdigen Eigenschaften, müssen überzeugt gewesen seyn. Aber soll ich Ihnen meine Gedanken mit der Offenherzigkeit sagen, mit welcher ich gegen meine Bekannten mich zu erklären gewohnt bin? Ja, ich muß Ihnen gestehen, mein Herr, daß eben diese feinen und liebenswürdigen Eigenschaften Ihrer unglücklichen Freundinn, Ihr Vergehen doppelt strafbar machen. Entschuldigen Sie es ja nicht mit der Liebe zu dieser Elenden. Es war nichts, als eine wilde Begierde, die der Mensch mit den niedrigsten Geschöpfen gemein hat. Sie wußten die Armuth des Mägdchens, Sie wußten Ihre eigene Armuth; eben so konnten Sie die traurigen Folgen Ihrer unüberlegten Zärtlichkeit wissen. Dachten Sie gar nicht daran, ein unschuldiges Geschöpfe, das Ihr Kind seyn würde, zugleich mit unglücklich zu machen? Ihre Freundinn vor den Augen der Welt zu beschimpfen, eine arme Mutter noch in ihrem Alter zu betrüben? Können Sie das Liebe zu Ihrer Freundinn nennen? Wäre die Gefallene weniger tugendhaft, und hätte Ihnen selbst zu einer solchen Ausschweifung Gelegenheit gegeben, so würde Sie, mein Herr, der Vorwurf nur halb treffen: Aber nun fällt er ganz auf Sie, und muß Ihnen mit jedem Augenblicke desto erschrecklicher werden, da Sie, wie ich aus Ihrem Briefe urtheilen kann, noch nicht auf eine ganz verstockte Art boshaft sind, sondern alles empfinden, was die Menschenliebe denen empfinden läßt, die noch Menschen und Christen sind. Und eben um deswillen, wie ungerne sehe ich, daß Sie ohne Rettung verloren sind! Itzt Mangel und Hunger und Schande! Künftig ein beschämter Blick auf diese Ausschweifung Ihrer Jugend, nagende Vorwürfe der Welt und Ihres Gewissens, und endlich eine trostlose Verzweifelung! O! mein Herr, das, das sind die erschrecklichen Folgen Ihrer Thorheit! Wie ist Ihnen zu helfen? Wie soll man Sie retten? Ein Amt verlangen Sie? Haben Sie wohl die itzigen Zeitumstände, die allgemeinen Schwierigkeiten heut zu Tage ein Amt und eine Versorgung zu finden, haben Sie Ihre eigene Fähigkeiten überlegt? Wie kann der seinem König treu seyn, der seiner besten Freundinn untreu ist? Denn Ihr erster Gedanke, diese liebenswürdige Unschuld unglücklich zu machen, war die strafbarste Untreue, die Sie an Ihr begehen konnten. Nennen Sie es ja nicht Treue, daß Sie diese verlorne noch itzt lieben, sie Ihre Frau nennen, und für ihren Unterhalt Sich bemühen. Das wird ein jeder thun, der nicht ganz ein Unmensch ist. Glücklicher, weit glücklicher wäre die Arme, wenn sie von Ihnen nichts weiter wüßte, niemals weiter von Ihnen nichts wissen könnte. Sie würde mit dem kleinen bejammernswürdigen Zeugen ihrer Schwachheit, für sich ihr kümmerliches Brodt wohl finden, und nur für sich sorgen dürfen; anstatt, daß sie nun auch für

Sie,

Sie, mein Herr, für Sie, ihren grausamen Freund, zugleich sorgen, und also doppelt sich ängstigen muß. Vielleicht scheine ich Ihnen zu strenge gegen Sie; aber mein Herz ist voll von Empfindungen der Menschenliebe. Ich muß Sie, mein Herr, den Uebertreter der ersten Pflichten dieser Menschenliebe, Sie muß ich hassen! Doch wird mich dieses nicht hindern mit Vergnügen, die erste Gelegenheit zu ergreifen, die sich nur anbietet, Ihnen zu zeigen, daß ich sey

   Ihr dienstbeflissener

      Rabener.

Gar zu lange mag ich Sie doch nicht martern, mein liebes Lorchen. Was haben Sie denn von dem Briefe an G * * gedacht, den ich Ihnen vor einer Stunde zusendete? Sie waren wohl recht böse auf Ihren strengen Sittenrichter. Vermuthlich klagten Sie meine Härte Ihrem Papa, wohl gar Fritzchen. Vermuthlich war Ihr ganzes menschenfreundliches Herz wider mich aufgebracht. Vielleicht studirten Sie schon auf den allerliebsten grimmigen Brief, den Sie an mich schreiben wollten. Nein, Lorchen, so gar schlimm bin ich doch nicht. Freylich hätte G * * einen solchen Brief verdient, aber auf Ihren mächtigen Fürspruch soll er den bekommen, der hierbey folgt. Sind Sie nun wieder gut?

Rab. Briefe.   M

Wissen Sie was? Machen Sie es Ihrer Babet, wie ich es Ihnen gemacht habe; Senden Sie ihr heute den grausamen Brief, verklagen Sie mich dabey, und, damit sie recht böse wird, so senden Sie ihr zugleich G** letzten Brief, den sie ohnedem noch nicht gelesen hat; Und morgen früh, (aber ja ja nicht später, morgen früh, denn länger darf Babet mit mir nicht unzufrieden seyn,) morgen mit dem frühesten, schicken Sie ihr den wahren Brief, mit dem Schlüssel zum ganzen Räzel. Wollen Sie das thun? Freylich, denn Lorchen, wenn sie will, ist viel zu gut, so etwas nicht zu thun. Adieu.

Rabener.

Den 16. Jenner, 1758.

Aber, um des Himmels willen, sagen Sie mir, was haben Sie mit Ihrer Babet angefangen? Solche häßliche Vorwürfe der Babet zu machen! und auch nur im Scherze ihr dergleichen Vorwürfe zu machen, ist zu harte. Ja, Lorchen, wenn Sie es ihr nicht noch heute abbitten, so räche ich mich an dem Holunken G** und seinem Mensche, und schreibe ihm einen Brief, gegen welchen der noch ein Evangelium ist, den Sie in Verwahrung haben. Ihre Babet hat ja meinen Brief nicht einmal gebilligt, und das ist das einzige, was ich an ihr außsetze; ihre übrigen Urtheile sind so vernünftig, wie man sie von der Babet und Lorchens vertrautester Freun=

dinn erwarten kann. Haben Sie wohl selbst von diesem Handel nur einen Augenblick anders denken können? Nimmermehr! auch nicht Ihr bitterster Feind wird sich unterstehen, Ihnen das nachzusagen. Seit langer Zeit habe ich mich nicht so, wie diesen Abend, über Sie geärgert. Sie hatten wohl Ursache mir zu verbieten, daß ich die Briefe nicht in Ihrer Gegenwart lesen sollte; Gezankt, ja gewiß, Lorchen, gezankt hätte ich mich mit Ihnen: Denken Sie, was das sagen will. Nein, das haben Sie zu arg gemacht. Ich wäre untröstbar, wenn über mich ein Freund weinte, wie Ihre Babet über Ihre Vorwürfe Thränen vergossen hat.

Hier folgen der Babet Briefe zurücke. Ich habe sie itzt noch einmal durchgelesen; wahrhaftig, grausames Lorchen, wenn mir es itzt möglich wäre, Ihnen gram zu werden, so würde ich es itzt; ja wahrhaftig!

Rabener.

P. S.

Seyn Sie doch so gütig, und antworten mir. Noch eins! Sind Sie wohl großmüthig genug, mir Ihren Brief zu verschaffen, welcher der Babet Thränen gekostet hat?

Am 14. May, 1758.

Gott! wie edel denkt Ihre redliche Babet! ihr ganzes schwesterliches Herz sieht man in ihrem Briefe.

Ja, Lorchen, Sie müssen, Sie müssen zum drittenmale Ihre verlorne Freundinn wiedersuchen. Ueberwinden Sie Sich. Eine liebenswürdige Freundinn, wie Fiekchen ist, wieder zu finden, belohnt alle Ueberwindung. Ja, unvergleichliche Babet, der ganze Ruhm ist Ihre, wenn Sie diese Vereinigung zu Stande bringen, eine Vereinigung zwischen zwo Personen, die sich gewiß noch lieben, ohne es zu wissen; denn tugendhafte Personen können sich nicht hassen. Wie ruhig wird Ihr gutes Herz auf Ihre Schwester, und auf Ihre Freundinn sehn, wenn Sie merken, daß beyde sich noch mehr, wenn es anders möglich ist, noch mehr lieben, als sie sonst sich geliebet haben! Und gewiß, Babet, Sie müssen dabey gewinnen. Lorchen hat in ihrem Herzen für zwo so liebe Schwestern Platz. Ihnen hat sie es allein zu danken, wann sie die Vertraulichkeit ihrer Fiekchen wieder gewinnt; Und sie wird diese Freundschaft, wenn ich die Lorchen anders recht kenne, nimmermehr vergessen. Und das wollen Sie doch auch also halten und thun, Lorchen? So sagen Sie ein deutliches Ja! Aber, wenn Fiekchen mit Ihnen wieder zu der alten Freundschaft zurückgekommen ist, werden Sie auch noch Zeit haben, an mich zu denken? Ich wäre sehr unglücklich, wenn Sie mich drüber vergäßen, und nichts, in der Welt nichts, könnte mich bey diesem Unglücke trösten, als der Gedanke, daß Sie mich

über Fiekchen und Babet vergessen hätten. Ein
trauriger Trost! Adieu.

Rabener.

P. S.

Hier sende ich Ihnen für Ihren kranken Hals ein paar
Borstorfer; und für der Gretel ihren gesunden Hals ein
paar Nüsse.

Damit Ihre gute Babet die dunkle Zaubersprache ihres beschwerenden Bruders verstehen möge; so sende ich
Ihnen die Stelle aus meinem Briefe an ihn, welche
die Veranlassung dazu gegeben hat. Sie werden so gütig seyn, und ihr solche, nebst Vermeldung meiner
wahren Hochachtung mittheilen. Ich küsse Ihnen die
Hände.

R.

An Herrn F** in Warschau.

2c. 2c. noch eins, aber ganz unter uns. Glauben
Sie wohl, daß ich fast einen Briefwechsel mit Ihrer Babet angefangen hätte? Ich entführte Lorchen
einen Brief von ihr, der mich mit angieng, und
der war so schön geschrieben, daß ich sehr wünschte,
von ihr selbst Briefe zu haben. Nichts, als gewisse
Umstände, und eine schüchterne Vorsicht, haben Ihre Babet von meiner Zuschrift gerettet. Ich lasse
Ihnen frey, gegen sie von dieser Erzählung einen
scherzhaften Gebrauch zu machen. Auch von der
Fritzchen habe ich, auf eben diese Art, schon vor

geraumer Zeit, einen Originalbrief geraubt, der vortrefflich geschrieben war. Sollten Sie das wohl von Ihrem altväterischen Hagestolze glauben? denn itzt plündert in Dresden alles, was sonst auch noch so ehrlich war. ꝛc.

Den 8. September, 1758.

Die arme Babet! Wie mühsam ist sie, sich selbst zu bereden, daß sie unrecht gethan habe, in einer Sache, wo ihr kein Mensch einen Vorwurf machen konnte, als ihr freundschaftlich boshaites Lorchen, oder ein vorwitziges Fräulein. Was sollte sie thun? Sie hatte sich von einer Gesellschaft weggeschlichen, um ihrem so lange Wochen entbehrten Lorchen zwo Stunden zu weihn. Und eben, da sie anfängt, das Vergnügen dieses vertrauten Umgangs zu schmecken, so wälzt sich das hochgebohrne Chor im Garten einher, unterbricht die zärtlichen Unterredungen, und entführt ihr endlich gar, ihr kaum wiedergefundenes Lorchen. Konnte hier Babet etwas anders thun, als traurig zurückweichen, und sich von einer Gesellschaft schüchtern entfernen, die ihr beynahe ganz fremd war, die das ihr geraubte Lorchen in stolzem Triumphe einherführte, und nun für sich behielt, mit einem Worte, von einer Gesellschaft, die man einige Zeit kennen muß, wenn man sie mit Vertrauen hochschätzen, und die so oft gegründeten Vorurtheile vergessen soll, die uns den Adel unangenehm und verdächtig machen. Die Schüchternheit, deren sich die Babet in diesem und andern Fällen anklagt, ist so, wie sie ist, nichts weniger als ein Fehler, und macht die bescheidene Babet, denen, die sie kennen, nur noch liebenswürdiger. Wehe der Fräulein, die im Ernste die Schüchternheit für einen Bürgerstolz ausgiebt. Ich werde die Babet grausam an ihr rächen, und wenn es die Fräulein P * * wäre! Aber diese kann so etwas im Ernste unmöglich sagen. Bewundern Sie nur, allerbestes Lorchen, Ihre gute Freundinn, die bey einem Vorwurfe, wo sie so unschuldig ist, sich dennoch so viel Mühe giebt, zu finden, daß sie etwas versehn habe. Wie ängstlich und zerknirscht würde diese bußfertige Babet alles einräumen, wenn man ihr mit Grunde etwas als ein Versehen vorrücken könnte! Wie eifersüchtig bin ich auf diese Tugend, die mir fehlt! Und Sie, liebes Lorchen? — Das sind meine Gedanken, die ich auf unserer Babet Verlangen Ihnen eröffne, und die Sie um so viel billiger finden müssen, da ich weis, daß es vollkommen Ihre eigene Gedanken sind. Denn, mein redliches Lorchen, Sie mochten Sich noch so sehr gegen mich verstellen, noch so sehr die Babet tadeln, meine Vertheidigung noch so hitzig bestreiten; ich sahe doch nichts, als zärtliche Redlichkeit in Ihren großen wilden Augen; bis in Ihr Herz sahe ich, und fand die verklagte Babet entschuldiget. Machen Sie mir keinen Einwurf, daß meine Vertheidigung eigennützig sey, da ich diese vergnügte Stunde, mich mit unserer Babet zu unterhalten, würde haben entbehren müssen, wenn sie von der Gesellschaft sich weniger entfernt hätte. Machen Sie mir diesen schmeichelhaften Einwurf nur nicht, oder ich werde Sie verrathen, und erzählen, wie Sie bey aller der verstellten Heiterkeit Ihrer noch ungewohnten Hofmienen, Ihre verdrängte Babet vermißten, und mitten unter gräflichen Umarmungen unruhig wünschten, daß es die Umarmungen Ihrer Babet seyn möchten. Sehen Sie wohl, mein heuchlerisches Lorchen, daß mir keine Miene von Ihnen entwischt, und, daß ich auf alle Ihre Blicke, auch an der Seite der Babet, aufmerksam bin. Den Brief der unschuldigen Babet, sende mit gehorsamstem Danke zurück, und küsse Ihnen, meine gute Freundinn, die Hände.

Rabener.

Wie ist Ihnen ihr heutiger Ausgang bekommen? unmöglich besser, als ich wünsche. Aber doch bin ich Ihrentwegen sehr in Sorgen; denn Sie schienen mir diesen Morgen matter und niedergeschlagener zu seyn, als Sie sonst sind. Ihr Wohlbefinden ist für mich so wichtig, daß ich mir bey der geringsten kranken Miene mehr Sorge mache, als sich ein jeder anderer Freund machen wird, der zwar eben so wie ich, Ihre ängstliche Einbildung kennt, aber, welches ohnedem unmöglich ist, Ihre heitere Gesundheit nicht eben so zu schätzen weis, als ich. Hier haben Sie einen Brief von meinem unglücklichen Freunde; von meinem, denn ich weiß nicht, ob Sie noch verlangen, daß er der Ihrige ist. Wünschen möchte ich dem armen Freunde dieses Glück. Sehen Sie, Lorchen, so unpartheyisch bin ich gegen meine Freunde, so gar gegen diejenigen, welche Sie einmal auf meine Unkosten... verzeihen Sie mir, mein liebes Lorchen; das war eine Uebereilung, aber sie ist einmal geschrieben, und ich will, wenn Sie es verlangen, Ihnen solche lieber abbitten, als sie ausstreichen. Das würde mich noch verdächtiger, und Sie noch neugieriger machen. Morgen hoffe ich seinen alten treuen Bedienten zu sprechen, und ihn alles auszufragen. Vielleicht kann ich Ihnen morgen Abends Nachricht geben. Heute will ich mich für meine Uebereilung bestrafen, grausam bestrafen, und Sie nicht sehen. Suchen Sie doch den Brief unserer lieben Babet auf, in welchem sie eine Antwort von mir gefodert haben will. Wie ungerecht sind Sie, daß Sie mir so lange das Vergnügen vorenthalten haben, dieser liebenswürdigen Freundinn antworten zu können. Ja, beste Babet, Lorchen, Ihr zerstreutes Lorchen, ist alleine Schuld daran. Längst, vorlängst schon hätte ich Ihnen außerdem geantwortet; aber noch mehr wünschte ich, Sie zu sprechen. Ihnen kann man unmöglich das alles schreiben, was man Ihnen zu sagen wünscht. Wollen Sie, meine liebe Babet, so gütig seyn, und eines von nachverzeichneten Büchern zum Durchlesen haben, so erwarte ich Ihren Befehl, der mir auch um deswillen doppelt angenehm ist, weil ich ihn durch unser einsylbigtes Lorchen erwarte. Und Sie haben es, freundschaftliche Babet, über Ihr Herz bringen können, diese Ihre arme kranke Freundinn nicht zu besuchen? Ihr gesunder Freund hätte sich diesen Besuch gewiß zu Nutze gemacht. Ich küsse Ihnen beyden die Hände vielmal.

it.

An Mademoiselle Lorchen.

Befehlen Sie doch Herrn B** (denn von Ihnen läßt er sich gerne befehlen,) daß er, wenn er ohnedem hinnen in der Stadt speißt, mich besuche, damit ich ihm klagen könne, seit was für einer Ewigkeit ich Sie nicht gesprochen habe, wie sehr ich über das Wetter seufze, das mich noch hindert, Sie zu sprechen, und wie sehr ich für den vergnügten Abend büßen müssen, da ich zum letztenmale bey Ihnen war, und in dem grausamen Sturme nach Hause gieng. An allen diesen kann Ihnen freylich nicht viel liegen; Aber ich will Herr B ** zugleich fragen, wie der Papa sich befindet? Wie Sie allerseits sich befunden? Ob Sie, mein liebes Lorchen, noch meine Freundinn sind? Und an allen diesen liegt mir gar zu viel. ꝛc.

R.

An Herrn Secretär B**.

Ich wollte wünschen, daß Sie diesen Brief meiner Freundschaft allein zu danken hätten; Aber Sie haben ihn, ich will es nur aufrichtig gestehen, mehr dem uneingeschränkten Gehorsame zu danken, zu welchem mich, wie Sie wissen, unsere Freundinn gewöhnt hat. Schon sehr spät gestern Abends sprach ich sie. Das will ich Ihnen nur sagen, rief sie mir entgegen, daß sie mit der morgenden Post an Herrn B** schreiben — verstehen Sie mich? Ich machte vor Angst Sie so ungeschickte demüthige Verbeugung, wie ein angehender Recroute, welchem sein regierender Corporal zum erstenmale mit dem Stocke in der Hand, Gehorsam predigt. Ohne mich aufzuhalten, wollte ich nach Hause gehen, und an Sie schreiben; Aber ich mußte noch da bleiben, nicht, weil man meine Gegenwart wünschte, sondern weil man mich wollte empfinden lassen, wie sehr man Herrn B** vermisse. Nur von Herrn B** ward mit mir gesprochen. Wo muß er itzt wohl seyn? — der arme B** hat garstiges

Wetter gehabt — er war noch gestern Abends bey uns, und nahm Abschied — er wird diese Nacht frieren, der arme B**. Es wird meinem Vater recht einsam seyn — aber binnen acht Tagen kömmt er wieder, der gute B**. Was soll ich zu alle dem sagen? Wären Sie allein gefahren, so hätte ich Ihnen in diesem Augenblicke gewünscht, daß Sie bis an die Achsen wären im Kothe stecken blieben: Aber ich war billiger; um mich einzuschmeicheln, nahm ich ein Glas, und trank Ihre Gesundheit; ·· = O! ja, er soll leben der ehrliche B** rief unsere Freundinn; — und weil nicht gleich ein Glas da war, so risse sie mir das meinige aus der Hand, und trank Ihre Gesundheit.

Sagen Sie mir doch, mein Herr, war denn über meiner Reise nach S... auch ein solches Spektakel? Wohl schwerlich; wenigstens schrieb niemand an mich, bis ich ein paarmal geschrieben hatte.

Wahrhaftig die Probe ist zu harte. Sie sind ein ganz hübscher feiner Mensch, haben auch ein ehrliches Herz. Aber das sehe ich doch auch wahrhaftig nicht, warum man über einen hübschen feinen ehrlichen Menschen, den man in vier und zwanzig Stunden nicht gesehen hat, einen solchen Lärmen, auf meine Unkosten macht? Ich will mich nicht weiter erklären, aber man hat Exempel, daß hübsche feine Menschen auf der Gasse todt gefunden worden sind.

Ich wollte, daß ich im Stande wäre, nur auf einen Augenblick Ihr Freund nicht zu seyn; ich wäre es itzt gewiß nicht, so sehr bin ich aufgebracht. Melden Sie mir, wie Sie gereiset sind? Wie Sie Sich befinden? Wenn Sie wieder kommen? Ich werde Ihrer Beschützerinn Nachricht davon geben. Vielleicht entwischt ihr eine freundliche Miene, die ich außerdem vor Ihrer Rückkunft nicht erwarten darf. Empfehlen Sie mich Ihrer vornehmen Gesellschaft unterthänig. Lorchen läßt an die Fräulein von P * * ihr ergebenstes Compliment machen, und ihr tausend Vergnügen, und eine vollkommene Gesundheit wünschen. Der letzte Wunsch hätte wohl mögen wegbleiben, denn die Hypochondristen sind sehr unzufrieden, wenn man ihnen ihre Hypochondre nimmt. Ich dächte, das wüßte Lorchen am besten. Leben Sie wohl, mein lieber B**. Denken Sie an uns arme Gefangene in Dresden, und bleiben Sie mein Freund, damit Ihre Vormünderinn den geringsten Vorwand nicht habe, meine Freundinn nicht zu bleiben.

R.

Am 3. May, 1759.

Hätten Sie wohl jemals Ihrem Freunde den herzhaften Entschluß zugetraut, daß er sich aus freyem

Willen zum Aderlaſſen entſchließen ſollte? Sie kön‐
nen daraus urtheilen, wie heftig ſeit vorgeſtern mein
Schmerz geweſen ſeyn muß. Dieſer iſt alſo der
fürchterliche Tag, an welchem mein Blut fließen ſoll:

> The dawn is over‐caſt, the Morning low'rs,
> And heavi ly in clouds brings on the day,
> The great, th'important day, big, with the bloud
> Of Rabener ——
> - - - - -

prächtig genug klingt das, aber es iſt nicht wahr;
denn ſeit langer Zeit habe ich keinen ſo heitern Mor‐
gen geſehen, entweder der Himmel hat eine Freu‐
de über meinen Entſchluß, oder nimmt ſich die
Mühe nicht, über mich zu trauren. Noch zur
Zeit bin ich voller Muth, und habe auch heute
ziemlich gut geſchlafen ‒ ‒ ‒ es ſchlägt achte! Da
kommen meine blutdürſtigen Helfer —— Pfuy ‒ ‒ ‒
gleich meine Herren! Adieu, adieu, Lorchen! —
Nun war es vorbey. Dem Himmel ſey Dank,
glücklich vorbey! Ich habe vielleicht in etlichen Wo‐
chen ſo viel nicht geſcherzt, als heute, während des
Aderlaſſens. Einmal wäre ich faſt ohnmächtig ge‐
worden; aber ich dachte an Lorchen, und ward gleich
wieder munter. O! laſſen Sie nun auch zur Ader.
Es iſt gar zu hübſch, ſchmerzt nicht, und man wird
bald wieder geſund. Es iſt mir lächerlich, daß ich
mich habe ſo fürchten können. Etliche Tage werde
ich mich gedulden müſſen, ehe ich Sie ſprechen kann.

Etliche schreckliche lange Tage! Ich soll in etlichen Wochen kein Fleisch essen, und was noch schlimmer ist, keinen Wein trinken! Nicht zu essen, nicht Wein zu trinken, und Lorchen nicht zu sehen, das ist eine grausame Diät. Ich empfehle mich Ihnen und Ihrem ganzen Hause gehorsamst. Leben Sie recht wohl, so werde ich desto geschwinder gesund.

R.

G**, den 14. May, 1759.

Sehen Sie, mein liebes Lorchen, wie sehr ich mich an Sie gewöhnt habe. Aber Sie sind selbst Schuld daran. Hätten Sie mir nicht die gütige Erlaubniß seit geraumer Zeit gegeben, Sie alle vier und zwanzig Stunden, wenigstens sechs Stunden zu sprechen, und hätten Sie nicht mit so freundschaftlicher Gütigkeit meinen Zuspruch angenommen, daß Sie von diesen sechs Stunden wenigstens sechs Minuten heiter und gefällig gewesen; so würde mir der gestrige Tag, an welchem ich Sie nicht gesehen und nicht gesprochen, nicht so unerträglich lang geworden seyn, und Sie wären wenigstens acht Tage noch vor meinen Briefen sicher gewesen. Aber nun haben Sie schon einen Brief, und der Himmel weis, ob ich nicht morgen mit Anbruch des Tages den zweyten, durch einen reutenden Boten absende, um Ihnen von meiner Gesundheit, von meinem Verlangen, Sie wieder zu sehen, von meiner Freundschaft und von tausend solchen Kleinigkeiten, die nur mir allein wichtig seyn können, und Ihnen ganz gleichgültig seyn müssen, Nachricht zu geben. Wie ist Ihnen denn gestern die kalte Hofluft bekommen? was sagte die Churprinzeßinn? Was die andern? Werden Sie spielen müssen? Wann? Was? Was macht Ihre Colik? was der Kopfschmerz? was Ihr eigensinniger Magen? und der italiänische Zopf? was macht er? Sehn Sie, mein liebes Lorchen, alles das frage ich Sie so in einem Odem weg, um Ihnen Stoff genug zu geben, mir bald und recht viel zu antworten. Denn auf dasjenige zu antworten, was ich im Eingange dieses Briefs geschrieben habe, wird Ihnen grausam sauer werden, da Sie es beynahe nicht würden vermeiden können, mir etwas verbindliches, und fast noch mehr als freundschaftliches zu sagen. Eine Sache, vor der Sie Sich, so lange ich Sie kenne, immer sorgfältig gehütet haben, wenigstens bey mir Sich immer gehütet haben. Unserer guten Babet empfehlen Sie mich aufs beste, und sagen Sie ihr in meinem Namen alles, was Sie glauben, daß ich ihr sagen würde, wenn ich an sie selbst schreiben dürfte. Aber machen Sie von dieser Commission keinen boshaften Gebrauch. Leben Sie wohl, meine beste Freundinn, und denken Sie an mich, wenigstens in den leeren Augenblicken, wo Sie

nicht

nicht im Stande sind, etwas wichtigers zu denken. Ich küsse Ihnen die Hände.

Rabener.

S**, am 8. Junii, 1759.

Ich weis nicht, wie das zugeht, mein liebes Lorchen; seit drey Tagen schon habe ich an Sie schreiben wollen, und seit drey Tagen auch, habe ich mich nicht entschließen können, was ich eigentlich an Sie schreiben soll. Daß ich mich wohlbefinde, ist ganz gut, aber für Sie eben nicht der wichtigste Umstand. Daß ich Ihr wahrer und aufrichtiger Freund bin: das habe ich Ihnen in meinen beyden letzten Briefen, und im Tagebuche, auf allen Seiten und so oft gesagt, daß ich es kaum wagen darf, es Ihnen noch einmal zu sagen; daß ich von ganzem Herzen wünsche Sie bald wieder zu sprechen, das versteht sich ohnedem: Was soll ich Ihnen nun schreiben? Ich habe immer noch, aber immer vergebens, auf eine Antwort von Ihnen gehoffet. Vielleicht hätte ich darinne Stoff gefunden, mich mit Ihnen zu zanken, und manchmal zankt es sich mit Ihnen recht hübsch; aber auch das Vergnügen haben Sie mir nicht gegönnet. Werfen Sie mir das nicht vor, daß ich Ihnen auf Ihren Brief vom ersten dieses noch nicht geantwortet habe. Sie haben seit dem noch einen Brief, und mit selbigem sieben Briefe im Tagebuche von mir erhalten. Hätten diese nicht ein paar Zeilen verdient? Nun weis ich noch die Stunde nicht, wie Sie dieses Tagebuch aufgenommen haben. Denn was B** mir geschrieben hat, das kann ich für eine Antwort von Ihnen unmöglich annehmen, da das Tagebuch nicht an B** gerichtet war, da B** nicht Ihr Vormund ist, und also keinen Beruf hat, in Ihrem Namen zu reden, da er von Ihnen niemals anders, als mit Beyfalle und Bewunderung spricht, welches mir manchmal gar zu schmeichelhaft vorkömmt; mit einem Worte, da ich von Ihnen über diese Materie einen Brief zu erhalten wünschte, und nicht von B**. Um des Himmels willen, meine liebe Freundinn, muthen Sie mir nicht zu, daß ich Ihr Stillschweigen für einen Beweis annehmen soll, daß Sie meine Rückkunft wünschen! Für Sie ist dieser Beweis gar zu bequem, und ich verliere darbey gar zu viel, da ich Ihre Briefe verliere. Es ist viel natürlicher, daß ich aus Ihrem Stillschweigen schliessen muß, Lorchen habe Ihren entfernten Freund vergessen, oder welches bey nahe noch schlimmer wäre, Lorchen sey gegen mich gleichgültig geworden. Das Unglück würde ich gewiß nicht überleben, oder wenn ich es auch bey meiner guten Natur wider Vermuthen überleben sollte, so würde ich mich doch selbsten aus Dresden verbannen, und was soll daraus werden? Allem diesem

Unglücke können Sie vorkommen, wenn Sie bald
an mich schreiben. Ich bitte Sie darum, und küsse Ihnen die Hände.
Rabener.

S**, am 11. Junii, 1759.

So krank und gebrechlich auch Ihr Postscript klingt,
und so kurz es ist; so verdient es doch einen ganzen
Brief zur Antwort, weil es ein Postscript von Ihnen, mein liebes Lorchen, ist. Der verwünschte
Kopfschmerz! ich sehe es schon, der bleibt mein
geschworner Feind. Um wie vieles Vergnügen hat
er mich schon gebracht! Gestern werden Sie meinen Brief erhalten haben; mit der itzigen Gelegenheit sende ich an meinen Freund R. diesen Brief,
nebst einem neuen Theil der Bibliothek der schönen
Künste und Wissenschaften. Herr Weisse hat mir
geschrieben, daß ihm nunmehr die Aufsicht über
dieses Journal aufgetragen worden. Die Tragödie,
die Sie kennen, wird er mit noch ein paar andern
Stücken besonders drucken lassen, worauf ich mich
freue. Bey der Gelegenheit hat er mir die neue
Auflage von seinen scherzhaften Liedern geschickt.
Da ich mich erinnere, daß einige Lieder Ihnen
gefallen haben, so nehme ich mir die Freyheit, Ihnen dieselben in Ihre Bibliothek zu geben. Sie
können nicht immer Iliaden lesen, Sie müssen Sich
auch mannigmal zu anakreontischen Tändeleyen her-

ablassen, und Sich zwingen, das, was Ihnen nicht gefallen kann, dem Verfasser zu verzeihen, weil er mein Freund ist, und exemplarischer lebt, als er schreibt. Wie weit sind Sie mit den Summarien der Iliaden? vermuthlich schon längst fertig, es müßte Sie denn der Kopfschmerz gehindert haben.

Empfehlen Sie mich Ihrem ganzen Hause, und besonders dem Papa, dem ich für den heute erhaltenen Brief verbundenst danke. Gehört B** auch zu Ihrem Hause? Ich dächte fast. Ihre Babet versichern Sie meiner Hochachtung, so oft Sie dazu Gelegenheit haben. Endlich habe ich heute meine Cur angefangen, um auf Johanne recht gesund zu seyn, wann ich das Vergnügen wieder habe, Ihnen die Hände zu küssen. Leben Sie gesund, vergnügt und ohne Kopfschmerzen! das wünsche ich aus Eigennutz, denn wenn Sie ohne Kopfschmerzen leben, so werde ich in vierzehn Tagen neun Briefe von Ihnen bekommen.

Millionen tausendmal küsse ich Ihnen die Hände, meine kranke und faule Freundinn.

R.

Freylich schon wieder einen Brief von Rabenern! Zwar bekommen Sie erst heute Mittags nach 12 Uhr meinen Brief vom 11ten dieses, durch den Herrn N**, und itzt früh um 10 Uhr sitze ich schon wieder hier, und schreibe von neuem an Sie, mein liebes Lorchen. Aber was kann ich denn dafür? Kein Mensch ist schuld daran, als Sie; wie gesagt, nur Sie, sonst kein Mensch. Warum ist Ihr Brief, den ich eben itzo von der Post bekommen, so freundschaftlich und so vortrefflich geschrieben? Wahrhaftig, Sie haben mir mit diesem Briefe eine große Freude gemacht. Ich sehe daraus, daß Sie gesund, ziemlich vergnügt, und was für mich das wichtigste ist, noch meine Freundinn sind. Und alles dieses sagen Sie mir mit einer gewissen Heiterkeit, die Ihnen eben nicht alltäglich ist, und Sie allemal doppelt liebenswürdig macht.

Mit Ihren Kopfschmerzen ist es also wirklich Ernst gewesen? Armes Lorchen! Haben Sie wohl Hoffnung, einige Tage so ruhig zu seyn, daß, wie Sie schreiben, sich die noch übrige große Leere und Schwachheit verliere? Ich erinnere mich nicht, Sie oft ruhig, und am wenigsten etliche Tage ruhig gesehen zu haben. Aber eben besinne ich mich, daß Sie niemals ruhiger sind, als wenn Sie mich sechs Meilen von Ihnen entfernt wissen. Machen Sie Sich diese Zeit zu Nutze; diese glückliche und gesunde Gemüthsruhe möchte nicht lange mehr währen, denn gegen Johannis, wenn Sie es nicht ungütig nehmen, denke ich wieder bey Ihnen zu seyn. Und da ist zu den traurigen Kopfschmerzen, der großen Leere, und der verdrüßlichen Schwachheit immer noch Zeit genug. Haben Sie denn im Ernste eine Fortsetzung des Tagebuchs erwartet? Bey aller meiner natürlichen Eigenliebe, war ich doch so hochmüthig nicht, es für Ernst zu halten, und ihr langes Stillschweigen über diesen Punkt war schon Ursache genug, mich stumm und demüthig zu machen. Ich habe mir also Gewalt angethan, es nicht fortzusetzen, ungeachtet mich solches unendliche Ueberwindung gekostet: da dieses Tagebuch meine tägliche Unterredung mit Ihnen war, und mir zu meinem Vergnügen in S**, nichts fehlt, als ein Freund, mit dem ich von Lorchen reden kann.

Es ist mir recht lieb, daß Sie unserer guten einsamen Babet das Tagebuch geschickt haben, denn unmöglich kann sie es durchlesen, ohne wenigstens einmal an mich zu gedenken, und das ist alles, was ich wünschen kann.

Grüßen Sie diese gute Freundinn tausendmal von mir! Heute also sind Sie bey Hofe; Sie haben doch die Gefälligkeit, und melden mir in Ihrem nächsten Briefe etwas davon? Sie schreiben, Sie müßten wieder nach Hofe kommen! Ist das seit meiner Abwesenheit schon einmal, außer dem Gallatage, geschehen? B** werde ich keine Strafpredigt halten, er ist gestraft genug, wenn er in Ihrer Gesellschaft unzufrieden seyn kann. Ich habe am Sonntage einen Brief an B** mit einem

Inschlusse an Sie gesendet, und in D... Hause abzugeben darauf geschrieben, um dessen Bestellung zu beschleunigen; Gleichwohl bekomme ich von B** keine Antwort, und im Briefe vom Montage nicht die geringste Nachricht, ob Sie und B** diese Briefe bekommen haben. Wie geht das zu? Lassen Sie sich doch auf der Post erkundigen, und erinnern Sie B** an mich, vielleicht antwortet er mir.

Ich? Ihren Brief zerreißen? Nimmermehr folge ich Ihnen darinne! darzu ist er mir viel zu lieb. Aufheben will ich ihn, für meine Enkel und die ganze Nachwelt will ich ihn, als ein Heiligthum aufheben, und verflucht sey der Wurm, der ihn fressen will. Leben Sie wohl, und lieben Sie Ihren Freund

Rabener.

S**, am 13. Junii, 1759.

S**, am 14. Junii, 1759.

Bis hieher wäre ich also, meine beste Freundinn; aber mein böses Gewissen, wegen des so gröblich gemißbrauchten Urlaubs, verstattet mir nicht, eher nach Dresden zurück zu kehren, bis ich von Ihnen die schriftliche Versicherung erhalten, daß Sie mir diesen Ungehorsam verziehen haben. Ich könnte zwar verschiedenes zu meiner Entschuldigung, und das nicht ohne Grund anführen; aber ich will diese Verzeihung bloß Ihrer großmüthigen Freundschaft, und nichts davon der Gerechtigkeit meiner Sache zu danken haben. In Ihrem nächsten Briefe, dem ich mit unruhigem Verlangen entgegen sehe, können Sie mir nichts wichtigeres und erfreulichers sagen, als die Versicherung, daß Sie unverändert meine Freundinn sind, und Sich gesund, vergnügt, ohne Kopfschmerzen, Colik und Eigensinn befunden haben.

Dem Herrn Papa, dem ganzen Hause, und allen Freunden, empfehle ich mich aufs beste; ich würde an den Papa selbst geschrieben haben, wenn ich nicht von meiner nächtlichen Reise zu müde wäre. Der Herr Professor Gottsched und seine Frau lassen sich Ihnen besonders empfehlen, und hoffen, Sie werden die übersendeten Musikalien erhalten haben 2c. 2c. Mündlich erzähle ich Ihnen von allen diesen noch mehr; beyliegenden gedruckten Zeddel sende ich Ihnen, damit Sie Sich einen kleinen Begriff von dem N**ger Geschmack machen können.

Niemand kann die Babet freundschaftlicher grüßen, als Sie, darum bitte ich, es in meinem Namen zu thun. Wie sehr wünsche ich, es bald selbst zu thun, und Ihnen, mein bestes und schlimmes Lorchen, die Hände zu küssen.

Rabener.

S**, am 16. Junii, 1759.

Da Sie mir gütigst die Erlaubniß gegeben haben, auf einige Wochen nach S** zu verreisen; so bitte gehorsamst um Verlängerung dieses Urlaubs, weil ich mich genöthiget sehe, nach Leipzig, und vielleicht noch weiter zu gehen. Ich hatte mir vorgesetzt, künftige Mittewoche mit dem frühesten aufzubrechen. Weil Sie mich aber gewöhnt haben, ohne Ihr Vorwissen und Ihre Vergünstigung nicht einen Schritt zu thun; so erwarte ich mit der künftigen Montags-Post Ihre Befehle, und eine genaue Bestimmung der Zeit, wie lange ich noch außen bleiben darf. Ich werde sodann nicht eine Minute länger bleiben, und wenn ich den Coffre auf den Buckel nehmen, und zu Fuße bis an das weiße Thor gehen sollte.

Sie können urtheilen, wie dringend meine Reise seyn muß, da ich mich dadurch des gehoften Vergnügens berauben lasse, Ihnen auf Johanne aufzuwarten.

Empfehlen Sie mich, wenn ich bitten darf, den Ihrigen allerseits gehorsamst. Unter die Ihrigen gehört wohl auch Ihre Babet.

Also auf den Montag antworten Sie mir gewiß auf meine Briefe, vom 10ten, 13ten, 16ten Junii. Ich bin Ihr aufrichtiger Freund, und demüthigster Knecht. *Rabener.*

P. S.

Heute Abends erwarten wir hier den Minister ***k. Ich wollte, daß wir unsern Freund B** erwarteten, ich würde mich mehr drauf freun; und wenn wir vollends --- o! daran darf ich gar nicht einmal denken.

S**, am 18. Junii, 1759.

Sie sind ein allerliebstes boshaftes Lorchen. Diesen Morgen lag ich noch im Neste, als mein Bedienter mir acht Briefe von Ihnen brachte. So eine Freude, als ich darüber hatte, kann kaum ein Kind haben, welches früh beym Erwachen, den so lange gehoften heiligen Christ auf dem Bette findet. Ich entwickelte einen Umschlag nach dem andern, und bey dem achten war ich sehr unzufrieden, daß er schon der letzte war. Eine ganze Stunde länger, als ich es sonst gewohnt bin, blieb ich im Bette liegen, um Ihre Briefe recht ungestöhrt und ruhig durchzulesen; und ich bin itzt nur um deswillen aufgestanden, damit ich Ihnen gleich antworten könne. Es soll nach der Ordnung geschehen, wie sie vor mir liegen, und wie ich glaube, daß sie von Ihnen geschrieben sind.

Ad 1. Ich freue mich über das Vergnügen, das Sie am 14ten in Ihrem Garten genossen, und doppelt freue ich mich, daß Sie meine Gesundheit getrunken. Ich bewundere Ihre Philosophie! Wer hätte glauben sollen, daß der Besuch von dem Kaufmann R** Ihnen den weisen Seufzer auspressen können, daß nichts vollkommenes in der Welt sey. Oder fiel Ihnen diese Sentenz nur dabey ein, daß Sie mitten in Ihrem Vergnügen durch das Trinken auf meine Gesundheit gestört worden? Erklären Sie Sich darüber, denn Ihr Brief erklärt sich nicht deutlich genug.

Ad 2. Die Hof-Nachrichten von der Mittwoche,

geben Sie mir in einem ziemlich trockenen Zeitungs-
stile; und der Schluß, daß Sie mein Glück beneiden, ist der wichtigste. In der That bin ich hier
so glücklich, als man es ohne Lorchen seyn kann.

Ad 3. Die beste Babet! Wie freue ich mich, daß
sie einen Abend mit Ihnen hat ungestört seyn können. Ich weis gewiß, Ihr ist das lieber gewesen,
als die artige Galanterie von ihrem süßen P**.
Grüßen Sie doch die liebe Gevatter tausendmal
von mir! Also wird aus meinem Wunsche, ihre
beyderseitigen Briefe selbst zu bestellen, nichts? Es
geht doch alles wider meine Wünsche. Was für
einen glücklichen Beruf hätte ich gehabt, wenn ich
früh einen Brief von der Lorchen und Abends eine
Antwort von der Babet hätte abholen können! Umsonst hätte ichs auch nicht thun dürfen, denn von
Ihnen hätte ich das Lohn bekommen, und die Babet hat ein viel zu mitleidiges Herz, als daß sie
nicht auch für einen Theil meiner Kleidung würde gesorgt, und mir wenigstens eine abgesetzte Kleidung zugeworfen haben. Und wäre auch alles dieses
nicht gewesen, so bin ich doch ehrgeizig genug, ein
so wichtiges Amt umsonst zu verwalten. Denn das
Vergnügen, die Lorchen und Babet alle Tage einmal zu sprechen, geht über alle Besoldung, und
über allen Rang, den auch die ansehnlichsten Eh-
renstellen und Aemter mit sich bringen.

Ad 4. Was ist das für eine höhnische Frage, die

Sie an mich thun? Ich kann eine Person vielleicht binnen vier Jahren noch nicht vollkommen ausgelernt haben, und doch so viel gutes, und so viele liebenswürdige Vorzüge an ihr finden, daß es unrecht seyn würde, diese nicht zu bewundern. Und diese Person kann einige Fehler haben, die um deswillen Tadel verdienen, weil man bey einer so vollkommenen Person gar keine Fehler erwartet. Vielleicht hat sie noch ein paar Fehler, und unendlich mehr Tugenden, als ich in vier Jahren an ihr entdeckt: soll ich deswegen nicht über sie urtheilen, sie nicht eher loben, und tadeln, als bis ich auch den geringsten Fehler an ihr ausgespähet, und alle ihre Vorzüge zu bewundern, Gelegenheit gefunden habe? Denn z. E. Sie, mein liebes Lorchen ... aber ich muß zum 5ten Briefe eilen.—

Ad 5. Von dem überschickten Buche urtheilen Sie weit nachsehender, als es mein Freund verdient. Zu seiner Demüthigung soll er Ihren Brief lesen, so bald ich nach Leipzig komme. Wie gefährlich können Sie schmeicheln, wenn Sie wollen! Von meinem Tagebuche urtheilen Sie so vortheilhaft, daß ich vor Hochmuth ganz schwindelnd werden würde, wenn Sie nicht die demüthigende Vorsicht gebraucht hätten, mitten unter den witzigen, den aufgeweckten, den mir eigenen, den boshaften, den schmeichelhaften, den rabenerischen, nicht eine kleine Sylbe von den freundschaftlichen zu gedenken.

Denn wenn Sie mir den prächtigen Titel eingestehn, daß ich Ihr Freund sey: so bin ich darauf unendlich stolzer, als auf allen Witz.

Ad 6. Das ist mir doch von B * * ganz unbegreiflich; ich habe ihn selbst gebeten, daß er von meinem Aufbefinden Ihnen mündlich Nachricht geben möchte.

Und also ist Ihr Kopf noch nicht, wie er seyn soll? Das sagen Sie wohl mir, um mich zu ängstigen? Am Sonnabend habe ich meine Cur mit dem Bitterinwasser beschlossen. Den Nutzen muß ich davon erwarten. Gestern Abends überfiel mich mein alter Schmerz mit einemmale wieder so heftig, daß ich Abends auf meinem Zimmer ohne Speise und Trank bleiben mußte, und eine sehr unruhige Nacht hatte. Wie ich mich diesen Morgen befinde, weis ich in der That nicht. Ich habe noch nicht Zeit gehabt, an mich zu gedenken, da ich von früh 6 Uhr bis itzt halb 10 Uhr nur an Lorchen gedacht habe. Und dieses Vergnügen will ich so spät, als möglich, unterbrechen.

Ad 7. Es ist schon genug, daß Sie meine Briefe vom 8ten und 11ten erhalten haben, ich bitte Ihnen alle ungerechte Vorwürfe, die ich Ihnen gemacht habe, und ferner machen werde, demüth'g ab, und küsse Ihnen die Hände, bis Sie mir es vergeben haben.

Ad 8. So ist auch mein letzter Brief richtig eingegangen, und von Ihnen gütig aufgenommen worden! Wie glücklich bin ich, daß ich eine so gütige Freundinn habe, die mir alle mein freundschaftliches Gewäsche mit so viel Nachsicht vergiebt. Meinen gestrigen Brief werden Sie nun auch bekommen haben, und mir diesen Vormittag vermuthlich ein paar Zeilen antworten, die ich Morgen früh bekomme. Wie ungnügsam bin ich! Den Augenblick erst acht Briefe, und schon hungert mich nach dem neunten. Leben Sie auf heute wohl.

Den übrigen Raum hebe ich für die morgende Antwort auf.

Den 19. Junii, 1759.

Nein. Gewiß werde ich den Urlaub nicht mißbrauchen. Eine längere Abwesenheit von Ihnen kann ich ohnmöglich ausstehen, und das Vergnügen, welches ich sonst von der vorhabenden Reise erwarten könnte, würde mir sehr verbittert werden, wenn ich genöthiget werden sollte, meine Rückreise weiter zu verschieben, als ich es ausgerechnet habe.

Ich bitte mich Ihrer Familie bestens zu empfehlen. Leben Sie, bis zu meiner Rückkunft, gesund, hernach wird weiter Rath werden. Ich küsse Ihnen die Hände, bestes Lorchen.

R.

Am 22. Junii, 1759.

Damit es unserer fleißigen Babet nicht, während meiner Abwesenheit, an Nahrung für Ihre Lehrbegierde fehlen möge, so sende ich für dieselbe den englischen Zuschauer.

Ich hoffe von Ihnen, mein liebes Lorchen, noch heute mündlich Abschied zu nehmen, da ich morgen früh abzureisen denke, woferne mich mein böses Auge nicht zurück hält. Aber von Ihnen meine Babet, wie unglücklich bin ich, von Ihnen, darf ich mündlich nicht Abschied nehmen. Tausendmal küsse ich Ihnen in Gedanken die Hände, und empfehle mich Ihrer Freundschaft, die mir alle Tage schätzbarer wird, und wünsche, Sie und Ihr ganzes Haus gesund und vergnügt wieder zu finden.

Ich darf es nicht sagen, mit was für schwerem Herzen ich von Ihnen und von der Lorchen reise, wie unruhig ich mitten in meinem vergnügten Landleben an zwo abwesende, so liebenswürdige Freundinnen denken werde, wie traurig mir die Stunden, Abends von 6 bis 8 Uhr seyn werden, da ich nicht bey Lorchen seyn, mit ihr mich nicht zanken, und nicht mit ihr von unserer guten besten Babet reden kann: das alles darf ich nicht sagen, sonst spricht Lorchen wieder mit ihrer grausamen Frostigkeit, das sey getändelt. Ja, meine Babet, das sagte Lorchen gestern; so gleichgültig ist sie gegen meine Freundschaft, aber sie ist nur gegen meine Freundschaft so. Leben Sie wohl mein gutes Lorchen, leben Sie ewig wohl, meine gute Babet! Wie glücklich bin ich, wenn Lorchen und Babet mich nicht vergessen, mich, Ihren aufrichtigen Freund

R.

An Herrn Cramer.

Leipzig, am 7. May, 1752.

Sie werden meinen Brief vom 4ten dieses, nebst dem dritten Theile meiner Schriften bekommen haben. Ich versprach damals weitläuftiger zu schreiben, und itzt will ich dieses Versprechen erfüllen. Der Verleger wird Ihnen das neue Stück der vermischten Schriften gesendet haben. Die Abhandlung der moralischen Nachahmung hat mir sehr wohl gefallen. Die Ode an Herrn Sucro nicht ganz, ob sie schon so rührend ist, daß sie einem betrübten Wittwer Thränen kosten muß. Wollen Sie wissen, warum sie mir nicht gefallen hat? Ich weis es selbst nicht recht. Vielleicht kömmt es daher, daß ich dieser neuen Versart überhaupt nicht recht gut bin; vielleicht auch daher, daß gewisse Redensarten Klopstocken zu eigen sind, und in dem Munde eines andern zu gezwungen, und zu nachahmend klingen. Das:

> Schläft sie zu Gott hin;

ist ein Ausdruck, der mich ehedem betäubt hat, und nun glaube ich kaum, daß er richtig gedacht sey. Kann ich dahin schlafen, so kann ich auch einher wachen. Kurz, wenn wir, wie ich allenfalls wünsche, diese Versart und die Gedichte ohne Reime

allge-

allgemeiner machen wollen; thäten wir nicht besser, wir beobachteten außer dem Wohlklange, auch die Reinigkeit der Sprache aufs sorgfältigste, so wie sie von Ihnen selbst, und im Jünglinge, * auch sonst ** beobachtet ist? Erschrecken Sie denn nicht über meine Verwegenheit, da ich mich wage, eine Ode zu tadeln, die Ihnen wegen Ihres einsamen Freundes, und der verlornen Freundinn, so vorzüglich lieb seyn muß? Und tadle ich nicht zur Unzeit, da ich Sie wider meine Satiren reize, in denen vieles steht, das Ihnen nicht gefallen kann, weil Sie ein Amt und solche Beschäfftigungen haben, die Sie Ihres Witzes und Ihrer Lebhaftigkeit unerachtet, wider gewisse Ausdrücke aufbringen muß, die ich bey manchem Charakter für unentbehrlich halte, und die sie nur in der englischen Sprache schön, in der deutschen zu niedrig finden. Mit der Kritik von der geistlichen Epopee legt der Probst, oder Consistorialrath in Berlin gewiß mehr Ehre ein, als die meisten dererjenigen, die für die Messiade bisher gekämpft haben. Nur der Schluß hätte bitterer seyn sollen. Ein solcher Einfall, wie ihn N** loser Freund gehabt hat, würde bey einem muthwilligen Tertianer die Ruthe verdienen; verdient er bey Sr. Magnificenz nicht zum wenigsten einen

---

* Z. E. Im Jünglinge, das 22. 35. und 43. Stück.
** Das Muster von allen, siehe in Utzens Gedichten.

amtsmäßigen und empfindlichern Verweis?* Aber auch bey dieser Kritik muß ich etwas tadeln. Der Herr Probst hat sich einen Ausdruck angewöhnt, der schön ist, wenn er selten kömmt, ekelhaft, wenn er oft wiederholt wird, und lächerlich, wenn er gar falsch gebraucht ist. Es ist das Wörtchen ein; wenn ich sage, Ich wünsche meinem besten Freunde das wesentliche Vergnügen, daß er, wie ich es genossen, mit einem Cramer, einem Gisele, einem Klopstock, unter einem Dache wohne, so wünsche ich ihm auf eine rednerische Art etwas Gutes; denn ich rede von dem Charakter dieser drey Freunde, und wünsche ihm die Gesellschaft, eines gelehrten und redlichen Mannes, wie Cramer, eines lebhaften Mannes, wie Gisele, eines muntern und starck empfindenden Mannes, wie Klopstock war. Sage ich aber: Ich habe mit einem Cramer, einem Gisele, einem Klopstocke unter einem Dache gewohnt; anstatt, daß ich sagen will: Ich habe mit Cramern, Giseken und Klopstocken unter einem Dache gewohnt; so ist dieser Ausdruck meines Erachtens ganz falsch, und desto unerträglicher, weil er steif und affektirt ist. Diesen Fehler hat, deucht mich, der Herr Probst oft begangen, und ich würde die widrige Empfindung, die ich dabey gehabt, Ihnen deutlicher und bitterer zu Tage legen, wenn ich mich nicht scheute, etwas für einen Fehler auszugeben, das der Herr Probst, mit dem fortgesetzten Bossuet des

* Siehe diese unglückliche Stelle im Neuesten der Gelehrsamkeit ꝛc. im Jenner, des 1753. Jahres.

Herrn Oberhofprediger Cramers so sehr, gewiß gar zu
e hr gemein hat.

Ey! Ey! Ey! Wie wird es meinen armen satirischen Briefen gehn! Wie unvorsichtig bin ich, daß ich
so muthwillig reize. Die Ode von den Schicksalen der
Religion ist vortrefflich. Die Abhandlung von Saint
Real, ist lesenswerth, nur damit bin ich nicht zufrieden, daß sie eine Uebersetzung ist. Ich möchte nicht
gerne, daß zu oft, und zu lange Uebersetzungen in die vermischten Schriften kämen. Aber wer soll ... Gut!
Sie haben Recht: aber ich auch. Ich bin ein aufrichtiger Freund von Ihnen und Ihrer Frau, die Sie in
meinem Namen grüßen sollen. Leben Sie wohl.

Rabener.

Quedlinburg, den 14. August, 1752.

Ich hätte mir gar nicht eingebildet, daß ich in der ganzen Zeit, von Pfingsten her, weiter nichts, als eine Note
von den Briefen, die Sie an mich geschrieben haben,
und anderthalb Horazische Verse zum Verweise bekommen würde, mich an meinen lieben Rabener erinnern
zu können. Ich habe mir so gar weiß gemacht, daß ich
in dem Possetz wäre, Ihnen wegen Ihres langen Stille-
schweigens Vorwürfe zu machen. Denn ich habe Ihre
beyden Briefe beantwortet; ich habe mich in einem
Briefe, besonders wegen Ihrer Critik der vermischten

Schriften, theils gerechtfertigt, theils für schuldig erkannt; und in dem andern Briefe Ihnen von C** geschrieben, daß er mich besucht, und den ernstlichen
Entschluß gefaßt hätte, an Sie sehr weitläuftig zu schreiben. Sind also diese beyden Briefe verloren gegangen?
Das müssen sie freylich seyn; aber, wenn sie auch nicht
verloren wären: so müßten Sie doch auch nicht so
scharf mit Ihrem C** rechnen, und hätten auch wohl,
wie er wohl öfter gethan hat, seit dem neunten May
1752 einmal eher an mich schreiben können. — Daß
Sie nun gar auf den ungerechten Verdacht gefallen
sind, ich möchte mich von Ihrer Critik beleidigt gefunden haben, das ist ganz unverzeihlich. Hören Sie
doch, mein liebster Rabener, wie lange ist es denn,
daß Sie mich kennen? Ist Ihnen das Unglück schon
oft begegnet, daß ich einer Kritik wegen, auf irgend
einer unserer Freunde böse geworden bin? Oder haben Sie geheime Urkunden, daß ich, seitdem ich so
unglücklich bin, gar nicht mehr beurtheilt zu werden,
eine so empfindliche Seele erhalten habe? In der That,
ich wünschte mir itzt ein wenig theologische Bitterkeit,
damit ich mich recht böse, wegen eines solchen Ver-
dachts, gegen Sie anstellen könnte. Und ich will es
gewiß im Ernste werden, wo Sie mir nicht bald Brief
und Siegel darüber geben, daß Sie völlig überzeugt
sind, ich könne nie in einen solchen Fehler verfallen.
Ich hätte auch seit Pfingsten an Sie wieder geschrieben,
wenn ich nicht befürchtet hätte, daß Sie mein Brief

nicht in Leipzig antreffen würde. Zum Beweise, wie leicht Sie mich wieder versöhnen können, schreibe ich gleich an Sie, als ich von unserm Freunde den Auszug aus Ihrem Briefcalender erhalte. Sie sind doch mein lieber Rabener. Ich glaube auch, daß Sie mich sehr lieb haben; sonst hätten Sie Sich die Mühe nicht gegeben, den Horaz wider mich zu citiren. Ich will durchaus von Ihnen beurtheilt seyn, und so scharf Sie können. Denn, wo ich Gründe genug habe zu glauben, daß Sie nicht recht haben, widerspreche ich, und folge nicht. Ich bitte Sie auch itzt daß, wenn Sie irgend eine von meinen schon gedruckten Oden lesen, Sie mir alle, Ihnen mißfallende Stellen auf einen Zeddel schreiben sollen, weil ich an Verbesserung und Herausgabe derselben mit der Zeit denken will. Wenn Sie eine neue Ausgabe Ihrer Satiren besorgen müssen, will ich Ihnen den Liebesdienst auch erweisen.

Sie haben doch Ihre Autorschaft noch nicht niedergelegt? Sie hatten vordem allerley ganz artige Projektchen? Sie sind doch nicht aufgeopfert, und in einen neuen Theil Ihrer Satiren kommen doch auch einige neue Arbeiten? 2c. 2c.

2c. 2c.

Quedlinburg, den 2. Octob. 1752.

Sind Sie glücklich von Ihrer verdrießlichen Expedition zurück gekommen? Und sind Sie gesund? Und haben Sie mich auch, ungeachtet Sie selten Briefe von mir erhalten, noch lieb? Sie können so fürchterliche Briefe schreiben, daß ich mir der Langsamkeit wegen, keinen Verweis zuziehen möchte. Dem aber vorzukommen, noch mehr aber um Ihnen zu sagen, daß wir Sie unverändert lieben, schreibe ich itzt, da ich hoffe, daß Sie mein Brief in Leipzig finden werde. So gern ich von Ihnen zu erfahren wünsche, daß Sie gesund sind: so will ich doch noch lieber erfahren, daß Sie zufrieden sind. Ihre beyden letzten Briefe waren so voll Hypochondrie! War es nur Hypochondrie des Körpers? Ist Ihre Seele seitdem heitrer, liebster Rabener? Wunder wäre es nicht, wenn Sie Ihres unruhigen Amts wegen, das Sie so wenig Ihrer selbst, und Ihrer Stunden, mächtig werden läßt, unzufrieden würden. Immer reisen, und immer mit so vielen Unbequemlichkeiten reisen müssen, unterdeß, daß andere, die, weil sie keine Verdienste haben, auch kein Recht zu einem ruhigen und vergnügten Leben haben, für keinen Menschen, als allein ihres Vergnügens wegen in Bewegung sind, das muß endlich auch den allerunverdrossensten zur Last und zum Ekel werden. Ich kann Ihnen nicht sagen, wie oft wir uns ärgern, daß Ihre Verdienste zwar gebraucht, aber nicht belohnt werden. Man giebt Ihnen die Anwartschaft auf ein Kreyßeinnehmer=Amt; aber was hilft sie Ihnen, wenn es ewig eine Anwartschaft bleibt? Giebt es denn keine andere Aemter, wo Sie der Welt dienen können, ohne so zerstreut zu werden, und in einer beständigen Unruhe zu leben? Was ich für ein Moralist bin! Mögen Sie nicht lachen, wenn Sie meinen Brief lesen, daß ich Ihrentwegen vielleicht unzufriedner bin, als Sie selbst sind. — —

Immer reisen müssen, das ist ärgerlich! Ja, wenn sich Ihre Commißionen bis nach Quedlinburg erstrecken könnten! Wie weit ausgebreitet doch der Schade ist, wenn große Herren Schutzgerechtigkeiten über Abteyen verkaufen! Wäre die hiesige noch bey Sachsen, so könnte man doch noch hoffen, daß Sie Sich, kraft Ihrer theuern Pflicht, auch einmal hieher verirren würden. Und ich glaube, ich ließe in dem Falle die Oberhofprädicatur, wenn es leidlich wäre, auf meine Lebenszeit in den Steuer-Anschlag bringen. Arbeiten Sie denn noch etwas, oder ruht Ihr Satir? Billig sollte ers nicht thun; denn man siehts ihm nicht an, daß er so oft auf der Post liegen muß. Wie siehts um Ihre Freunde in Leipzig ꝛc. ꝛc.

An Herr Cramer.

Leipzig, am 14. Febr. 1753.

Hier haben Sie die Antwort auf zween Briefe. Dem Verleger habe ich die auf zweymal übersendeten Manuscripte, zu einem neuen Theile der vermischten Schriften, zugestellt. Ich habe ein paar Lieder von

D. M** dazu gegeben; aber das alles macht noch nicht fünf Bogen aus. Halten Sie Sich immer gefaßt, noch mehr zu senden. Ihre Abhandlungen, so viel ich habe davon lesen können, sind unvergleichlich. Es fehlt aber doch noch eine Art der Schriften, die der Leser in dergleichen Sammlungen zu suchen gewohnt ist: Die Satiren meine ich. Wer soll die fertigen? Der Herr Oberhofprediger? Nein, Ihro Hochwürden! Das fehlte noch, daß ein Oberhofprediger Satiren machte; Es ist ohnedem schon Aergerniß genug, daß er andere Sachen drucken läßt, als Gesangbücher. Gleichwohl sieht der Verleger, vermöge seiner Buchhändlerischen Weisheit, wohl ein, daß dieser Monatschrift Satiren fehlen. Er hat mir sehr angelegen, ihm wenigstens noch einige Sprüchwörter dazu auszuarbeiten, und ich habe ihm, mit der größten Vertraulichkeit ins Ohr gesagt, daß ichs nicht thun werde. Wie wollen wir es aber sonst anfangen? Das weis ich nicht, mein lieber Rabener! Und ich noch weniger, mein Herr C**! Ich wollte, daß jemand um diese Monatschrift sich so verdient machte, und etwas atheistisches ausarbeitete, damit es auch an einem und dem andern Hofe mit Beyfalle gelesen würde. Meinen Sie nicht? —

Ich freue mich, daß G** sich seinem Glücke zu nähern scheint. Ich bin dem kleinen süßen Männchen von ganzer Seele gut, das sagen Sie ihm nur. Künftigen 23 Sept. 1754 will ich ihm gewiß antworten;

denn da werden es zwey Jahr seyn, daß ich seinen
Brief bekommen habe. Er hat es eingeführt, daß
wir einander alle zwey Jahre antworten, und ich folge
seinem erbaulichen Exempel billig. — —

Ich bin etliche Tage in Naumburg gewesen; ich
habe S** Frau kennen lernen, und sie gefunden, wie
ich wünsche, daß die Weiber meiner Freunde seyn mögen. Sie hat Vernunft und Witz, sieht fein aus,
und scheint eine gute Wirthinn zu seyn. Ein Umstand,
der für den Mann der wichtigste ist, und um deswillen
ich es seiner Frau nunmehr beynahe verzeihe, daß sie
ihm kein Geld mitgebracht hat.

Nun bin ich auch wegen der Sorge beruhigt, die ich
mir machte, daß er noch nicht hätte heyrathen, sondern
die Wirthschaft noch einige Zeit durch seine beyden
Schwestern führen lassen sollen. — —

Küssen Sie Ihre rechtschaffene Charlotte, in meinem
Namen tausendmal! — So? Haben Sie ein Bedenken
dabey? Pfuy: Was für eine eifersüchtige Miene machten
Sie itzt; das war garstig! Leben Sie wohl.

Rabener.

Quedlinburg, den 17. Febr. 1753.

Vergiß nicht, Freund, bey Deinen Freuden,
Daß Deine Freunde Dich beneiden,
Die mit Dir scherzen, und sich freun!
Die Deinem Spotte gern verzeihn,
Durch Deine Lust des Trübsinns Herr zerstreun,
Und jeden Abend Dir, frey von gelehrten Leiden,

Und froh durch Deine Scherze weiht,
Indeß, daß weit von Dir entfernet,
Dein Cramer Scherz und Lust verlernet,
Den Kopf auf Folianten stützt, *
Bey alten Chroniken, und dummen Mönchen schwitzt,
Und voll gelehrter Meditationen,
Bald, von Rebellionen,
Vom Umsturz stolzer Thronen,
Und bald von Ketzern schreibt, sich hypochondrisch sitzt,
Stets ungewiß, ob er auch nützt.
Der der Gelehrten Ewigkeit,
Die alberne Unsterblichkeit,
Zuerst erfand, wie schlecht hat der erfunden!
Der wohnte zwar vom Himmel nicht sehr weit,
Vier Treppen hoch, doch hat er niemals sich gefreut,
Nie, wie die Freundschaft glücklich ist, empfunden,
Da, da hat er die Schreiberewigkeit,
Und Nachwelt, und Unsterblichkeit,
Die Räuber meiner schönen Zeit,
Kurz, eh er Hungers starb, erfunden.
Wie schlecht hat er erfunden!

Aber was soll ich Ihnen für Vorwürfe machen, mein lieber Rabener? Sie durchflattern das ganze Land, denn Sie haben durchs ganze Land Commissionen; und nirgends halten Sie die Commissionen länger auf, als in den Gegenden, wo Bekannte von Ihnen, und zufälligerweise, junge Weiber Ihrer Bekannten sind. Endlich kommen Sie nach Leipzig zu-

* Um diese Zeit schrieb Herr Cramer an der Fortsetzung des Bossuets.

rück; Sie finden Briefe von C**; es wäre wohl nöthig, sie zu beantworten, aber unmöglich haben Sie Zeit, denn nunmehro müssen Sie auch in Leipzig Ihre Freunde und Freundinnen besuchen, die Sie seit so vielen Wochen haben entbehren müssen.

Aber wie beschäfftigt Sie auch sind, so müssen Sie mir doch bald einmal schreiben. Ihre Briefe muntern mich sehr auf, und wie sehr habe ich nicht Aufmunterung nöthig, da ich itzt so viel von Arianern, Eunomianern, Aetianern, Macedonianern, Psathyrianern, Audäanern, Photinianern, Origenisten, Apollinaristen, Dimöriten, Monotheliten und allen Ketzern in anern, isten, asten und iten schreiben und lesen muß. Meine Frau sagt mir, ich soll nachsehen, ob es auch eine Sekte von Catastristen* gäbe; darunter könnte ich Sie bringen. In der Kirchenhistorie stehen so viele seltsame Namen; es sollte mich wundern, wenn es keinen Ketzer gäbe, der Cataster geheißen hätte. Zum wenigsten kann ich einen Heinrich von Repkow, und Anton von Pansa darunter bringen, und da habe ich Gelegenheit in einer Note zu sagen: Siehe des gelehrten Gottlieb Wilhelm Rabeners satirische Schriften, worinnen er die dunkle und verworrne Historie dieser Erzketzer sehr bündig und deutlich erörtert hat.

* Cataster sind in Sachsen Verzeichnisse desjenigen, was ein jeder Einwohner eines Ortes an Steuern zu geben hat, und solche Cataster zu verfertigen, ist eine der wichtigsten, aber auch der traurigsten Arbeiten eines Steuerrevisors.

Mich deucht, Sie können es aus meinem Briefe sehen, daß ich mich mit den Meinigen ganz wohl befinde.—

ꝛc. ꝛc.

Quedlinburg, den 27. Merz, 1753.

Liebster Rabener,

Sie mögen Vorschläge zur Güte thun, und auf den halben Weg nur entgegen reisen wollen, oder auch gar nicht antworten; Sie sollen und müssen mein und Charlottens Gevatter seyn. Merken Sie es, Charlottens Gevatter — und ich bin auch nicht zu verachten. Ueberdieß muß ich immer anfangen, meine Kinder zu versorgen. Müssen Sie Sich nicht anheischig machen, daß Sie den Pathen in die Schule wollen gehen lassen? Sie mögen ihn auf der Universität, und H** auf der Schule erhalten, denn Sie sind reicher. Das ist ein unverschämter Gevatter! werden Sie denken. Aber es ist nicht anders. ꝛc.

ꝛc. ꝛc.

Leipzig, am 31. Merz, 1753.

Liebster Cramer,

Sie sind sehr witzig, das weis ich von langen Jahren her; aber so einen witzigen Einfall hatte ich von Ihnen doch nicht vermuthet, daß Sie mich würden zu Gevattern bitten. Sie und Ihre rechtschaffene Charlotte haben mir eine wahre Freude gemacht, wofür ich Ihnen, als ein aufrichtiger Freund verbunden bin, und Ihnen und Ihrer Frau Wöchnerinn und dem kleinen Buben mehr gutes wünsche, als ich in drey Bogen wünschen kann. Den Vorschlag von der Erziehung des Pathens lasse ich mir unter gewissen Bedingungen gefallen. D. H** soll ihn auf Schulen erhalten, so lange, bis ich ihn werde auf die Universität nehmen. Das soll späte genug geschehen, und wenn es auch endlich geschieht, so will ich schon Anstalt machen, daß er im ersten halben Jahre relegirt wird. Ich hoffe, er wird es nicht an Ursachen fehlen lassen, da er mein Pathe ist.

Aber warum ist der Junge so klein? Haben Sie das dem Könige von Preußen zum Possen gethan? — —

Also heyrathet unser G** gewiß? Denkt er denn gar nicht an den anakreontischen Fluch, den er sich gegeben hat?* Ein feurig Mägdchen von 17 Jahren, wie seine Braut ist, kann ihn wahr machen ꝛc.

ꝛc. ꝛc.

Quedlinburg, den 21. May, 1753.

Liebster Rabener,

Ungeachtet Ihr heutiger Brief sehr kurz war; so habe ich doch noch keinen von Ihnen erhalten, der mir angenehmer gewesen wäre. Wenn die Stelle, die Sie erhalten, so wichtig ist, als ich glaube; so bin ich mit dem Hofe wieder ausgesöhnt, an den ich nicht

* S. Gleims anakreontische Lieder.

Ich zweifle gar nicht, daß Ihnen viel Arbeit werde aufgebürdet werden; aber wie viel können Sie auch nicht arbeiten! Und nun dürfen Sie das doch nicht in jedem Bauerhause von Sachsen thun, können immer an einem Orte seyn, die Freunde, die Sie entweder da schon haben, oder finden werden, mehr genießen, und, wie meine Charlotte sagt, heyrathen. Denn sie bleibt dabey, daß es ewig schade sey, wenn Sie nicht heyratheten. Ein Mägdchen könnte immer noch mit Ihnen vorlieb nehmen, wenn Sie gleich so viele Fehler hätten: Genug, daß Sie sie gestünden. Aber die arme Satire! Soll ich ihr die Stand- und Leichenrede halten? Oder haben Sie Hoffnung, daß sich der witzige Kopf mit dem Steuer-Secretär verträgen werde? Wenn er sich damit verträgt, und das hoffe ich: o! was für reichen Stoff werden Sie in Dreßden dazu finden. Ganz neue Narren. Nun werden die armen Poeten, und die bürgerlichen Bankrottmacher, und die Richter, und die Advocaten, und die Pedanten zu einiger Ruhe kommen! Aber, weh euch, ihr Narren, die ihr größer seyd, ihr Narren von! Weh euch; denn der Mann kömmt über euch, dessen Schneider Gnaden und Excellenzen zuschneiden kann! * Das ist eben mein Wunsch gewesen. Ja, ja in Sachsen müssen noch gute Zeiten kommen, weil sich der Hof getraut, Sie nach Dreßden kommen zu lassen.

* Siehe in Antons Pansa von Mancha Sprüchwörtern, Kleider machen Leute. Sat. Schrift. IV. Th.

So begierig, als ich bin, bald einen recht langen Brief von Ihnen zu erhalten; so will ich doch itzt warten, weil Sie ohne Zweifel sehr werden beschäfftiget seyn; aber unter der ausdrücklichen Bedingung, daß Sie mir künftig desto öfter schreiben, und Sich nicht alle Briefe abbetteln lassen. Sie wissen wohl, daß ich noch ein ganz fleißiger Correspondent bin. 2c. 2c.

Quedlinburg, den 9. Novemb. 1753.

Liebster Rabener,

Sie sind doch nicht unwillig auf mich? Oder haben Sie in Dresden keine Zeit an Ihren Cramer zu denken? Sie sind gesund? Das wünsche ich — und haben eine Frau? Daran verzweifeln wir! Und so aufgeräumt, als fleißig? Das glaube ich. Der vierte Theil von Ihren Schriften steht im Meßkatalogus: wird er in dem künftigen auch noch stehen? Schreiben Sie, schreiben Sie, oder ich bemächtige mich aller Ihrer Erfindungen, und arbeite sie aus. Ich habe itzt viel Muth zur Arbeit; aber wer darf sich wundern, daß ein Veteran auch nach dem sechzigsten Jahre noch gerne zu Felde geht. Sehr stolz; ich will Sie schon mit meinem Urtheile über den neuen Theil Ihrer Fortsetzung* demüthigen, werden Sie sagen. Sie richten nichts aus; Sie machen vielleicht, ohne Unwillen denken konnte, wenn ich daran dachte, daß er Sie wohl nutzen, aber nicht belohnen wollte.

* Des Bossuets.

daß ich mich im nächsten Theile mehr in Acht nehme;
aber ich schäme mich nicht!

Von witzigen Schriften, die in dieser Messe herausgekommen sind, habe ich eben nicht viel gesehen, das
vortrefflich wäre. —

Vergessen Sie es nicht, Herr Hofmann, mir bald
zu antworten; oder wenn Sie mich der eingesogenen
Hofluft wegen nicht mehr lieben: so schreiben Sie doch
aus Respect oder Devotion. Ich bin

Ihr

treuester C**

Dresden, am 18. Novemb. 1753.

Mein liebster Cramer,

Da haben Sie einen Brief, der so geschäfftig, so unruhig, so eilfertig geschrieben ist, wie der Brief eines
jungen Cammerherrn, der dem mahnenden Kauf-
manne sagt, daß er unmöglich ausführlich antworten
könne, da ihm sein wichtiges Amt nicht einen Augenblick Zeit lasse, sich von der Seite des Königs zu entfernen.

Ich will Ihren ersten Brief zuerst beantworten. Ich
habe Ihre Antwort freylich vermißt. Denn ich bin so
zärtlich, daß ich auch in Dresden meine Freunde vermisse. Das bleibt unter uns. Mit Ihren Bossuet

bin

bin ich ausnehmend zufrieden. Bedenken Sie, was
das sagen will, wenn ein Sekretär mit einem Buche
zufrieden ist. Herr Breitkopf hat mir ein Exemplar
geschenkt; aber das ist die Ursache nicht, warum ich
zufrieden bin. Herr D. Heine meldet mir; er solle
mir in Ihrem Namen noch eines schicken. Schönen
Dank! Aber was soll ich mit dem lieben Gute anfangen? Wären es Opernarien, so könnte ich sie vielleicht wieder verkaufen. —

Die vermischten Schriften sind also ihrem Schlusse
nahe. Ich sehe es gerne; das neue Stücke habe ich noch
nicht gesehn. Soll ich Ihnen meine Gedanken von diesem letzten Stücke sagen? Warum nicht? Wir bey Hofe
kunstrichtern so gut, als die Professoren, ohne etwas zu
verstehen, und ohne etwas gesehn zu haben. Ich
wünsche sehr, daß der Hiob in Ihre Hände fallen möge. Dieses Buch gehört für witzige Köpfe, und nicht
für pedantische Zusammenschmirer der Bibelwerke.
Auf diese Art lernte die Welt auch Ihre Fähigkeit im
Hebräischen kennen Aber ist denn keine Hoffnung
mehr, daß Sie Sich den Ausländern in einer lateinisch, fleißig ausgearbeiteten lateinischen Schrift, in
einer Schrift, die allen Religionen angenehm seyn
muß, wollen bekannt machen? — Ihre Freundschaft
mit Baumgarten wird gute Folge haben, für Sie beyde und für die Welt.

Sie haben Recht. Ich bin noch nicht verheyrathet,

Rab. Briefe. P

und allem Ansehn nach, werden Sie lange Recht haben! Das wird noch immer eine reiche Materie zu künftigen Briefen seyn; und um deswillen mag ich sie itzt nicht erschöpfen —

Was macht denn unser Giseke, den ich recht sehr liebe, so stumm und verstockt er auch ist? Kennen Sie seine Frau? sie muß ein rechtschaffenes Weib seyn, da sie Giseken gefällt. — Melden Sie doch, wie es in Braunschweig aussieht. In der Messe habe ich viel von N**ts Roman gehört, dessen Ausgang ich zu erfahren wünsche. Von der einen Seite, Sie verstehen doch wohl den Sekretär, gefällt er mir, denn er ist solide; die andere Seite will mir nicht gefallen, denn mich deucht, er erquackert sich die Frau, und das dünkt mich, ist wenigstens nicht anakreontisch, wenn es auch sonst nichts ist.

Alles dieses ist die Antwort auf Ihren ersten Brief vom --- ja das weis ich nicht, von welchem Dato; denn in dem Augenblicke, da ich den Tag itzt suche, finde ich, daß Sie ihn nicht beygesetzt haben. Er war an eben dem Tage geschrieben, da Ihre Charlotte sich mir aufs freundschaftlichste empfahl, da Ihre Kinder gesund waren und da Sie waren, mein Cramer. Sie sind es doch heute noch? Und Ihre Frau ist doch meine Freundinn? Ihren andern Brief muß ich noch mit wenigem beantworten. Er war vom 9ten November. Ich bin auf Sie nicht unwillig; könnte ich das wohl seyn? Ich habe wenig Zeit, sehr wenig Zeit in Dresden, aber immer noch Zeit genug, an meinen Cramer zu denken. Gesund bin ich auch, fast gesünder, als in Leipzig. Eine Frau habe ich noch nicht; aufgeräumt bin ich, so sehr man es bey meinem Amte, und in einer so weiten Entfernung von seinen alten und besten Freunden seyn kann. Ob ich fleißig bin? ja wohl, und mit mehr Gemüthsruhe fleißig, als bey meinem vorigen Amte. Im Meßcatalogus steht der vierte Theil von meinen Schriften, da haben Sie recht. Das sollen Sie wohl bleiben lassen, daß Sie sich meiner Erfindungen bemächtigen. Trotz Ihnen! oder ich bemächtige mich Ihrer heiligen Reden. Sehen Sie, mein Herr, ist das nicht von Punkte zu Punkte beantwortet. — Auf Ihre Predigten freue ich mich, als ein Freund, als ein witziger Kopf, und als ein Christ. Ihren Psalmen sehe ich mit Verlangen entgegen — Nun dächte ich, ich hätte alles beantwortet, und geschrieben, was ich schreiben und beantworten sollen.

Mein Verleger hat einen sehr demüthigen Brief an mich geschrieben, und mich wegen meines vierten Theils beym Aermel gezupft. Ich wollte, daß er ihn schon hätte, und ich ihn nicht erst machen sollte. Auf Ostern wenigstens kann ich ihm solchen nicht versprechen und auf Ostern will er ihn haben. Ich habe zwey neue Sprüchwörter in Leipzig schon fertig gemacht: **Die Ehen werden im Himmel geschlossen: Jung gewohnt, alt gethan!** Das dritte habe ich schon angefangen: Gedanken sind zollfrey. Aber in Dresden habe ich noch keine Feder angesetzt. Aufrichtig zu gestehn, muß ich hier mit meinen Satiren viel vorsichtiger seyn. Gemeiniglich suchen die Leser die Originale da, wo der Verfasser schreibt Das konnte ich allenfalls in Leipzig geschehen lassen; in Dresden wage ich zu viel. Ein Märtyrer der Wahrheit mag ich nicht werden; und daß die Welt billiger denken lerne, dahin werde ich es nicht bringen; also thue ich wohl am besten, ich gebe der Welt nach. Ich muß die besten Themata fahren lassen, die ich auszuarbeiten mir vorgesetzt hatte. Finden Sie diese Umstände nicht wichtig genug, den vierten Theil gar zurück zu halten? Ungefähr zwölf Bogen, inclusive fünf Bogen bereits gedruckter Sprüchwörter, möchten zum vierten Theile fertig seyn. Hätte ich nur zehn Bogen! Werde ich es verantworten können, wenn ich ein paar freundschaftliche Briefe zusammenstopple, die ich theils schon habe, theils machen wollte? Das Thema, zu welchem ich so viel Lust hatte; **Der allezeit fertige Bankruttirer**, muß ich auch weglassen. Es möchten es Excellenzen ungnädig vermerken. Dergleichen reichhaltige Materien verliere ich. Bald werde ich Sie bitten, daß Sie mir helfen mitarbeiten.

Was das für ein ungeheurer Brief wird! Ich dächte, ich hörte auf, dächten Sie es nicht auch? Wollen Sie von meinen Umständen noch mehr wissen? Was soll ich Ihnen noch mehr sagen? Kommen Sie zu mir. Ich habe vier Stuben, davon sollen zwo für Sie, wenn Sie kommen wollen. Da will ich Ihnen noch viel mehr sagen. — So? Neuigkeiten wollen Sie wissen? Gut! — Der Hof ist noch in Hubertsburg. Fünf Castraten aus Venedig sind vorige Woche ganz verhungert hier angekommen, und werden auf die Fasten satt wieder zurücke kehren, um daselbst zu verdauen, und in der Charwoche dem heiligen Antonius zu danken, der für sein Vieh so väterlich sorgt. Die Jagd ist vorbey: die Hunde waren sehr stumpf und die Pferde konnten der Jagd nicht folgen. Solymann wird nicht wieder aufgeführet: die Ratten haben vier Elephanten gefressen. Der Castrat Nicolini macht dem Hofe viel Vergnügen, weil er so feiste ist, daß er kaum mehr gehen kann. Die Albuzzi, prima donna an mehr als einem Orte, dürfte wohl aufs Carneval wieder in die Wochen kommen. Budini, dieser steife Sänger, den man in Rom nicht zum Nachtwächter machen würde, ist heisch; ein Unglück, darüber sich niemand, als er und seine Mutter betrübt. Amorevoli, dessen Frau besser küßt, als er singt, ist verdrüßlich, und macht Miene fortzugehen; man wird ihm tausend Thaler Zulage geben. Die Bildergallerie ist in vollkommenem Zustande. Man erwartet den Buccamboni aus Rom, welcher grüne Himmel und blaue Wiesen nach dem neuesten Gusto malen soll. Oedern ist ganz abgebrannt; Suhl kann

nicht wieder angebauet werden. Wer kann den albern
Leuten helfen, warum gehen sie mit dem Feuer nicht
vorsichtiger um? — Auf die Redutte freue ich mich.
Die neue Oper wird sehr prächtig und kostbar. Leben
Sie wohl! Ich muß in die Antichambre! — Gefallen Ihnen diese Neuigkeiten? Wenn sie nicht wahr
sind, so sind sie doch möglich.

 Leben Sie recht wohl. Ich bin
    Ihr

redlicher Rabener.

Quedlinburg, den 16. Merz, 1754.

 Liebster Rabener,

Meine Veränderung ist nunmehro gewiß. Ich habe
die königliche Vocation nach Copenhagen, und ein
sehr gnädiges Schreiben von dem Grafen von Moltke
empfangen. Ich habe alles so reiflich überlegt, als es
nur möglich gewesen ist, und meine Freunde in diesen
Gegenden zu Rathe gezogen; ich kann nicht anders,
als überzeugt seyn, daß diese Veränderung zu meinem
Glücke gereichen werde. Unter allen meinen Freunden ist wohl keiner so überzeugt, als Sie, daß ich bey
einer solchen Veränderung keine langen Briefe schreiben könne, zugleich auch, daß mir die Trennung,
und so weite Entfernung von meinen Freunden nicht
gleichgültig seyn müsse. Wie sehr würde ich getröstet
werden, wenn ich Sie noch in Leipzig umarmen könn-

te! Ach liebſter, liebſter Rabener, wenn Sie Ihren
Cramer ſo glücklich machen wollten — Wenn Sie
mich entzücken wollen, ſo kommen Sie auf acht, nur
auf vier Tage nach Leipzig — Das iſt, allem Anſe-
hen nach, das letztemal, daß wir uns ſprechen und
ſehen können — Meine Charlotte umarmt mich,
damit Ihnen, wenn Sie zu mir nach Leipzig kommen, meine Umarmungen deſto beſſer gefallen ſollen.
Sie küßt mich ſo gar für Sie; denn bald, ſpricht ſie,
würden Sie ſo alt werden, daß Sie kein Mägdchen
mehr küſſen würde. Ich bin ꝛc. ꝛc.

Dresden, am 25. Merz, 1754.

Den Brief vom 12 Merz, oder vielmehr die drey Zeilen, worinnen ich Ihnen den richtigen Empfang des
Ihrigen meldete, und bald mehr zu ſchreiben verſprach
werden Sie erhalten haben. Ich bin noch nicht im
Stande, mein Wort zu halten, und ausführlicher zu
ſchreiben, da wegen fortdauernder Seſſionen binnen
hier und Oſtern kaum die Nächte meine ſind. Noch
weniger kann ich nach Leipzig kommen. — Und alſo
ſoll ich Sie gar nicht, mein liebſter Cramer, nimmermehr in dieſer Welt wiederſehen? Der Gedanke
iſt mir bitter! Ich kann mich unmöglich dabey aufhalten. Aber warum habe ich mir nicht Freunde gewählt, die keine Verdienſte haben, und die auf dem
Flecke unbekannt und grau ſterben, auf dem ſie ge-

bohren sind? Auf die Feyertage schreibe ich Ihnen gewiß, und weitläuftig. Gott lasse es Ihnen immer wohl gehen, Sie verdienen es, und ich werde mich mit Ihnen freuen, wenn ich Ihre ewige Trennung besser werde gewohnt seyn, und wenn Sie mir, von Copenhagen aus, diejenige gute Hoffnung bestätigen, die Sie mir in gestrigem Briefe melden. Ich wollte Ihnen noch einmal so viel Gutes gönnen, wenn Sie es nur in Dresden, und nicht in Copenhagen genießen sollten.

Grüßen Sie Ihre Frau tausend, tausendmal, von mir, und nehmen Sie in meinem Namen Abschied. Unserm Zerbster S** habe ich geschrieben. Nach Zerbst? — das lasse ich gelten, aber nach Copenhagen! Was haben Sie denn gedacht? Wie wird es nun bey Ihrer so geschwinden Aenderung mit den Psalmen, mit den sechs heiligen Reden, und mit den verwaysten vermischten Schriften werden? Wen werde denn ich haben, dem ich den Rest meines Witzes, welchen ich dem Verleger noch schuldig bin, anvertrauen könnte? Herr Schlegeln allein? Das ist sehr gut, aber mir nicht genug. Oculi plus, quam oculus, würde ich sagen, wenn ich kein Deutscher wäre. Ich wollte, daß Sie itzt in Leipzig Abends eine Stunde Zeit hätten, die zwey Sprüchwörter durchzulesen, die ich hier schicke. Streichen Sie mir nichts aus, denn allemal folge ich Ihnen nicht, Sie wissen es wohl, sondern schreiben Sie nur Ihre Zweifel auf ein Blatt,

zu dem Ende habe ich unten mit Bleystift foliirt. Geben Sie die Aufsätze dem Verleger versiegelt wieder, der es an mich zurücke senden wird. Der Verleger mag es auch lesen, sonst kein Mensch. Sie können mir glauben, daß ich, seit meinem Hierseyn, noch nicht so viel Zeit, noch ein so aufgeheitertes Gemüthe gehabt habe, daß ich mit dem alten Eifer an die Fortsetzung meiner Schriften kommen können. Inzwischen hat mein Witz doch etlichemal durchbrechen wollen, und ich habe an dem Sprüchworte gearbeitet: Gedanken sind zollfrey, mit welchem ich schon weit gekommen bin. Es soll ungefähr so lang werden, wie eines von diesen. Hernach will ich noch ein halb Dutzend Flicksteine machen, damit etwan sechszehn Bogen voll werden; denn Sie müssen wissen, daß ich schon meinen Witz nach den Bogen dehne; und habe ich denn endlich sechszehn volle Bogen zusammen gezerrt: Bon jour Herr Verleger! à Dieu Witz! Alsdann will ich meine Feder an des Verlegers Laden nageln, damit sich junge Schriftsteller daran spiegeln, und mit keinem Buchführer einen Contrakt machen. Dieses können Sie den Verleger lesen lassen, wenn er gleich ein wenig im Laden herumpurzeln wird. ==
Den Augenblick besinne ich mich auf den Anfang meines Briefs, und daß ich erschrecklich viel zu thun habe. Leben Sie wohl!

Rabener.

Dresden, am 26. Merz, 1756.

Ich kann es unmöglich länger ausstehn. An der Ostermesse habe ich Ihnen mit der Mummischen Buchhandlung einen Brief zugesendet; in der Michaelismesse schickte ich Ihnen durch eben diesen Canal noch einen Brief, und bat inständigst um Antwort: aber bis heute warte ich vergebens. Hätten Sie keinen Juden getauft;* so würde ich nicht einmal wissen, ob Sie noch lebten. So geneigt ich bin, Ihnen bittre Vorwürfe zu machen; so will ich doch warten, bis ich von Ihnen erfahre, was Sie gehindert hat. Wir werden einander noch Zeit genug fremde werden; lassen Sie uns, mein liebster Cramer, es ja vermeiden, so lange wir können: Damit Ihnen itzo nicht einmal die neue Entschuldigung von verloren gegangenen Briefen übrig bleibt, so sende ich diesen durch Innschluß eines meiner besten Freunde in Dresden, des dänischen Legationssekretärs, Herrn Kuurs, welcher ihn durch einen seiner Freunde in Copenhagen wird bestellen lassen. Bekomme ich nun in künftiger Messe noch keine Antwort; so will ich Sie ••• Nein, vergessen kann ich Sie nicht: aber allen Leuten will ich es klagen, wie viel ich verloren, daß Sie mich vergessen haben. Wenn Ihre Frau Sie nicht verleitet hat, meine Freundschaft auf eine so traurige Art zu vernachläßigen, so küsse ich Ihr die Hände. Von mei-

* Diese Nachricht, daß Herr Cramer einen Juden getauft habe, stund, als eine Merkwürdigkeit in den Zeitungen.

nen Umständen will ich Ihnen nichts melden; Sie würden mich lange darum gefragt haben, wenn Ihnen was dran läge; aber auch von Ihnen ist mir keine Nachricht so wichtig, als die: Ob Sie noch mein Freund sind? Ich bin der Ihrige gewiß. Sie mögen es gerne sehen oder nicht.

Rabener.

Copenhagen, am 16. May, 1756.

Mein liebster, bester Rabener,

Ob ich gleich an Sie unlängst einen Brief geschrieben habe, worinnen ich Sie um Verzeihung meines langen Stillschweigens gebeten: so muß ich doch meine Abbitte wiederholen. Ich mag mich nicht rechtfertigen. Ihr letzter Brief war so zärtlich, so voll Freundschaft, daß ich ganz außerordentlich davon bin gerührt worden; aber ob Sie mich gleich mit bittern Vorwürfen verschonen wollten, so war er doch so zornig, so zornig, daß Sie mich recht erschreckt haben. Nein, mein liebster Rabener, wir wollen uns nicht einander fremd werden. Das ist weit von mir entfernt, daß ich einem einzigen meiner Freunde fremd werden sollte. Viele von meinen Freunden werden es gegen mich; denn es giebt einige, von denen ich, weil ich hier bin, auch nicht eine einzige Sylbe gesehen habe. Aber ich vergesse gewiß keinen einzigen, und ich erinnere mich meiner ehemaligen glücklichen Zeiten um so viel empfindlicher, je weniger mir es noch möglich gewesen ist,

hier einen Freund, mit dem ich vertraulich umgehen könne, ausfindig zu machen. Denn Klopstocken kann ich wenig genießen, weil ihn bisher seine Umstände verhindert haben, in der Stadt zu wohnen; zwischen denen, die höher sind, als ich bin, und mir, bleibt, so lieb sie mich auch haben, doch allezeit eine gewisse Entfernung, die mich hindert, so vergnügt durch ihre Freundschaft zu werden, als man seyn würde, wenn sie uns dem Stande nach näher wären. Und ich sollte meinen Rabener vergessen können, und ihm fremd werden? Wie zärtlich und wie zornig ist Ihre Bitte, daß wir es so lange vermeiden wollen, als wir können! Also wird es wohl auf ewig vermieden werden; denn ich will gerne fleißiger schreiben. Und Sie werden mir künftig, und zwar bald, gewiß etwas von Ihren Umständen melden; denn ich nehme den größten Antheil an dem, was Sie angeht. Also seyn Sie ferner mein lieber Rabener, und schreiben Sie mir bald, daß Sie mir mein langes Stillschweigen ganz vergeben haben, so vergeben, als wenn ich sehr oft an Sie geschrieben hätte, weil ich mich gewiß bessern werde. Aber ich setze dieses ganz furchtsam hinzu, Sie müssen auch nicht so kurz schreiben, als Sie immer gethan haben. — Erhalten Sie Ihrem Cramer Ihre Freundschaft und Liebe. Ich werde Sie ewig lieben,
Ihr

Cramer.

Copenhagen, dem 31. Merz, 1756.

Liebster Rabener,

Wie vielmal wollen Sie um Verzeihung gebeten seyn? denn verzeihen müssen Sie mir, daß ich so lange stille geschwiegen habe. Aber Sie haben mir um meines kleinen Fleißes willen schon so viel zu gute gehalten; also werde ich auch noch einmal durchkommen. Ich möchte wohl meinen Mund auch öffnen, (sehn Sie doch, wie viel ich mir herausnehme!) und von Ihrer Wenigbriefschreiberey und Kurzbriefschreiberey sagen; aber ich bin wirklich gegen Sie zu sehr ein Sünder, daß ich mich unterstehen dürfte, Ihnen Ihre Sünden vorzuhalten. Aber wollen Wir uns nicht alle beyde bessern? Ich mache den Anfang, und versichere Sie, daß ich öfter an Sie denke, und sogar öfter lese, als ich nachläßig im Schreiben gewesen bin. Erinnern Sie Sich denn auch zuweilen Ihres Cramers, der Sie noch immer so sehr liebt? Viel wollte ich darum geben, wenn ich Sie wieder einmal umarmen, und mich recht mit Ihnen aussprechen könnte. Sie sind übersetzt, Sie sind in allen französischen Monatsschriften erhoben, wie Sie verdienen, versteht sich; aber ist es nicht viel, daß man Ihnen Gerechtigkeit wiederfahren läßt? Unterdessen freut es mich, daß ich mich an Ihrem Sonnenscheine wärme, und von Ihrem Glanze erleuchtet werde, denn man hat meine Satire, ob der Mensch eine Maschine sey?* ins Französische

---

* Diese Abhandlung ist zu finden in den vermischten Schriften I. Th. S. 276. und II. Th. S. 85. Es macht mir Ehre, daß man sie auf meine Rechnung übersetzt hat. R.

übersetzt, und Sie zum Verfasser gemacht, und zwar im Choix literaire, wo auch meine Ode von der Auferstehung übersetzt worden ꝛc. —

Copenhagen den 8. Nov: 1756.

Liebster Rabener,

Länger kann ich es nicht ertragen, keinen Brief in so langer Zeit von Ihnen erhalten zu haben. Hätte ich jemals glauben können, daß Sie ein so unversöhnlicher Freund seyn würden? Ich war im verwichenen Jahre saumselig im Schreiben an Sie. Sie machten mir einige freundschaftliche Vorwürfe darüber, und ich wurde so dadurch zerknirscht, daß ich Ihnen zweymal hinter einander schrieb, und Ihnen die feyerlichste Abbitte that. Aber ich habe in den noch glücklichern Zeiten unsers Sachsens keine Zeile von meinem Rabener zur Antwort erhalten, keine Zeile Beruhigung, ob ich ihn versöhnt hätte. Und vielleicht sind Sie nun, Sie ein so guter Patriot, so in das Unglück unsers Vaterlandes vertieft, daß Sie auch vergessen, Ihre Klagen in den Schooß eines Freundes auszuschütten. Aber wer darf itzt klagen? Wer darf seine Meinung laut entdecken? Ich, der ich weit vom Ungewitter entfernt bin, und mit dem mir ewig theuern Sachsen so viele Freunde beklage, darf ich doch nicht sagen, daß kein vaterländisches Herz die Ursache seines Unglücks mit einem größern Widerwillen betrachte, als ich, und daß ich es mit Recht thue beweisen, weil ich an einen Freund schreibe, der vielleicht verschwiegen zu seyn, über das, was er denkt, mehr Ursachen hat, als ich. Aber alles, was ich weis, und ich weis nicht wenig, will ich meinen Kindern erzählen, und sie sollen eine Geschichte von Sachsen schreiben, welche Charaktere genug dem verdienten Abscheue Preis geben wird. O! was haben Aberglaube, Trägheit, Mangel von Religion, Ueppigkeit und Laster für entsetzliche Folgen! Sie, mein liebster Freund, leiden doch unter dem allgemeinen Unglücke nicht mehr, als andere? Man hat Ihnen doch Ihr Amt und Ihre Besoldung gelassen? Machen Sie doch meiner Furcht und Unruhe Ihrentwegen durch einen recht langen Brief, bald ein Ende. Wir leben in einem Lande, wo wir einen vortrefflichen König, und ein würdiges Ministerium haben, so vergnügt, als Sachsen, die überall an den Schicksalen ihres Vaterlandes Theil nehmen. Wir sind alle gesund. Ich arbeite in meinem Amte noch mit eben der Freude und eben dem Beyfalle, womit ich sonst gearbeitet habe. Ich hoffe auch hier und da Nutzen zu schaffen. Meine Muße wende ich, wie allezeit an. Man wird doch immer noch lesen, und so viel sich die Könige auch Mühe gegeben haben, und geben, durch ihre soldatische Regierung das eiserne Jahrhundert einzuführen, so wird doch immer noch gelesen werden. Ich habe auch für den Sommer ein klein Tusculanum, ein kleines Haus mit einem Fruchtgarten, und einen Küchengarten, und künftig vielleicht mit einem kleinen

Teiche in Lingby; ein ganz kleines Haus mit Rohr
gedeckt; aber auf dem Lande; o! ich hoffe, die künftigen Sommer werden mich noch sehr begeistern. Künftige Messe will ich Ihnen einige von meinen geistlichen
Liedern schicken. Ich freue mich, daß Gellert die seinigen herausgeben will. — Ich wünsche Ihnen von
ganzem Herzen Frieden, und alle Arten von Glückseligkeit, und bin ewig

     Ihr

       zärtlicher Cramer.

Dresden, den 22. Nov. 1756.

Mein liebster Cramer,

Ich habe Ihre Briefe vom 16. May und 31. Merz
noch heilig aufgehoben, und seit der Ostermesse darauf antworten wollen. Die wahre Ursache dieses Ver-
zugs ist, daß Herr Legationssekretär Kuur den ganzen
Sommer über in der Erwartung gewesen, nach Copenhagen zurückzukehren, und mich von Zeit zu Zeit
gebeten, meinen Brief ihm mitzugeben. Seit acht
Wochen aber haben mich unsere traurigen und weit
aussehenden Umstände daran gehindert. Sind Sie
mit diesen Entschuldigungen zufrieden, mein liebster,
mein bester Cramer? Oder können Sie wohl den Gedanken einen Augenblick lang bey sich hegen, daß ich
aus Kaltsinnigkeit und Mangel der Freundschaft un-
terlassen hätte, zu antworten? Gegen meinen unvergeßlichen

gentlichen Cramer kaltsinnig zu seyn, meinen alten besten Freund, der mir so viel Ehre macht, den königl. dänischen Hofprediger Cramer nicht eben so eifrig, nicht eben so zärtlich zu lieben, wie den armen Dorfpfarrer in Cröllwitz, Magister Cramern? Das sollte sich von Ihrem Rabener nicht einmal denken lassen.

Und wie voll von Menschenliebe, von Mitleiden, von freundschaftlicher Unruhe ist Ihr letzter Brief! Ja, mein guter Cramer, wir sind verloren, ganz ohne Hülfe verloren. Und niemand sieht das Ende unsrer Angst. Funfzig Jahre langen nicht, wenn sich das Land so wieder erholen soll, wie es vor acht Wochen war. Und wenn wir noch heuer Friede bekommen sollten, und wenn auch alsdann unser Hof selbst ernstliche Anstalt machte, dem Lande wieder aufzuhelfen, so gehören doch mehr als funfzig Jahre darzu. Und wem dürfen wir unser Unglück Schuld geben? Gott wird den finden und richten, der Ursache dran ist, wer es auch seyn mag. Ich mag mich mit der ängstlichen Beschreibung unsrer Umstände nicht aufhalten; die öffentlichen Zeitungen werden Ihnen genug davon sagen können. Wollen Sie noch etwas mehr lesen, so sende ich Ihnen zween Briefe, die ich in voriger Woche geschrieben habe. Das arme Land! und so viel rechtschaffene Leute, die ohne ihr Verschulden mit unglücklich werden! Wie traurig ist die Aussicht in die Zukunft! Glücklich bin ich, da ich mein Unglück allein fühle. Desto mehr jammern mich meine Freunde,

Rab. Briefe.

welche neben ſich ihre Familie zugleich unglücklich ſehen müſſen. — Wie zufrieden leben Sie in Copenhagen! Faſt würde ich Sie darum beneiden, wenn ich im Stande wäre, Sie um ein Glück zu beneiden. Wiſſen Sie wohl, mein lieber Cramer, daß ich Sie beſuchen will? Wenn die Sachen noch unglücklicher in Sachſen laufen ſollten, und ich bey meinem Amte weder Beſoldung noch Arbeit haben ſollte; (denn die letzte habe ich noch, obſchon wenig Hoffnung zur Beſoldung) ſo würde der Einfall nicht unmöglich ſeyn, den ich habe, meine Freunde in Zerbſt, Quedlinburg, Braunſchweig und Hamburg, und meinen beſten Freund in Copenhagen künftigen Sommer zu beſuchen. Auf den Witz zu wandern, iſt unter uns Autoren nichts neues. Helfen Sie uns ja den Frieden erbitten, ſonſt müſſen Sie mit darunter leiden, und mich wenigſtens einen Monat füttern. Aber wie wäre es, mein guter Freund, wenn ich mein Vermögen, ſo ich etwan bey dieſem Schifbruche noch retten könnte, zuſammen raffte, und gar nach Copenhagen zöge? Vielleicht wäre auch für einen deutſchen Sekretär Brodt und Amt bey Ihnen? Und vielleicht, wenn alles fehlte, ernährte Ihr König einen witzigen Emigranten, und wir lebten, und wir ſtürben beyſammen, mein beſter Cramer! Angenehmer Traum! Eine freundſchaftliche Schwärmerey! Gewiß ich glaube, aus Freundſchaft fange ich an zu phantaſiren. Wie ungern ſtöre ich mich in dieſem Traume! Nein, meinen Cramer ſehe ich vielleicht nimmermehr wieder. Und was habe ich für Verdienste, hoffen zu dürfen, daß ich von Ihrem Könige ein Unterthan, und von meinem würdigen Freunde ein Gesellschafter bis an unsern Tod seyn werde? Wie angenehm habe ich mich itzt um ein paar Minuten betrogen! Ich war ganz bey Ihnen, und vergaß, daß ich in Sachsen, in meinem unglücklichen Vaterlande, mitten unter seinen Feinden saß. ––

Ich bin ewig

Ihr

redlicher Rabener.

Dresden, am 7. Decemb. 1756.

Hier sende ich Ihnen meinen Freund Kuur, einen Mann, dessen guter Geschmack, dessen Eifer in seinen Amtsgeschäfften, dessen menschenfreundliches, dessen empfindendes Herz, dessen ernster Haß gegen alle niederträchtige Thoren, dessen geprüfte Freundschaft, – – wie soll ich recht erklären, was ich denke? –– mit einem Worte, hier sende ich Ihnen meinen Freund Kuur, einen würdigen Dänen. Ich verliere ihn ungern, sehr ungern. Untröstbar würde ich seyn, wenn ich nicht wüßte, und zu der belohnenden Billigkeit seines Vaterlandes gewiß hoffte, daß ihn diese Entfernung von mir seinem dauerhaften Glücke näherte. Lieben Sie ihn, wie ich ihn geliebet habe; er verdient es, und auch Sie verdienen einen solchen Freund. Er wird Ihnen viel von mir erzählen, und es wird so gut seyn, als erzählte ich es Ihnen selbst, denn er weiß viel von meinen Umständen. Mein gegenwärtiges Befinden ist noch eben so traurig und sorgenvoll, als es bey dem Abgange meines letzten Briefs vom 22. November war und wie es seyn wird, wann Sie gegenwärtigen Brief empfangen: denn vermuthlich empfangen Sie ihn erst auf künftiges Frühjahr, das weiß der Gott, der unser gegenwärtiges Unglück wußte, da wir noch nicht einmal daran dachten. Leben Sie mit Ihrer Frau und kleinen Nachwelt gesund und vergnügter, als

Ihr

redlicher Rabener.

Copenhagen, den 14. Decemb. 1756.

Wie gerührt, wie im Innersten meiner Seele gerührt bin ich durch Ihren Brief vom 22. Nov. geworden, den ich erst vorgestern erhalten habe! Meine Empfindungen lassen sich nicht ausdrücken, da ich zumal heute nur kurz schreiben kann; aber mit dem nächsten Positage schreibe ich ausführlich. Das arme Sachsen! Mein unglückliches Vaterland! Ihre Liebe und Freundschaft — wie dringt sie durch meine ganze Seele! Was Sie im Schlusse Ihres Briefes schreiben, nehme ich ernsthafter auf, als Sie wohl glauben. Was Sie nur eine leidversüßende Schwärmerey nennen, ist vielleicht nicht unmöglich. Ich bitte, ich beschwöre Sie, mir mit nächster Post zu schreiben, ob wirklich einiger Ernst dabey gewesen ist. —

Dresden, am 23. Dec. 1756.

Es ist mein Ernst gewesen, was ich in meinem letzten Briefe vom 22. Nov. wegen meiner Reise nach Niedersachsen und Copenhagen geschrieben habe; doch verstund ich die Bedingung dabey, daß die Ruhe in Norden und Niedersachsen erhalten würde, daß die Reise in künftigem Frühjahre geschähe, und daß ich durch die Preuß. Administration aus der völligen Activität gesetzt würde. Der andere Einfall, gar und beständig meine Zuflucht nach Copenhagen zu nehmen, war allerdings mehr ein erquickender Traum, als ein ernstlicher Einfall; den aber eine fortdauernde Noth meines Vaterlandes und dessen Umsturz ernsthafter machen könnte. Dännemark ist nach seiner gegenwärtigen Einrichtung das Land, wo ein jeder sich zu seyn wünscht. Wie angenehm würde ich in diesem glücklichen Lande bey meinen Freunden, bey meinem unvergeßlichen Cramer leben können! Zwar entfernt von meinem Vaterlande, aber von einem verunglückten Vaterlande, mit dem es vielleicht in wenigen Monaten gar aus seyn wird! — Sehn Sie, mein liebster Cramer, wie ernsthaft Sie mich durch Ihre ernstliche Anfrage gemacht haben? Ich schwanke, Sie sehn es, und ich kämpfe mit mir selbst. Rathen Sie mir, bester Freund, rathen Sie mir unpartheyisch! Ich kenne die Heftigkeit Ihrer Freundschaft, Ihrer großen Dienstbeflissenheit. Aber thun Sie zu meinem Besten noch keinen Schritt, den Sie nicht mit Anstande, und ohne Sich Vorwürfe machen zu lassen, zurückthun können. Wie ruhig, wie ruhig wollte ich das letzte Drittheil meines Lebens bey meinem Cramer zubringen, wenn es Gott, meinem und Ihrem Könige gefiele. Wecken Sie mich auf, Cramer, wecken Sie mich auf! ich träume wieder, ich träume zu angenehm, und träume ich zu lange, so wird es mir desto empfindlicher seyn, wenn ich doch endlich aufwachen und sehen muß, daß es nur ein freundschaftlicher Traum gewesen. —

Rabener.

Briefe an Herrn Johann Adolph Schlegel.

Leipzig, am 30. Dec. 1751.

Ihren Brief vom 1. Dec. habe ich am 29sten erhalten. Sie sehen daraus, wie viel Zeit sich der Ueberbringer genommen hat, und wie sehr ich zu entschuldigen bin, daß ich später antworte, als Sie verlangen. Sollte die Schuld an Ihnen liegen, oder wären Sie aus einer gar wahrscheinlichen Unachtsamkeit in Ihrem Calender irre worden; so würde sich das Räzel noch besser auslösen. — Sie dauern mich, mein liebster Freund, gewiß sehr dauern Sie mich, aber Sie sagen mir nichts Neues oder Unerwartetes. Ich bin recht wohl damit zufrieden, daß Ihnen Ihr Beruf so sauer wird. Wie sehr wird Sie das nöthigen, an Ihre Freunde, an die vergnügten Augenblicke zurückzudenken, die Sie und Ihre Freunde zu schätzen wußten. Vielleicht verfolgt Sie G** Fluch. Haben Sie Geduld genug gehabt, seine deutschen Verse zu lesen, und darüber zu spotten; so nehmen Sie dieses als eine Strafe an, daß Sie die lateinischen Verse Ihrer Schüler scandiren müssen, um Ihr Brodt zu verdienen. Wie sehr muß Ihnen diese Arbeit erleichtert werden, wann Sie an die ersten Jahre Ihres Fleißes zurücke denken, wo Ihre Lehrer vielleicht über Sie eben so seufzeten, als Sie nun über Ihre Schüler seufzen. Und wer weis denn, ob nicht unter der kleinen Brut, die anitzt über Ihre Jamben und Trochäen zittert, ein schaffender Geist verborgen steckt, welcher einmal durch ein würdiges Heldengedicht unser Vaterland an dem Noah, dem Nimrod, dem Herrmann rächet, und welcher, wann er die Trauerspiele verfertiget, die Sie aus Bequemlichkeit nicht verfertiget haben, die Schaubühne zu der Vollkommenheit bringt, die man von dem geschickten Fleiße Ihres verstorbenen Bruders erwartete.

Ich schreibe dieses mit der Miene, die einer Entzückung sehr nahe kömmt. Itzt sollten Sie mich sehen auf meinem Sofa sitzen! So weißagend sitze ich hier, wie auf dem Dreyfuße, und so voll und strotzend von meiner weisen Einsicht in den Zusammenhang der Dinge, wie ein junger Rathsherr!

In der That hat mich Ihr Brief ziemlich ernsthaft, oder doch wenigstens sehr nachdenkend gemacht. Ihr Schicksal erinnert mich an das Schicksal unsere übrigen Freunde. Die wenigsten von uns haben das Glück gehabt, in ein Amt zu kommen, das ihrer Neigung gemäß gewesen wäre. **, der arbeitsame **, der nur für die Bücher und seine Freunde erschaffen zu seyn schien, der das Landleben und die Wirthschaft weiter nicht kennt, als von dem Garten her, wo er mit seinen Freunden scherzte, und aus den Eclogen des Virgils; dieser unglückliche Mann ward in ein elendes Dorf, unter eine Menge ungesitteter Bauern, zum Ackerbaue verstoßen, um alle Jahre wenigstens zweymal in Gefahr zu seyn, zu ersaufen oder zu verhungern. Hat er es itzt wohl viel besser, da er an einem Orte lebt, wo niemand in Ansehn ist, als der Schweine mästet, und wo er unter der Cabale eines geistlichen Hofs leiden muß, welche desto gefährlicher ist, da sie von Weibern und von kleinen Durchlauchten unterstützt wird? Denken Sie an H**, das kleine süße Männchen, der seine Freunde über alles, nur sein Mägdchen mehr, als seine Freunde, liebte; welcher fleißig war, um der Welt reizend zu sagen, wie angenehm es sey, zu lieben, zu küssen, und müßig zu gehen. Ist er itzt wohl glücklicher, als Sie? Ist es wohl G** mehr, als H**? Bedauern Sie G** nicht, dem sein Amt mehr als die Hälfte des Tages raubt, die er seiner Freundinn, seinem Witze und seinen Freunden wünscht? E** ist vielleicht noch am glücklichsten, da der Wein in H** wohlfeiler ist, als in Leipzig, und da er vielleicht immer noch einen Freund findet, den der Wein erträglich macht. Soll ich von mir noch etwas sagen? Kommen Sie zu mir, und sehen Sie mich. Ich schreibe diesen freundschaftlichen Brief auf einem Convolute Acten, durch welches ein ganzes Dorf unglücklich gemacht werden soll. Ich habe diesen Morgen die Thränen eines Mannes ausgehalten, dem Unrecht geschieht, und dem ich doch nicht helfen kann. Vielmals kostet es mich Gewalt, die Thränen zu verbergen, die meinen harten Beruf schimpfen würden. Und die meisten meiner Freunde haben mich verlassen! Und Sie, mein Liebster, wollen seufzen, daß Sie in der Gesellschaft Ihrer artigen Schwestern, unter Freunden, die Sie durch ihre Gefälligkeit sich verbinden, vor den Augen einer Jugend, die Sie für die Nachwelt heranziehen, daß Sie bey diesen Umständen einige Stunden auf die Untersuchung wenden müssen, welche Sylben lang, und welche kurz sind? Bedenken Sie Ihr Unrecht! Haben Sie Mitleiden mit mir; wenigstens verlangen Sie von mir keines. Je mehr ich der Sache nachdenke, je mehr finde ich, daß Sie kein Mitleiden verdienen, und daß Sie noch zu beneiden sind. Künftig schreibe ich Ihnen Neuigkeiten, itzt will ich schließen. ...

Sind Ihnen diese Verse bekannt?

Deux Henrys immolés par nos braves Ayeux,
L'un à la liberté, & Bourbon à nos Dieux,
Nous animent, Louis, à pareille entreprise.
Ils revivent en Toi ces Anciens Tyrans!
Crains nôtre desespoir. La Noblesse a des Guises,
Paris des Ravaillacs, le Clergé des Clemens. *

Diese Verse sind im letzten October zu Paris an das Hotel Dieu, und à la Porte du Palais angeheftet gewesen. Hätte man wohl diese Verwegenheit von einem Franzosen wider seinen bien-aimé vermuthen sollen? Der König ist aus Empfindlichkeit über das Mißvergnügen seiner Unterthanen krank geworden. Königlicher konnte er sich an diesem Muthwillen kaum rächen. Ne ultimae quidem sortis hominum conspiratione et periculo caruit, sagt Sueton vom August, den Rom liebte. Sehen Sie, mein liebster S**, daß ich neben den Steuerausschreiben auch den Sueton lese. Ich muß aufhören; sonst schreibe ich Ihnen bey dieser Gelegenheit eine Stelle aus dem Homer hin, die in der Feder eines deutschen Steuerrevisors etwas widernatürliches seyn würde.

* Der 5. Jenner 1757. hat diese unmenschliche Drohung wahrgemacht.

Grüßen Sie Ihre Schwestern, und leben Sie glücklich.

— — — Tibi Di, quaecunque preceris.

Commoda dent. Ita Vir bonus es, convivaque comis!

War das recht scandirt, Herr Präceptor? Ich bin unverändert

der Ihrige.

Rabener.

Am 10. Julius, 1752.

Mein liebster Rabener,

Wie listig sind Sie! Sie geben vor, daß Sie meinen letzten Brief verloren hätten. Sie denken, ich soll gleich in die Amtshitze gerathen, und darüber wollten Sie Sich sodann lustig machen. Nein! die Freude sollen Sie nicht erleben, mich in der Gestalt eines kleinen Präceptors zu sehn. Sie könnten wohl gar die geheime Absicht dabey haben, in Ihrem nächsten Bande von Satiren einen Schulmeister nach dem Leben zu zeichnen, und in dieser Absicht mich dazu reizen wollen, daß ich Ihnen die Züge zum Gemälde an die Hand geben solle; denn einem so schlimmen, so satirischen Manne, wie Sie sind, kann man solche kleine Bosheiten wohl zutrauen. Aber nehmen Sie mirs nicht übel; so gerne ich mich in meiner Freunde Schriften verewigt sehe; so mag ich es doch in den Ihrigen nicht seyn; denn der Lobredner möchte neben dem Satirikus nicht gut abstechen; und unsterblich die späteste Nachwelt noch zu lachen machen, das ist eine gar zu traurige Unsterblichkeit, als daß sie meine Ehrbegierde reizen sollte. Sie erlangen also Ihren Endzweck nicht, und ich bin listiger, als mein Freund Rabener; das kützelt meine Eigenliebe nicht wenig.

Ich glaube gar, daß Sie Sich einbilden, ich bin, wie diejenigen von meinen Herren Confratribus, die, wenn sie in Gefahr gerathen, in der Predigt stecken zu bleiben, zum Schmählen ihre Zuflucht nehmen? Nein! so arm und erschöpft bin ich noch nicht; und wenn gleich mein Witz bey dem Weller und Langen leicht in Gefahr gerathen könnte, so soll es dießmal doch, bloß Ihnen zum Trotze, nicht geschehen.

Wovon soll ich nun zuerst mit Ihnen reden? Von Ihren Schriften, oder von meiner Braut? Der Bräutigam muß es doch wohl dem Autor zu Gefallen thun, und ihn ein wenig mit dem Lobe seiner Schriften trösten, damit er ihn nicht gar zu sehr kränke, es ihm nicht allzulebhaft zu empfinden gebe, daß er ein Autor ohne Mägdchen ist. Eine fast unerhörte Sache, deren Sie sich freylich schämen sollten, da sie wider alle Regeln läuft.

Ich muß Ihnen also sagen, daß Sie in diesem dritten Bande von Sich selbst sind übertroffen worden. Das werden Sie doch lieber leiden, als wenn Sie ein anderer übertroffen hätte. — Alles, was nur hier lesen kann, liest und bewundert Sie, und mein Exemplar ist aus einer Hand in die andere gewandert, und seit ichs habe, wenig zu Hause gewesen. Werden Sie bald vortheilhaftere Begriffe von einem Winkel der Erde bekommen, von dem Sie vielleicht mit andern geargwohnet, daß da bloß die Schulweisheit das Monopolium der Bewunderung und des Lobes haben könne? Der kleine Roman von der Jungfer, die Sie ausloosen wollen, hat mir besonders gefallen. Wirklich ist Ihre Kunst in der Mannigfaltigkeit der Briefe nach den verschiednen Charakteren sehr glücklich gewesen. Nach diesem ist der Roman von dem Fräulein, das Großvater und Enkel zugleich vor ihren Füßen seufzen sieht, mein Günstling. Kurzum, ich wünschte, daß Sie alle Messen die Welt mit einem solchen Bändchen beschenkten. Fast dürfte ich auf den Einfall gerathen, Sie in allen Zeitungsblättern im Namen der Welt darum zu bitten. Sie würden ja doch nicht so hart seyn, und die Welt umsonst bitten lassen, ob Ihnen gleich dabey bange genug werden sollte. Ich habe es immer gedacht, daß es ums berühmt seyn, eine schlimme Sache sey, und daher ist mein Witz auch so weislich faul, damit das Publicum mich vergesse, wie ich das Publicum vergessen habe. Ich bin ewig —

Ihr
    zärtlicher Freund
    S.

Mein liebster Herr Steuerrevisor,

Freylich ist es lange, daß ich nicht an Sie geschrieben habe. Schlimm genug für Sie, werden Sie sagen, daß Sie die Pflichten der Freundschaft nicht besser beobachten! Sie haben ganz recht. Schelten Sie immer auf mich; ich will Ihnen selbst helfen, wenn Sie Ihre Zunge noch nicht recht aufs Schelten eingerichtet haben. Ich will zwar Ihnen das gar nicht streitig machen, daß Sie ein sträfliches Amtsgesicht anzunehmen wissen; doch das werden Sie mir auch hinwieder nicht streitig machen wollen, daß ich, als ein erfahrner anderthalbjähriger Schulmann, in dieser Kunst noch weiter gekommen seyn muß. Wie kann ich also wohl mein langwieriges Stillschweigen besser gut machen, als wenn ich mich erbiete, Ihnen mit meinem Amtsgesichte wider mich selbst beyzustehen?!

So lassen Sie uns zusammen in Gemeinschaft auf mich schmählen, recht tüchtig auf mich schmählen. Doch worüber wohl? Was meinen Sie? Ueber Faulheit? Das wissen Sie selber wohl, daß dieser Vorwurf mich nicht trifft. — Nun denn! Ueber Kaltsinnigkeit in der Freundschaft? Ich bin sicher, daß auch davon Sie selber mich frey sprechen werden. — So viel ich herum denke, kann ich doch in der That mich auf sonst nichts besinnen, als darauf, daß ich so sehr viel zu thun habe; denn das kann ich freylich nicht leugnen.

<blockquote>
Wie sollt ich dieses leugnen können,
Da mich, der ich mich sonst zur Braut vom Buche stahl,
Itzt Schularbeiten ohne Zahl
(Freund, denke! für ein Herz, das sich in seiner Wahl
So glücklich preiset, welche Qual!)
</blockquote>

Des Tages oft von meinem Muthchen trennen;
Für meine Zärtlichkeit mir, Armen, nicht einmal
Nur halbe Viertelstunden gönnen?
Mir ist, mein Freund, nicht wenig leid,
(Denn dieß hat mir vordem die Amme prophezeiht)
Daß mich die Schnitzer einst ermorden;
Doch bin ich, wie du siehst, zur Zeit
Noch nicht ein Märthrer von der Grammatik worden.
Itzt eben bin ich nur, dem Himmel sey gedankt,
Den Schnitzern, die schon oft auf meinen Tod gesonnen,
Und wider mich Verschwörungen entsponnen,
Gesund und unverletzt entronnen.
Wenn mir das Haupt schon schwer vom Schlafe schwankt,
So muß ich noch von allen Seiten
Mit einem Muthe, der nicht wankt,
Mit neuen Wörtermonstren streiten,
Und mich durch Schnitzer durcharbeiten:
Doch ist das schlimmste noch, daß sich um meine Zeiten
Der Autor mit dem Schulmann zankt;
In Leipzig waren bessere Zeiten ...
Doch war da wohl ein Muthchen? Nein.
Wie konnten sie denn besser seyn?
Sollt' ich itzt wieder tauschen? Nein.
Und wenn sie auch noch zehnmal besser wären,
So würd' ich sie doch nicht zurück begehren.

Das arme Muthchen, ob es gleich mit mir in einer Stube wohnt, so ist sie doch bald nicht besser daran, als ob sie in einer Einsiedeley wäre, oder neben einer Bildsäule säße. Da ich so wenig mit dieser meiner guten Frau reden kann; so werden mir ja wohl meine Freunde nicht ansinnen, daß ich mit Ihnen mehr reden soll? Ich bin ohnedieß gestraft genug; denn ich muß fast den ganzen Tag corrigiren; und gleichwohl liegt mir mehr daran, mich mit meinem Muthchen zu unterhalten, als immermehr einem Knaben an einer Mahlzeit liegen kann, die er zur Strafe entbehren soll. Sehen Sie; so gar itzt, da ich von so langen Zeiten her mich mit dem Vorsatze herumtrage, an Sie zu schreiben, kann ich für diesesmal doch nicht weiter kommen, weil mich Banier abfordert, den ich, wie Sie wohl wissen werden, übersetze, und mit erstaunlich gelehrten Anmerkungen begleite. Wenigstens wimmeln sie von Citatis, daß ich mich selbst nicht enthalten kann, die Stirne davor in finstre Runzeln zu falten. Welch eine Beschäfftigung für einen alten Freund der Poesie, der des Umgangs mit poetischen Schriften so gewohnt ist! —

Ihr

redlicher Freund E.

Leipzig, am 7. August, 1752.

Ich glaube, ich bin Ihnen noch auf einen Brief eine Antwort schuldig. Nicht wahr? Und was stund denn in Ihrem Briefe? — Aber was das für ein Gesicht ist, das Sie machen! Einen Brief kann man ja wohl verlieren; und Leute, wie ich, verlieren sie manchmal mit Fleiß, damit sie Gelegenheit haben, von ihren weitläuftigen Geschäfften und ihrer amtsmäßigen Zerstreuung ein paar große Worte zu seufzen. Wie gesagt, Ihren Brief habe ich verloren, und wenn Sie etwan nichts an mich zu schreiben wissen, so will ich

ich Ihnen die Erlaubniß geben, mir darüber mit einer sträflichen Schulmiene eine tüchtige Lection zu geben.

Wissen Sie denn, daß ich in vierzehn Tagen die Welt mit acht und zwanzig Bogen Witz in groß Octav beseligen werde? Wie gern hätte ich Ihnen vorher das Concept zugeschickt! Aber es war gar nicht möglich, G** und Gellert haben es in Ihrem und in aller Freunde Namen thun müssen. Die ganze Sammlung besteht aus satirischen Briefen. Gellert ist mit allem ganz wohl zufrieden, nur mit den Stellen nicht, wo die Satire mit Poeten frevelt. G**, ärgert sich über nichts, als wenn ich der Chicane spotte. F** hat mich auf eine sehr feine Weise betrogen, daß ich zwo Stellen habe wegstreichen müssen, wo der Würzkrämer gedacht war. M*, der sich bey der Censur sehr vernünftig aufgeführt, hat doch gebeten, daß ich einmal Philosoph und ein paarmal Magister, und noch einmal Präsident habe wegstreichen müssen. Werden Sie es wohl, mein lieber S**, leiden können, wenn vom Scandiren etwas darinnen steht? Und was wird C** zu den Satiren wider unwürdige Geistliche sagen, da er in meiner letzten Vorrede einen ganz unschuldigen Ausdruck, der diese Materie betraf, nicht leiden konnte? Wie wird es mir ergehen, wenn ein jeder sonst mit allem zufrieden ist, und nur um des willen mit mir unzufrieden, daß ich das Lächerliche seiner Collegen nicht schone? Kann ein Vernünftiger etwas dafür, daß er Narren unter seinen Collegen hat? Und was für Einwürfe muß ich von meinen mürrischen Lesern besorgen, da meine vernünftigen Freunde so bedenklich sind? — Leben Sie wohl! Grüßen Sie Ihre lieben Schwestern, und lieben Sie mich, wie ich Sie.

Rabener.

Mein liebster S**,

Ich habe noch immer einige Hoffnung gehabt, Sie an Ihrem feyerlichen Tage zu überfallen. Aber nun ist diese angenehme Hoffnung ganz verloren. - Ich habe eine Menge von Arbeit vorgefunden, welche mich hindert, vor dem ersten October wieder nach Leipzig zu kommen. Sie kennen mich. Ich will Ihnen um deswillen keine weitläuftigen Versicherungen geben, wie ungern ich von Ihnen wegbleibe. Es gehe Ihnen und Ihrer Braut beständig wohl! Weitläuftiger will ich auch nicht wünschen; sonst ärgere ich mich nur, daß ich es nicht mündlich wünschen kann.

Ich lebe hier in einer traurigen Einöde unter überhäufter verdrüßlicher Arbeit, und habe keinen Menschen im ganzen Städtchen, mit dem ich von etwas andern, als von Steuern, vom nassen Wetter und vom Dauphin reden könnte. Es macht mich dieses, so gar in den müßigen Stunden so verdrüßlich, daß ich nicht einmal vermögend bin, in einem vernünftigen Buche mit Aufmerksamkeit zu lesen. Ich habe einen ziemlichen Vorrath davon mitgenommen, und sie sind mir ganz unnütze.

Quorsum pertinuit stipare Platona Menandro?
Eupolin Archilocho? comites educere tantos?

Das waren also zwo Zeilen Latein, dergleichen in diesem Städtchen wohl seit der Reformation nicht geschrieben worden. Ich habe mein Quartier bey einem wohlhabenden Bürger, der mir die beste Stube eingeräumet hat, die einer Schirrkammer * ähnlicher sieht, als einer Wohnstube, und, welches wohl zu merken ist, kein Fenster hat. Aber ich ärgere mich, daß man auswärts erfahren soll, wie schlecht mein itziger Aufenthalt ist. Ich sage Ihnen also kein Wort mehr. Empfehlen Sie mich allen Freunden, und besonders Ihrer lieben Braut und Ihren lieben Schwestern. Doch noch Eins! Ich habe in meinem Quartiere verschiedne Bücher gefunden, wie sie sich für einen Seifensieder schicken; denn das ist mein Wirth. Unter andern; Lebens- und Liebesgeschichte der Jenny Cameron, Grand-Maitresse des Prätendenten. Ich habe es ganz durchgelesen, besonders die schöne Poesie, mit der das Buch durchwirket ist. Unter andern seufzt ein Liebhaber, der schon den Strick der Verzweiflung um den Hals hat:

N 2

* In Sachsen wird diejenige Kammer so genannt, wo das Pferdegeschirr aufbehalten wird.

Gieb mir dennoch nur einen holden Blick,
Sobald wir heut zur Mittagstafel kommen.
An diesem hängt mein Wohlseyn, Heil und Glück,
Nie wird der Schmerz, der noch restirt, entnommen.
Ich hoffe, und hoffe; bey tenderen Hoffen
Wird endlich der Endzweck nach Wunsche getroffen.

Um deswillen verharre ich   Ihr

Geithayn bey Rochlitz,
am 29sten August, 1752.

aufrichtiger Rabener.

Leipzig, am 15. Febr. 1753.

Den heutigen Tag habe ich bloß meinem Vergnügen gewidmet. Und welchem? Rathen Sie einmal. Dem königlichen Burgunder? Nein. Vielleicht besuche ich meine Mägdchen nach der Reihe? Das ließe sich eher hören, und doch müssen Sie besser rathen. Vielleicht bin ich Berufs wegen beschäfftigt, das Land zu drücken, und als ein allerunterthänigster treugehorsamst pflichtschuldigster Steuerrevisor für meinen König einem armen Bauer aus seinem Kober den letzten Bissen Brodt zu reißen, den er für eine kranke Frau und sechs hungrige Kinder geborgt hatte? Ja, mein Herr, das sollte wohl seyn; aber heute bin ich für dergleichen theure Pflicht zu menschenfreundlich. Sie errathen es also nicht? Ich muß es Ihnen wohl selbst entdecken. Quirinizo!* Ich schreibe heute an die halbe Welt, um gelesen und

---

* Den Cardinal Quirini nennte man wegen seines unermüdeten Eifers Briefe zu schreiben, den Cardinalem epistolarem.

beantwortet zu werden. Ich habe heute an Cramern zween Bogen voll freundschaftliches Nichts geschrieben; nach Copenhagen, nach Hamburg, nach Braunschweig, nach Dresden, nach Bernstadt in Schlesien habe ich nichts wichtigers geschrieben, und nun fange ich auch an mit Ihnen zu plaudern. Ist dieser Tag nicht für mich ein vergnügter Tag?

Ich habe mich seit meiner Rückreise an die angenehmen Augenblicke erinnert, die ich in Ihrer und der Frau Liebste Gesellschaft gehabt. Auf diese neue Bekanntschaft bin ich stolz, recht sehr stolz, und Ew. Hochwohlehrwürd. sind ein vollkommen überzeugender Beweis von der liebreichen Vorsorge des Himmels, welcher gemeiniglich die liebenswürdigsten Weiber für diejenigen Männer aufhebt, die sie am wenigsten verdienen. Ich würde es nicht wagen, Ihnen diese Schmeicheley ins Gesicht zu sagen, wenn ich nicht Ihrer Billigkeit zutrauete, daß Sie selbst davon überzeugt wären. Empfehlen Sie mich Ihrer Frau zu beständiger Freundschaft aufs beste. — Wollen Sie das nicht thun? Gut; so muß ich zu Ihnen reisen, wenn Sie die Inspection haben, und muß mich ihr selbst empfehlen. Der Einfall gefällt mir. Empfehlen Sie mich also nur nicht, ich will es mündlich thun. Wie traurig werden Sie alsdann vom obersten Tabulate herunter schielen; so traurig, wie auf die Tische ein armer hungriger Knabe schielt, den Sie, Grausamer, ganz cariren lassen.

— Herr D** ist ein Bräutigam mit ***. Kennen Sie das Frauenzimmer? Wenn Tugend und Liebe eine glückliche Ehe machen, so muß diese Ehe die glücklichste seyn; ich wenigstens wünsche mir in Ansehung dieser beyden Punkte niemals eine glücklichere Wahl. Sollten Sie wohl meynen, daß ein Steuerrevisor so christlich denken könnte? Warum nicht? Denken kann er wohl so! Itzt sollten Sie meinen lieben D** sehen; er sieht so süße, wie ein Chorengel! Die ganze runde Welt ist seine; voll Entzückung wadet er durch alle Pfützen; den ganzen Tag über ist sein Mund spitzig und küssend; er schwimmet im Vergnügen. O! daß man doch nicht zeitlebens Bräutigam seyn kann; ich würde es noch diesen Abend. — Das wird alles seyn, was ich Ihnen zu schreiben habe.

Vom römischen Könige ist hier alles stille; denn itzo redet die ganze Stadt von nichts, als von den Elephanten, Cameelen, Trampelthieren, Pferden, und andern vernünftigen und unvernünftigen Bestien, die die letzte Oper in Dresden prächtig gemacht haben.

Verum equiti quoque jam migravit ab aure voluptas,
Omnis ad ingratos oculos, et gaudia vana.
Quatuor aut pluris aulaea premuntur in horas;
Dum fugiunt equitum turmae, peditumque catervae:
Mox trahitur manibus regum fortuna retortis,
Essida festinant, pilenta, petorrita, naues:

Si foret in terris, rideret; Democritus; seu
Diuersum confusa genus panthera camelo,
Sive elephas albus vulgi converterit ora!

Wäre das nicht Latein, so würde mancher Cammerherr in Dresden glauben, Horaz, den Seine Excellenz nicht kennen, hätte diese Satire ausdrücklich auf die letzte Oper gemacht. — Gleich fällt mir ein, daß in Ihrem letzten Briefe auch Verse waren, die ich, prosaischer Laye, nicht beantworten kann. Da die Reime die Seele der Verse sind, (videatur G** per totum) so will ich es Ihnen wenigstens mit Reimen vergelten. Die Gedanken sind ein ganz kleiner Nebenumstand, dafür sorgen Sie. Hier sind die Reime:

Schuld,	Vorzimmer,
Geduld.	dümmer!
borgen,	Excellenz —
morgen.	Peter Squenz.
Cammerherr,	theuer,
Wucherer.	Steuer.
Weste,	Papier.
reiche Weste.	dafür!
Witz,	Castrate,
unnütz.	Gnade.

Aber nun schließe ich im ganzen Ernste, und bin 2c.

Rabener.

Am 3. Sept. 1753.

Liebster Herr Obersteuersekretär,

Ich habe schon lange studiret, wie ich einen Brief vom 15. Februar mit guter Manier am 3. Sept. beantworten könnte, ohne, daß ich mich gar zu sehr zu schämen brauche, und wie ich es anfangen wolle, daß ich

Ihnen zum Antritte einer neuen Station Glück wünsche, da Sie vielleicht schon wieder im Begriffe stehen, dieselbe mit einer höhern zu vertauschen; denn wenn Sie bald in H***s Stelle einrücken wollen, so muß es mit Ihren Veränderungen sehr eilfertig zugehen. Ich sinne vergebens; mein Witz will mir gar nicht zu Hülfe kommen; es sey nun, daß er schon zugesetzt worden, die Vertheidigung einer schlimmen Sache über sich zu nehmen, oder welches auch möglich seyn könnte, daß er sich unter den Folianten, die mich zeither umlagert gehalten, verloren hat.

> Denn ich bin itzo so gelehrt,
> Daß man nur paginas aus meinem Munde hört;
> So grundgelehrt, daß ich oft vor mir selbst erschrecke,
> Daß ich vom Morgen an bis in die späte Nacht
> In einer Bücherburg als eingekerkert stecke,
> Ganz wie die Griechen riech' und schmecke,
> Und meine Frau im Traum, wenn ich mich satt gewacht,
> Oft mit Historien aus dem Plutarche wecke.
> So ein solider Mann ist der, der Noten macht!
> Trotz sey itzt jeglichem geboten,
> Der mich und meinen Fleiß verlacht,
> Ich macht' ihn gleich mit einem Dutzend Noten
> Zum unbelesnen Idioten.

Also fürchten Sie Sich, mir über mein Stillschweigen Verweise zu geben! Ich würde in aller Eil über Ihre Vorwürfe Noten machen; und ein Notenmacher kann noch besser schimpfen, als ein Kunstrichter. In der That habe ich diesen ganzen Sommer hindurch, als ein Baugefangener, in dem Schutte alter Folianten und Quartanten herum wühlen müssen.

Ich sitze noch, wenn sich der Tag zur Ruhe neiget;
Ich sitze noch nach Mitternacht,
Wenn nebst mir kein Geschöpf, als nur die Eule, wacht;
Späh einen Namen aus, von dem Gyraldi schweiget;
Und blättre mit Geduld, und lese mit Bedacht,
Von einem Gott des Alterthumes,
Den nicht Hygin erwähnt, so gar trotz seines Ruhmes,
Der große Vossius kaum kennt,
Und Augustin nur im Vorbeygehn nennt,
Von dem verlegnen Gott des grauen Alterthumes,
Tutan, Homogyrus, Telxion, Montin
Vervactor, Aesculan, Aurin,
Und Argentin, und Limentin,
Und Stabulin und Fabulin,
Mich zuverlässig zu versichern,
In großen und in kleinen Büchern.

Schwindelt Ihnen, liebster Freund, nicht der Kopf bey den seltsamen Namen? Ich mag ja aufhören, Verse zu machen, wenn ich mich nicht um meinen witzigen guten Namen bringen soll; denn ich fühle es selbst an der Geburt, daß es kleine Mißgeburten sind. Itzt möchte mich niemand zwingen, Verse zu machen. Ich glaube, aus Mangel poetischer Gedanken, fiele ich in der Angst auf den desperaten Einfall, den Festus, oder auch der Collegenschaft wegen, noch lieber den Paulus Diaconus, in Reime zu bringen. Meine Frau sehe und höre ich nicht: und wenn sie mich liebkost, so erzähle ich ihr die Schnitzer, welche Montfaucon gemacht hat, oder antworte ihr mit einem Citato aus dem Athenäus oder Pausanias.

Mein Rabner, wie gefällt dir das?
Sie hat sichs ernstlich vorgenommen:
Sie will zunächst bey meinem Dintefaß
Mit ihrem ersten Sohn, ganz vom Pausanias,
Gräv, Gronov, Montfaucon umschanzet, niederkommen.
Nicht wahr, mein Freund, das wäre was,
Das einst, damit es noch die späte Nachwelt wüßte,
Sein Leichenprediger mit Ruhm gedenken müßte?

Wird das nicht ein gelehrter Junge werden, wenn ihm gleich bey seiner Ankunft auf die Welt die mythologischen Dünste in den Kopf steigen? — Ich bin :c.

Dresden, den 10. Merz, 1754.

Mein allerliebster S**,

Ist es Ihr Ernst, daß Sie den Brief nicht bekommen haben, worinnen ich Ihnen, ob wohl nur mit wenig Zeilen, den richtigen Empfang des Ihrigen meldete? Ich habe ihn wirklich geschrieben, und der Himmel weis, wo dieser Brief Sie suchet. Inzwischen ist nicht viel daran verloren.

Ich freue mich über Ihre Veränderung, und wünsche Ihnen tausend Glück und tausend Vergnügen dazu. Aber Sie haben mir zu wenig gemeldet. Holen Sie das nach, so bald Sie Zeit haben. — Auch zu Ihrem Jungen wünsche ich Ihnen und Ihrer guten Frau tausend Glück. Der Himmel schenke ihm alle Tugenden der Mutter, und bewahre ihn vor allen Fehlern seines Vaters. Das ist der größte Segen, den ich ihm wünschen kann. Vermuthlich wird er ein Kunstrichter.

werden, weil er witzige Schriften zerreißt, ohne sie zu verstehen. Merken Sie doch darauf, was für Blätter er aus meinen Schriften herausreißt. Ich glaube, daß Sie seine künftigen Schooßfehler daraus abnehmen können. Denn vermuthlich werden es die seyn, deren Tadel er schon so früh zerreißt. —

Giseke hat mir sehr freundschaftlich und weitläuftig geschrieben. — Von unserm ** habe ich auch Briefe. Ich sehe seinen Abzug ungern. Ist es freundschaftlicher Eigennutz? Oder ist es eine gegründete Besorgniß, daß ihm diese Veränderung nicht vortheilhaft seyn werde? Das weis ich noch nicht. Leben Sie wohl. Ich bin allemal

Ihr

aufrichtiger Rabener.

Dresden, am 24. Febr. 1758.

Mein liebster S**,

Ich habe Ihren Brief richtig erhalten. — Ich befinde mich gesund, aber das ist auch alles Gutes, was ich melden kann. Sie werden einen Theil unserer unglücklichen Umstände wissen; aber nicht alle unsere Noth können Sie wissen, und wenn Sie solche auch wüßten, so würden Sie doch den wenigsten Theil davon glauben. Perfer et obdura. Sehen Sie, mein lieber S**, vor Angst rede ich Latein, so wie ich, in guten Zeiten, bey einem Glase Wein vor Freuden französisch redete. Sie werden auch wiederkommen, diese guten Zeiten. Aber wann? Und wer wird sie erleben? Gott weis es, und wenn ich binnen der Zeit nicht die äußersten Unfälle erfahren muß, will ich ihm dafür danken. Sie würden kaum Ihren Rabener mehr kennen, so niedergeschlagen und mürrisch bin ich itzt; und wenn ich einmal von ungefähr über meine Schriften komme, so wundere ich mich, daß ich jemals so aufgeräumt habe seyn können. Nicht für mich allein, sondern noch für meine hiesigen und auswärtigen Freunde bin ich niedergeschlagen und traurig. Bey unsrer hiesigen Noth sind wir noch darinnen glücklich, daß wir an unserm Commendanten, dem Generalmajor von Fink, einen glimpflichen und vernünftigen Mann haben, welcher, wenn es auf ihn ankäme, und lieber Gutes thun, als harte Befehle an uns vollstrecken würde. Aber das arme Leipzig! Und was werden unsere Freunde in Halle, in Halberstadt, in Quedlinburg, in Braunschweig, in Lüneburg und sonst ausgestanden haben? Einen ganzen Band Satiren will ich auf die Feinde schreiben, so bald Friede ist; aber zween Bände auf uns Sachsen; und kaum werden zween Bände zureichen, alle die Wahrheiten zu sagen, durch welche wir uns unglücklich gemacht haben, noch in diesem Augenblicke immer unglücklicher machen, und, nach allen Anstalten zu urtheilen, künftig noch unser Unglück vermehren werden. Les abus de l'autorité rendoient la corruption necessaire; la corruption produisoit la lacheté, le luxe & l'extinction de toute vertu &c. Les sujets, pour revenir à leurs anciens principes d'honneteté & d'amour du bien public, avoient besoin, d'être réveillés par les coups de verge &c. So sagt der Ketzer Gordon. Gott gebe, daß er das letzte von uns geredet hat!

Ueber Ihre Familiennachrichten habe ich mich sehr vergnügt; und über Ihre Predigten eben so sehr. Sie sind, (ob ich sie gleich bey einigen Stellen scharf kritisiren möchte,) so viel ich davon gelesen habe, vortrefflich. — O wenn sich doch jemand einmal in meinem Namen mit dem Teufel zanken wollte; denn dem gebe ich Schuld, daß er hinter dem ganzen Kriege stecke. Nur kann ich dabey nicht begreifen, warum wir in Dresden darunter so viel leiden müssen, wo der Teufel doch auch so viel alte gute Freunde hat.

Ich freue mich, Ihren Herrn Bruder auf Ostern hier zu sprechen. Empfehlen Sie mich ihm, Ihrer lieben Frau, Ihren lieben Schwestern, und allen guten Freunden. Vermuthlich sind das Ihre Kinder; denn sonst kenne ich in Z* niemanden. Leben Sie wohl, vergnügt, und ferner ruhig; so sind Sie weit glücklicher, als Ihr Freund,

Rabener.

Liebster Freund,

Ihren Brief vom 23sten May habe ich in Leipzig bekommen. Ich hätte also wohl eher antworten können.

Aber Sie glauben nicht, mein liebster Freund, wie wenig Zeit ich habe, an meine Freunde zu schreiben, da ich von früh 7 Uhr bis Abends um 7 Uhr in meinem Berufe schreiben muß. Freylich gehe ich noch manche Stunde müßig spatzieren, aber das ist auch das einzige, was mich bey Kräften und gesund erhält. Von unserm Giseke habe ich gestern einen sehr freundschaftlichen Brief erhalten; vor einigen Monaten auch von unserm Cramer. Unendlich angenehm sind mir beyde gewesen; aber wenn ich sie nur mündlich beantworten könnte!

Ich bin, trutz aller meiner Arbeit, gesund und vergnügt; denn das Podagra, von welchem ich ein Candidat zu seyn glaube, halte ich für keine Krankheit. Ich habe Ihnen oben gesagt, wie mein Tag eingetheilet ist, aber jede Stunde, die ich mir abstehlen kann, wende ich zur Bewegung und zum Vergnügen an. Ich fahre, ich gehe, ich tanze, ich genieße viele Divertissements. Ich habe Gesellschaften, aber wenige und gewählte. Mit einem Worte, ich lebe glücklich, und, weil es nun mit mir stark bergunter geht, so will ich, so gut ich kann und darf, die Welt genießen, in die ich niemals wieder komme, wenn ich hinaus bin, und mit der ich allemal sehr zufrieden gewesen. Der Gedanke, daß ich vielleicht bald abtreten muß, ist bey meinen einsamen und ruhigen Stunden demungeachtet einer von meinen vergnügtesten Gedanken. Sie glauben nicht, wie sehr mir dieses meine Heiterkeit erhält. Ueberhaupt hat mich Gott vor vielen meiner Freunde glücklich gemacht? Ich genieße dieses Glück in voller Maaße. Ich habe seit drey Jahren aufgehört zu wünschen, denn seit drey Jahren bin ich in meinem itzigen Amte; wo ich viel, sehr viel Arbeit habe, die mir aber nicht sauer wird, und mit wenigem Verdrusse verbunden ist; wo ich vielen tausend Unterthanen unbemerkt ihre Steuerlast erleuchtern kann; wo ich bey meinen Obern und Untern Zutrauen und Freundschaft habe; wo ich nach dem Verhältnisse meiner Arbeit, nicht reichlich bezahlet werde, aber doch mehr habe, als ich brauche; wo ich, wenn ich heute sterbe, alles in seiner Ordnung hinterlasse; mit einem Worte, wo ich so glücklich bin, daß mir nichts fehlet, als Sie, mein lieber Schlegel, und meine andern freundschaftlichen Beyträger.

Also bin ich, dem Himmel sey Dank! sehr glücklich. Können Sie mich ganz gewiß versichern, daß ich noch glücklicher seyn werde, wenn ich heyrathe?

Ich habe von mir so viel geschrieben, daß ich von Sachsens Zustande nicht viel schreiben kann, wie Sie zwar verlangen. Unter einer guten Regierung hoffen wir alles. Ein Kranker, welcher durch seine jugendlichen und vieljährigen Ausschweifungen seinen Körper entkräftet hat, und durch eine zugestoßene hitzige und anhaltende Kranckheit gänzlich niedergeworfen worden ist, braucht Zeit, Diät und einen guten Arzt. Der Himmel verhüte die Recidive!

** ist — und — hier in Dresden. Verlangen Sie keine genaue Beschreibung seines Amtes. Es ist so weitläuftig und so wichtig, daß ich nicht weis, ob es sein Körper lange aushalten wird. Er ist der geschickteste, der ehrlichste, der fleißigste Mann. Aber so zu leben, wie er leben muß, das ist Galeerenarbeit; und ich würde ihm rathen, alles aufzugeben, und nur — zu bleiben; doch wer soll seine Arbeiten verrichten, bey welchen ein ehrlicher, geschickter und fleißiger Mann so viel Gutes stiften kann? Er läßt sich Ihnen aufs freundschaftlichste empfehlen.

Grüßen Sie Ihr gutes Muthchen und Ihre lieben Kinder vielmals, und glauben Sie, daß ich ewig Ihr Freund seyn werde.

Am 8. Julius, 1764.

Rabener.

An Herrn Friedrich von Hagedorn.

Leipzig, am 17. April, 1752.

Es haben mich Herr E** und Herr D**, zween Geistliche aus Bern, gebeten, sie Ihnen zu empfehlen. Ich will es Ihnen aufrichtig gestehen, daß ich über diesen Antrag sehr verlegen gewesen bin. Mein Hochmuth verlor zu viel, wenn ich es ihnen abschlug, denn ich hatte seit einem halben Jahre gegen sie mit dem Wohlwollen groß gethan, dessen Sie mich einigemal schriftlich

schriftlich versichert haben, und nunmehr schämte ich
mich, diesen beyden Herren merken zu lassen, daß ich
Denenselben wieder unbekannt geworden sey. Frontis
ad urbanae descendi praemia. Ich habe ihnen ein
Empfehlungsschreiben mit einer so stolzen und wichtigen
Miene versprochen, daß sie gewiß glauben, ich sey so
glücklich, alle Wochen Briefe von Ihnen zu bekommen. Verrathen Sie mich nicht, hochzuehrender
Herr. Diese beyde Fremde würden eine Art der Achtung gegen mich fahren lassen, die ich nicht gern verlieren möchte, da es Männer sind, deren Gelehrsamkeit und redliches Herz sie unendlich schätzbar machen.
Sie sind keine schweizerischen Kundschafter, welche das
Land durchziehen, und die Sekten des Witzes aus-
spähen. Sie sind so unpartheyisch, daß sie noch nicht
bestimmen können, wer von beyden, ob G ** oder
B **, die meisten Fehler und die meisten Tugenden
habe? Ihre Belesenheit und ihre Kenntniß des Witzes
ist so allgemein, daß sie die Schriften, welche von der
Iliade bis auf den Nimrod in einer langen Reihe folgen, gelesen, und mit Geschmack beurtheilet haben.
Lassen Sie, H. H. nur diesmal mein Bitten statt finden, und benehmen diesen beyden Herren das schmei-
chelhafte Vorurtheil nicht, das ich ihnen von Ihrem
gefälligen Wohlwollen gegen mich beygebracht habe.

Ich muß mir Gewalt anthun, und hier abbrechen,
um Ihre Geduld nicht zu mißbrauchen, und keinen Em-

pfehlungstractat zu schreiben. Wie viel fällt mir noch ein, das ich gern fragen und schreiben möchte! Ich werde mir doch die Freyheit nehmen, noch einmal mit Herr Bohnen zu schreiben, um den dritten Theil meines satirischen Muthwillens Ihrem Schutze zu empfehlen. —

Und dennoch plaudere ich fort, da ich doch überzeugt bin, daß es wider den Wohlstand ist, so viel zu schreiben? Aber bedenken Sie auch, mein Herr, daß Sie seit drey Jahren mit meinen Briefen verschont geblieben sind!

Gönnen Sie mir Ihr Wohlwollen künftig, und versichern Sie Sich meiner vollkommensten Hochachtung. Ich habe die Ehre zu seyn ꝛc.

Rabener.

Leipzig, am 22. May, 1752.

Ich mache itzt Anstalt, einen ziemlich weitläuftigen Brief an Sie zu schreiben, um mich in den Besitz des Rechts zu bringen, das Ew. ꝛc. mir gegeben haben, und das ich immer gern mißbrauche, wenn meine Freunde einmal die Uebereilung begangen haben, mir es zu gestatten.

Sie können wohl glauben, daß Ihr Brief vom 7ten May, den ich aber erst heute bekommen habe, mir wegen vielerley Ursachen unendlich angenehm ist. Er würde es schon um deswillen gewesen seyn, da er mich Ihres Wohlwollens versichert, und mir die Erlaubniß giebt, Ihnen meine Hochachtung schriftlich zu bezeugen. Für die Aufnahme meiner Bernischen Freunde danke E. ec. gehorsamst. Ich wünsche, daß Sie bey einem nähern Umgange mit denenselben an ihnen mögen gefunden haben, was sie mir seit einem halben Jahre schäzbar gemacht hat. Sie sind beyde sehr ehrliche Leute, das sieht man ihnen gleich an; aber sie sind auch gelehrt und artig, ungeachtet sie sich nicht viel Mühe geben, es beym ersten Anblicke zu scheinen.

Der Beyfall macht mich fast übermüthig, den Ew. meinen satirischen Briefen geben. Er beruhigt mich wegen meiner Furcht, die ich hatte, man werde ihnen die Uebereilung ansehen, mit welcher ich diesen dritten Theil bey meinem unruhigen Amte seit dem Brachmonate vorigen Jahres ausarbeiten müssen. Eine Entschuldigung, die der Welt zu verdächtig ist, als daß ich sie hätte in der Vorrede anführen können, und die mir nur meine Freunde zu gute halten. Noch den vierten Theil wünsche ich mir mit dem Beyfalle der Welt und solcher Kenner, wie Ew. ec. sind, zu Stande zu bringen. Wie beruhigt will ich mich hernach von dem Plaze zurück ziehn, auf den ich mich gewagt habe, und welcher dem Glücke und der Ehre eines Autors so gefährlich seyn kann, wenn er sich nicht mit der größten Behutsamkeit in dem ehrwürdigen Ansehn eines unpartheyischen und menschenfreundlichen Mannes zu behaupten weis. Drey Tugenden, die man den Satirenschreibern so gern, und so oft mit Grunde streitig macht!

Macht mir dieser vierte Theil keine Schande, so will ich das Vergnügen ganz ruhig und stillschweigend genießen, welches junge Schriftsteller meiner Art Nachruhm nennen, und welches sie nicht genießen können, wenn sie bis an ihren Tod schreiben. Wie zufrieden will ich alsdann aus meinem kritischen Winkel auf die Thoren hervorsehen, die ich nicht gebessert habe, und auf die junge Nachwelt von Thoren, welche für die Geißel meines Nachfolgers heranwachsen. Noch viel andere Ursachen machen mir den Entschluß wichtig, den ich gefaßt habe, mit dem vierten Theile den Lauf meiner Autorschaft zu vollenden. Ich kann es nicht leiden, wenn ein Satiriker zu mürrisch, zu böse, und zu traurig ernsthaft wird. Ich fühle es, daß ich schon itzt mir oft Gewalt anthun muß, diese finstre Miene in meinen Schriften nicht merken zu lassen, welche mir außerdem bey meinem menschenfeindlichen Berufe* fast natürlich werden will. Kann ich wohl hoffen, daß ich diese Gewalt auch alsdann über mich behalten werde, wenn mich meine Geschäffte und mehrere Jahre noch ungeduldiger machen? Fast werde ich mir lächerlich, daß ich itzt bey, Gottlob, gesunden Fingern, und einem Herzen voll satirischen Muthwillens so ernst-

---

* Ich war damals Steuerrevisor im Leipziger Creyse; welches Amt für einen Menschenfreund sehr traurig ist, da man bey den aufgetragenen Commissionen gemeiniglich nur die drückende Noth der erschöpften Unterthanen sieht, ohne ihnen abhelfen zu können, ja wohl oftmals gar Amtswegen gezwungen ist, diese Noth zu verdoppeln. R.

haft von meinem Autorende spreche? Werde ich wohl standhaft genug seyn, meine vernünftigen und billigen Entschließungen zu behaupten, und wenn ich es nicht thue, wie sehr werde ich mich alsdann vor Ew. ꝛc. schämen müssen! Breche ich meine Gelübde, so sind Sie die erste Ursache, wenigstens werde ich es Ihnen am ersten zur Last legen. Ihr Vorschlag zu einem poetischen Romane hat so viel Schönes und Einnehmendes in sich, daß ich sehr wünsche, ihn als ein ganz besonderes Buch zu sehen, und wo möglich, selbst zu arbeiten. Zu dem vierten Theile, an dem ich noch nicht angefangen habe, würde er nicht kommen können, weil dieser Theil nur achtzehn Bogen stark werden soll, und weil ich aus vielerley Ursachen mich hinter meinem Gemälde verborgen halten möchte, um die Feindschaft zu vermeiden, die ich von der halben Autorwelt mir auf den Hals ziehen werde, und die, nach der Feindschaft der Weiber, der Geistlichen und der Zeitungsschreiber, mir die gefährlichste zu seyn scheint. Ich will mich mit dem Plane, den Ew. ꝛc. vorgeschlagen, bekannter machen, und eine Fabel dazu ausdenken, damit diese so nöthige Satire auch denen angenehm wird, welche entweder zu vornehm, oder zu klein sind, als daß sie auf die lächerlichen Thorheiten der Gelehrten Acht haben sollten. Dieser Plan soll mir der Vorwand seyn, öfter an Ew. ꝛc. zu schreiben, und Ihnen meine Gedanken mitzutheilen, um die Ihrigen dabey zu erfahren.

Wird Ihnen bald Angst, wenn Sie an die Folgen dieser Drohung denken?

Wie sehr wünsche ich unserm rechtschaffenen G** ein dauerhaftes Glücke und ein einträgliches Amt, das seiner Gemüthsart gemäß ist! Bedenken Sie nur, wie christlich ich bin, daß ich mich überwinden kann, diesem kleinen faulen Geschöpfe so viel Gutes zu wünschen, da er sich, seit er von Leipzig weg ist, nicht ein einzigesmal die Gewalt anthun können, an mich zu schreiben. Und doch ist er so faul nicht, als unser anakreontischer E**. Dieser läßt mir nicht einmal sagen, daß er an mich schreiben will; das thut doch G**, der seit vier Jahren mich heilig versichern läßt, daß er mit dem nächsten Posttage an mich schreiben will. Bin ich nicht mit meinen besten Freunden unglücklich? Ich glaube, sie fürchten sich alle vor meinen langen Antworten; wahrhaftig ich glaube es. Könnte ich doch um die Zeit auch in Hamburg seyn, wenn der Abt, wenn Giske und Klopstock da seyn werden!

Diesen Wunsch, in Hamburg zu seyn, habe ich schon oft, und oft vergebens gethan, er wird auch niemals erhört werden, so lange ich mich mit meinem itzigen Amte quälen muß. Werde ich wohl noch vor meinem Ende das Glück erleben, daß ich diese freundschaftliche Wallfahrt zu unserm Vater Hagedorn thun kann? und verdiene ich wohl dieses Glücke? —

Die Fortsetzung der vermischten Schriften geschieht in der That wider meinen Willen. Die Verfasser sind allzusehr beschäfftigt, als daß sie Zeit und Fleiß genug darauf wenden könnten. Die scherzhaftesten Verse und muntersten Satiren haben sonst C** und S** gemacht; beyde stehen itzt in solchen Aemtern, wo sie es weiter nicht thun dürfen, ohne die Kirche Gottes zu ärgern. Ich bin mit meiner eignen Sammlung beschäfftigt. G** und G*** haben die Fortsetzung am meisten verlangt, und werden am wenigsten arbeiten. jener, weil er zu viel Amtsgeschäffte, und dieser, weil er zu viel Faulheit hat. An C** mag ich nicht einmal denken. Die Gedanken von der geistlichen Epopee, so im ersten Stücke vorkommen, sind, wie mich dünkt, das bescheidenste, das in der Art geschrieben worden ist. Der Herr Probst oder Consistorialrath in Berlin hat G** dabey mehr geschont, als es dieser verdient hat.

Ohne mich und meinen ungestalten Brief weiter zu entschuldigen, will ich abbrechen, mit der Versicherung, daß ich mit der größten Hochachtung sey

Rabener.

Leipzig, am 25. May, 1753.

Eben da ich im Begriffe bin, auf Ihren freundschaftlichen, mir unschätzbaren, Brief recht weitläuftig zu antworten; so begegnet mir ein Zufall, der mir ganz unerwartet und für mich gar wichtig ist. Ohne mein Ansuchen und ohne mein Hoffen hat mich das Obersteuercollegium zum Steuersekretär verlangt. Morgen also werde ich von meinem traurigen Revisorate entlästigt, und trete mit einiger Verbesserung und mehrerer Hoffnung in ein Amt, das zwar eben so mühsam, aber nicht so unruhig und nicht so menschenfeindlich ist, wie mein bisheriges. Der letzte Umstand ist mir der angenehmste. Ich werde mich nach und nach des Vertrauens des Collegii zu bemächtigen suchen, um für diejenigen zu bitten, welche die Strenge der Gesetze zu sehr druckt. Nun habe ich die Noth des Landes in adelichen Schlössern und Bettelhütten kennen lernen. Ich habe nichts weiter thun können, als diejenigen bedauern, die sie trifft. Vielleicht kann ich mit der Zeit mehr thun, zumal da ich versichert bin, daß unser Steuercollegium auf die Erleuchtung der Unterthanen aufmerksamer ist, als unsre Nachbarn es glauben. Bisher schreibe ich nichts, als was mir ganz angenehm ist; aber nun kömmt ein schlimmer Punkt. In vierzehn Tagen muß ich von hier, von meinem lieben Leipzig, weg, und nach Dresden! Wie unruhig mich diese geschwinde Veränderung macht, das kann ich Ihnen nicht sagen. Ich bin wie im Traume, und mit Übergabe meiner zeither gehabten Commissionssachen so zerstreut beschäfftigt, daß der schlechterdings Hagedorn seyn muß, an den ich schreiben soll. Was für eine neue Lebensart wartet auf mich! Wie demüthig werde ich künftig unter meinen Originalen antichambriren, mit denen ich bisher auf meiner Stube gefrevelt habe! Eine Tabatiere kaufe ich mir noch in dieser Messe, um eine Prise den Heiducken gehorsamst präsentiren zu können. Heute und gestern habe ich schon zwo Stunden gepfiffen. Ich hoffe, es soll sich geben, wenigstens habe ich heute das Vergnügen gehabt, eine so gedankenlose Miene zu machen, daß mich ein Jude fragte: Haben Ihre Excellenz nichts zu schachern?

Bis hieher kam ich am 21sten dieses, und seitdem habe ich mir nicht einen Augenblick abstehlen können, um in meinem Briefe fortzufahren. Am 22sten habe ich meine Pflicht abgelegt, und vom Premierminister ein Compliment bekommen, welches mir als Sekretär und als Autor, schmeichelhaft war. Würden Ihre Hochweisheiten in Hamburg wohl das Herz haben, einen Mann auch um deswillen zu befördern, weil er Satiren geschrieben hätte? Ich schicke mich zu meiner Abreise an, und habe das seltne Glück, daß nicht allein meine hiesigen Freunde, sondern auch die meisten von denen meine Wegreise bedauern, wider die ich bisher Berufswegen arbeiten müssen. Vergeben Sie mir diesen Stolz, denn ich bin sehr hochmüthig, indem ich dieses schreibe; es ist auch ein großes Paradoxon, daß man die Freundschaft dererjenigen beybehält, denen man zuwider seyn muß. Dieser Brief ist nur der Vorläufer von dem, welchen ich in etlichen Wochen schreiben werde, und alsdann werde ich auch auf den Vorschlag wegen des Romans antworten, welcher mir immer angenehmer wird, je länger ich ihm nach-

S 5

denke. Aber was wird mir es nunmehr helfen, wenn ich auch schon noch so viel Lust hätte, diese Arbeit anzufangen? Hätte ich mir diese Veränderung vermuthen können, so würde ich, ungeachtet meiner starken Winterarbeit, mir alle ersinnliche Mühe gegeben haben, den vierten Theil meiner satirischen Schriften zu fertigen. Nun fürchte ich sehr, daß dieser sobald nicht zu Stande kommen werde, weil ich mit ungewohnten Arbeiten gar zu sehr überhäuft bin, und wenigstens im Anfange mehr vorsichtig seyn muß, als bisher. Allenfalls gebe ich in der Vorrede dem Publico die endliche Versicherung, daß ich von allen verehrungswürdigen Narren in Dresden nicht Einen gemeint habe.

Unsern rechtschaffenen Bohn habe ich in dieser Messe bey meiner großen Unruhe fast gar nicht sprechen können. Wie sehr soll ich Ihnen für die freundschaftliche Art danken, mit welcher Sie mich in der neuen Auflage Ihrer moralischen Gedichte der Nachwelt bekannt gemacht haben? und wie sehr freue ich mich, daß das Blatt vom Correspondenten nicht auf die Nachwelt kömmt, wo man von mir gesagt:

Leandern schimpft kein Rabener mehr.

Also glaubt man in Hamburg wirklich, daß meine Satire schimpft? Dieser unverschuldete Vorwurf ist mir desto näher gegangen, da ich ihn von unserm Herrn Z* gar nicht erwartet hätte. —

Was ist das für ein verwirrter Psalm? So sang David nicht, er müßte denn damals so gesungen haben, als er seine Geberde vor denen zu Gab verstellte, und unter ihren Händen kollerte, daß ihm sein Geifer in den Bart floß. Von diesem Psalm hat der Verleger weit mehr Ehre, als der Verfasser. Unserm rechtschaffenen *** wünsche ich gewiß tausend Glück; seine Braut soll ein allerliebstes Kind seyn, und doch bin ich mit ihm nicht ganz zufrieden. Es ist immer meine Klage gewesen, daß die witzigen Köpfe zu viel seufzen, und zu wenig rechnen. E** Roman ist mir auch zu arkadisch, inzwischen freue ich mich, daß er liebt, denn außerdem würde er ganz müßig gehen. Ich empfehle mich Ihnen aufs verbindlichste, und bin mit der größten Hochachtung Ew. ꝛc. ꝛc.

Rabener.

An Herrn Gisele.
Leipzig, am 18. Julius, 1747.

Das wußte ich wohl, daß es Ihnen nicht gleichgültig wäre, ob ich wieder gesund würde, oder nicht; und ich entschloß mich also, in wie ferne es bey mir stünde, wieder gesund zu werden. Ich kenne meine Freunde.

 Sie, dacht' ich, werden doch nur ungern dich verlieren,
 Und oft, wenn sie spazieren gehn,
 Dein Grab, nicht ungerühret, sehn,
 Und alle bey ihm stille stehn,
 Und nun von dir Gespräche führen,
 Und sagen, wenn vielleicht dabey ihr Auge weint:
 „Das war auch unser Freund!

„Hätt' unsern Wunsch das Schicksal hören wollen;
„Er hätte später sterben sollen.

Sehen Sie, mein liebster Rabener, diesen Kummer habe ich Ihnen und auch mir ersparen wollen. Es ist immer besser, wenn man die Glückwünsche zu seiner Genesung selbst hören kann, als wenn man sich mit der Vorstellung trösten muß, daß man nach seinem Tode werde bedauert werden. Ich kann Ihnen itzt die Nachricht geben, daß ich nunmehro völlig wieder hergestellet bin, und das Fieber mich ganz und gar verlassen hat. Ich habe am Sonntage schon wieder ausgehn und spazieren dürfen.

Ich habe, Freund, den Sommer schon gesehn!
Auf Feldern, wo noch stolz die vollen Aehren stehn,
Sah' ich ihn majestätisch gehn.
In Gärten hab' ich ihn gesehn,
Und alles, was ich sah, war zum Entzücken schön,
Wie offen war mein Herz die Freuden zu empfinden,
Wie gern ließ ich von schmeichelhaften Winden
Von alten, doch vielleicht noch nicht besungnen, Linden
Die Blüthen mir entgegen wehn!
Wie neu war alles mir, was ich schon oft gesehn!
Doch, Freund anstatt itzt nur beständig zu spatzieren,
Werd' ich mich selten nur vom Schreibepult verlieren,
Die allermeiste Zeit studiren,
Und anders nicht, als wenn die Freunde mich verführen,
Und selten mir, spatzieren gehn ꝛc.

G.

Am 21. Jul. 1747.

Sie sind seit Ihrer Genesung sehr ehrgeizig geworden. Aus Ihrem Briefe scheint es, daß Sie, nur

Ihren Freunden zu Gefallen, nicht gestorben sind. Ich würde Ihnen diese Eitelkeit kaum zu gute halten, wenn Sie nicht Ihren Hochmuth in so freundschaftlichen Versen hätten einzukleiden gewußt. Es sey Ihnen verziehen; werden Sie nun nicht mehr krank, und verlassen Sie Sich ja nicht auf meine Thränen! Es gehört viel dazu, wenn ein Steuerrevisor aus Freundschaft und Mitleiden weinen soll. ꝛc. —

Rabener.

Leipzig, am 28. Jenner, 1748.

Ich kann es doch nicht über mein Herz bringen, Ihnen ein Buch zu schicken, ohne Ihnen zugleich zu schreiben. Ich mag so viel zu thun haben, wie ich will, so bleibt doch ausgemacht: zu einem Briefe an einen guten Freund ist noch immer Zeit genug; ungeachtet ich einige gute Freunde habe, die dieses nicht für ausgemacht halten. Verstehen Sie mich? Sie finden also einen alten französischen Roman, von dem ich nicht weis, ob er gut oder schlecht ist, und die Briefe des Pays, nebst zwey Gedichten von mir.

> Entferne, wie du willst, von deinen Freunden dich,
> Und denk ich will mich kostbar machen!
> Du irrst dich nicht. Freund, wir entbehren dich,
> Doch du entbehrst auch uns, und unter uns auch mich,
> Und wirst auch uns dir kostbar machen.

Den 1. April, 1748.

Sie sind wahrhaftig mein einziger Freund in der Noth. Wenn mich die andern alle in meiner unwitzigen Einsamkeit verlassen, so schreiben doch Sie an mich, und machen, daß ich wieder auf ein paar Stunden Muth bekomme, die Menschengesichter zu ertragen, mit denen ich umgehen muß. Der Himmel wird Ihnen dieses Werk der Liebe nicht unvergolten lassen; und wenn Sie künftig auch zuweilen in meine traurigen Umstände kommen, so wird sich auch für Sie ein Freund finden, der an Ihnen die Barmherzigkeit ausübt, für welche ich Ihnen itzo danke. Alsdann erst werden Sie die Richtigkeit meines Wunsches und die Verbindlichkeit völlig einsehen, die ich Ihnen schuldig bin.

Die Nachricht von Ihrer Veränderung ist mir sehr unerwartet. Wäre ich eigennützig, so wünschte ich, daß gar nichts daraus werden möchte; allein ich liebe Sie zu sehr, als daß ich solches im Ernste wünschen sollte. Die Umstände scheinen dabey so vortheilhaft zu seyn, als es möglich ist. Wie sehr bedaure ich euch, Recruten der Kirche, daß euer erster Beruf gemeiniglich das Kinderlehren ist! —

Wie unvermuthet muß ich Sie verlieren! Wäre ich in dergleichen Fällen nicht bereits so sehr abgehärtet, und wäre ich nicht schon so gewohnt, einen Freund nach dem andern von Leipzig zu verlieren; so würde nur diese unvermuthete Trennung noch weit empfindlicher seyn. Aber das ist doch zu grausam, daß ich meinen lieben Freund, ohne Abschied von ihm zu nehmen, auf ewig einbüßen soll. — Ich bitte Sie, Ihrentwegen und meinetwegen bitte ich Sie, reisen Sie ja noch zum

Herrn von Hagedorn nach Hamburg, ehe Sie nach
Hannover gehen. Grüßen Sie meine Freunde in Leip=
zig; Gellerten, Cramern und Schlegeln grüßen Sie
zweymal; Klopstocken küssen Sie in meinem Namen
mit einem epischen Kuß: Leben Sie wohl. Ich bin
mitten unter meinen Akten und Bauern.

 Ihr
  Freund
   Rabener.

Am 8. April, 1748.

Also sind wir, mein lieber Freund, auf ewig sind wir
getrennt? Der gestrige Tag wird mir unvergeßlich seyn.
Binnen einer Zeit von vier Wochen verliere ich zween
so liebe Freunde. Dieser Verlust muß mir doppelt em=
pfindlich fallen, da ich in der Wahl meiner Freunde so
furchtsam bin, und weit mehr Zeit als vier Wochen
brauche, ehe ich mich entschließen kann, nur den ersten
Schritt zu einer neuen Freundschaft zu thun. Der Ge=
danke, daß Sie noch leben, daß Sie auch abwesend
mein Freund bleiben, daß diese Veränderung der Grund
Ihres künftigen Glücks seyn kann, dieser Gedanke wird
mir vielleicht zu einer andern Zeit tröstend genug seyn;
itzo ist er es noch nicht, unsere Trennung ist noch zu neu.
Ich hatte mir vorgesetzt, mich diesen ganzen Sommer
über unempfindlich zu gewöhnen, damit ich im Stande
seyn möchte, Ihren Abschied auf Michael etwas gleich=
gültiger anzusehen. Aber Sie haben meine Zärtlichkeit

überrascht, und ich bin die ganze Rückreise über für die Standhaftigkeit, so ich bey dem letzten Abschiedskusse heuchelte, grausam bestraft worden. Leben Sie wohl, bleiben Sie mein Freund, und lieben Sie mich so zärtlich, als ich Sie lieben werde. O! wie zufrieden bin ich mit mir selbst, daß ich auf den Einfall gekommen bin, Sie am Sonnabende mit meinem ungehofften Besuche in Leipzig zu überschleichen. Werde ich wohl in der Welt jemals so glücklich seyn, noch eine dergleichen freundschaftliche Wallfahrt zu Ihnen zu thun? Ich glaube es nicht. Künftig werde ich mir ein Gesetz daraus machen, keinen Ausländer mehr zu meinem Freunde zu wählen. Es ist ein Vergnügen, das uns das Glück nur auf eine kurze Zeit leiht.

Ich wünsche, daß Ihre Reise glücklich seyn möge. Auf die Mittwoche werde ich nicht von Ihrem Wagen wegkommen, und Abends will ich mich einschließen, keinen Menschen zu mir lassen, alle meine Akten wegräumen, und Ihre Gesundheit aufs feyerlichste ganz allein trinken; denn hier in diesem elenden Städtchen ist kein Mensch, welcher wüßte, warum er eben Ihre Gesundheit mittrinken sollte.

Bey Ihrer Ankunft in Hamburg vergessen Sie ja nicht, dem Herrn von Hagedorn meine Ergebenheit aufs überzeugendste zu versichern. Es ist mir daran um so viel mehr gelegen, da ich dieses auf gewisse Maße auch als einen Abschied auf ewig ansehen muß, den ich von

diesem

diesem Manne, dessen Verdienste und Wohlthaten ich so hoch schätze, nunmehr nehme, da ich mit Ihnen, mein lieber Freund, zugleich alle Gelegenheit verliere, mich in dem Andenken desselben zu erhalten.

Noch einmal, leben Sie recht wohl! Ich schreibe diesen Brief mit vieler Bewegung. Warum mußte ich Sie denn so sehr lieben? Ich sterbe als

Ihr

redlichster Freund
Rabener. *

Hannover, am 16. May, 1743.

Wenn ich Ihnen einen Brief schreiben sollte, wodurch ich Ihren letzten so freundschaftlichen, so schönen und mir so unvergeßlichen Brief nur einigermaßen bezahlte; wie vortrefflich müßte ich denn nicht schreiben? zum wenigsten wie Hagedorn! Mein Herz ist viel zu zärtlich, als daß ich nicht lange gewußt haben sollte, daß Sie

---

* Ich bekam nach einigen Jahren diesen Brief wieder zu Gesichte, und fand unter meinem Namen folgende Zeilen:

„Dieses unterschrieben den 9. April, am letzten glücklichen Abende in Leipzig, die wenigen übrig gebliebenen Redlichen,

„Ebert, Cramer, Charlotte, Klopstock.

Und weiter unten stund,

„Gärtner, Zachariä,

in Braunschweig. „

Daß so rechtschaffene Freunde die redliche Sprache meines Herzens mit einem so schmeichelhaften Beyfalle zu der ihrigen gemacht, das ist für meinen Ehrgeiz zu angenehm, als daß ich es hier mit Stillschweigen übergehen sollte. R.

mich lieben, und auch, daß Sie mich ungemein lieben. Aber, daß Sie mich so sehr lieben sollten, wie ich aus Ihrem letzten Brief gesehen habe, damit habe ich mir doch nicht geschmeichelt. Wenn ich meinen Freunden Schuld geben könnte, daß sie in der Wahl ihrer Freunde fehlten: so wollte ich auch sagen; das verdiene ich nicht. Allein, wenn man es durch eine gleich zärtliche Liebe verdienen kann: so habe ich es schon lange verdient. Ihr Brief hat mir Thränen ausgepreßt. Wenn ich itzt auf einen Augenblick aufhören könnte, ernsthaft zu seyn, so wollte ich sagen, andre Thränen, als Ihre übrigen Schriften zuweilen auspressen. Ich hatte mich in Leipzig noch bey Ihrem Briefe nicht satt geweint; ich nahm ihn also, nebst einem Briefe unsers Schlegels, und einem andern von unserm Cramer, mit auf die Reise. Bessere Reisegefährten konnte ich auch nicht haben; so wenig, als ich noch itzt bessere Gesellschaft finden kann. Sie werden daraus schließen, daß Sie einige Verbindlichkeit haben, mir so oft zu schreiben, als Sie können; weil Sie mich doch einmal so sehr lieben. —

Leipzig, am 15. Octob. 1749.

Mein immer noch liebster Freund,

Sie sind ein gefährlicher Mann! Ich war Willens, Sie wegen Ihres so langen Stillschweigens zu züchtigen, und Ihnen entweder einen bittern Vorwurf zu machen, oder gar zu schmollen, und noch ein paar halbe Jahre zu verstummen; aber ich kann keines von beyden thun. Ihr Brief, den ich heute bekommen habe, entwaffnet meinen Grimm, ungeachtet, wie Sie wissen, ein Steuerrevisor sehr grimmig ist. Sie haben ihn so freundschaftlich geschrieben, daß ich Ihnen gleich meinen Zorn wieder abbitten möchte; und das will bey mir viel sagen! Also kann ich nicht schmollen, das ist richtig: Soll ich Sie nun ausschelten? Sie würden, nach Ihrer Art, mit einer lächelnden Miene auf die Erde sehen, und das würde bey Ihrer Verstockung alles seyn, was ich gewönne. Kurz, ich will nicht trotzen, ich will nicht schelten, ich will aber mit Ihrer Erlaubniß auch nicht eine von allen denen Entschuldigungen glauben, die, — die Sie in Ihrem Briefe anführen.

Schon wollte ich am 15ten October schreiben, aber können Sie wohl glauben, daß ich es erst heute, am 2ten Jenner, 1750, vollends ausschreibe? so lange hat der Anfang dieses Briefs gelegen. Ich bin seit den 17ten October immer verreiset, und so verdrüßlich beschäfftigt gewesen, daß ich glaubte, Sie würden mir im Briefe meinen Verdruß ansehen; das wollte ich doch nicht, denn Sie dauern mich; zu allen diesen kam noch ein Umstand, der wichtig war. Ich habe zwey Blatt von Ihrem mir so lieben Briefe verloren. Der Himmel weis, in welcher Gegend von Sachsen sie sind liegen geblieben. Aller Bemühung unerachtet kann ich sie nicht finden. Wie soll ich sie also beantworten? Ich will es thun, so gut ich mich deren Innhalts erinnere. Die Nachricht von des Herrn *** Veränderung und seiner glücklichen Heyrath hat mich erfreuet; aber für den Witz ist es nicht gut; denn nunmehr hat er einen scheinbaren Vorwand, für die neuen Beyträge noch bequemer und spaßsamer zu arbeiten, als er es bisher gethan. Wiewohl, unter uns gesprochen, es giebt Leute, junge, muntere und geschickte Leute, die eben so faul sind, ob sie schon keine Weiber haben. Verstehen Sie mich? Gott versteht mich, sagte Sancho! —

Von Neuigkeiten weis ich Jhnen nichts zu melden. Die wichtigsten mag ich nicht schreiben; kommen Sie an die Grenze, so will ich Jhnen einige mündlich, und dennoch nur ins Ohr sagen. —

Am Weihnachtsabende haben die Diebe beyde Stuben unter der Meinigen ausgeräumt, in welchen Sie und Cramer Sich aufgehalten haben. Warum sind die Diebe damals nicht gekommen; da noch zween Poeten drinnen wohnten? Einen Poeten zu bestehlen, muß also wohl die Mühe nicht belohnen; es müßte denn solches wieder ein Poet thun.

Noch zwo Neuigkeiten. Wissen Sie denn, daß ich noch auf meine alten Tage italienisch gelernet habe? Und daß ich seit Michael Wasser trinken muß? Lauter Wasser, und gar kein Bier mehr? Bedauern Sie mich! Aber desto mehr Wein trinke ich; freuen Sie Sich! —

Rabener.

Trautenstein, den 12. Jenner, 1754.

Ich fange, wie Sie sehen, einen großen Brief an Sie an. Da ich so lange nicht an Sie geschrieben habe; so ist das das Wenigste, was ich thun kann. Wann er fertig werden wird, weis ich nicht; aber genug, er wird fertig werden, und Sie werden ihn bekommen, und sich ein bischen darüber freuen. Ein bischen? Das wäre ja für meinen Rabener nicht viel. Nein, Sie werden Sich recht sehr, und zwar so sehr darüber freuen, daß Sie vergessen, in wie langer Zeit ich Ihnen nicht geschrieben habe, und mir recht bald antworten. Mein letzter Brief an Sie war ein wenig wild. * Wenn ich Lust hätte; so sollte dieser eben so wild werden. Denn ich bin, Gottlob, itzt eben so frölich, als damals, wo nicht frölicher; und ich habe auch noch eben so viel, oder noch mehr Ursachen, es zu seyn, als ich damals hatte. Ich bin seit ein und zwanzig Wochen ein Ehemann, meines Hannchens Ehemann. Für die meisten Ehemänner ist das schon zu lange, als daß sie fröhlich seyn könnten, aber die haben auch kein Hannchen, und sind nicht Ich. Wie könnte ich mit Ihnen doch, da ich zum erstenmale als ein Ehemann an Sie schreibe, eher von was anders, als von meiner Glückseligkeit reden? Diese Materie ist für Sie viel zu wichtig, als daß ich nicht davon anfangen müßte. Wie oft haben Sie mich, da ich noch so

T 3

* Dieser Brief ist in gegenwärtiger Sammlung nicht befindlich.

verlassen war, bedauert? Freuen Sie Sich nun auch mit mir! Ich habe die beste Gesellschaft.

Wollen Sie wohl eine kleine Abbildung von meiner Frau lesen? Ich will sie Ihnen so unpartheyisch machen, als ich kann; und Cramer, der sie nun kennt, mag sagen, ob ich Recht oder Unrecht habe.

Meine Frau ist nicht groß, das ist ein Nebenumstand; aber Sie erinnern Sich vielleicht, daß ich mir immer mein zukünftiges Mägdchen nicht groß vorgestellet habe. Und es ist sehr süß, daß meine Vorstellung nun erfüllt ist. Sie hat blaue Augen, und auch die habe ich vordem meinem Mägdchen gegeben, wann ich sie mir im Geiste erschuf. Ihr Haar ist braun, nicht gar zu dunkel, ob sie gleich, mir zu gefallen, sich nicht pudert. Ihre ganze Gestalt gefällt, und nach meiner Meynung ist sie auch vollkommen werth, zu gefallen; das ist alles, was ich davon schreiben kann. —

Meine Frau hat so viel Witz, daß mir bey ihrem Gespräche die Zeit niemals lang wird, und daß mir in unsrer Einsamkeit die Stunden auch alsdann sehr geschwind dahin gehen, wenn ich sie gleich nicht küsse. Sie hat so viel Geschmack, daß alles, was sie thut, oder spricht, für mich eine ganz unbeschreiblich süße Anmuth erhält, und so viel Empfindung, daß sie bey den meisten Schönheiten meiner liebsten Schriftsteller so gut, als ich, gerührt wird, und einen rührenden Dichter oft durch sanfte Zähren belohnen kann. Wenn ich nur vor wichtigern und bereichernden Arbeiten Zeit hätte; so würde es mir bey ihr nicht an Ermunterungen und Belohnungen fehlen, meine ehemaligen angenehmen Beschäfftigungen wieder hervorzusuchen. Ich habe sie vor der Ehe von dieser Seite am wenigsten gekannt, weil sie zu bescheiden war, sich von derselben zu zeigen. Und Sie können denken, wie sehr das mein Vergnügen vergrößert.

Aber ihr Herz, mein liebster Freund, ihr Herz ist so edel und so freundschaftlich, daß ich dem Himmel nicht genug für ihren Besitz danken kann. Sie liebt alle meine Freunde gewiß so sehr, als ich selbst; und wenn sie einen von ihnen noch nicht so sehr liebte; so wäre die einzige Ursache nur die, daß sie ihn noch nicht genug kennte. Was für eine unaussprechliche Wollust ist es für mich gewesen, sie zu Cramern und Charlotten zu führen! Wie lieb hat mein Hannchen diese beyden glücklichen Eheleute! und ich kann mit Wahrheit sagen, wie sehr lieben sie auch mein Hannchen! Mir fehlt bey nahe keine Glückseligkeit mehr, als daß ich mit ihr nicht von einem Freunde zum andern reisen, und ihnen allen mein Hannchen, und sie alle ihr zeigen kann. Dann würde ich auch zu Ihnen kommen, liebster Rabener, und sie würde Ihnen gewiß gefallen, und Sie — würden freylich meinem Hannchen auch recht sehr gefallen. Das ist meine größte Glückseligkeit, daß mir der Himmel eine so freundschaftliche Gattinn gegeben hat, die es einsieht, und recht lebhaft fühlt, daß meine Freunde für uns ganz unschätzbare Geschenke der Vorsehung sind. Darum gehört Hannchen auch zu uns. Sie können leicht denken, daß eine so freundschaftliche Seele auch die Menschenliebe hat. Und ich freue mich auch, als Priester, über die Proben, die sie mir täglich davon giebt, und wodurch sie meine Gemeine ohne Zweifel eben so sehr erbauen wird, als sie sich dadurch bey ihr beliebt macht. Es müßte ein Wunder seyn, wenn ein solches Mädchen keine gute Wirthinn wäre, und Sie können Sich darauf verlassen, daß der Himmel auch in diesem Stück für mich gesorgt hat, da ich ungleich weniger Talente zur Wirthschaft, als zur Freundschaft habe.

Nun, mein liebster Rabener! Sie nehmen mir es doch nicht übel, daß ich Ihnen so viel von meiner Frau vorgeschwatzt? Ich hätte nicht ruhig Hannchens Ehemann seyn können, wenn ich Ihnen nicht nur etwas von meiner Glückseligkeit beschrieben hätte. Wann soll ich Sie auch so glücklich sehn? Ueber Ihre Beförderung nach Dresden freue ich mich freylich von Herzen, weil ich überall höre, daß Sie dort so sehr gut gesetzt sind. Ich wünsche Ihnen von Herzen Glück dazu, und bitte mir bald eine kleine Nachricht von Ihrer Lebensart und von Ihren dortigen Freunden aus. Aber, wenn Sie mir schreiben, daß Sie ein so glücklicher Ehemann sind, als ich; so will ich mich doch noch vielmehr freuen, und mein Hannchen noch zärt-

licher, oder, weil das vielleicht nicht möglich wäre,
noch freudiger küssen. —

Und Sie, mein theuerster Rabener, behalten Sie
mich immer lieb. Mein Hannchen grüßt Sie
recht freundlich, und wünscht Sie kennen zu lernen.
Ich bin

Ihr

zärtlichster und getreuester

G.

Dresden, am 9. Octob. 1754.

Denken Sie etwan, mein Herr, daß ich itzt auf Ihren Brief vom 12ten Jenner antworten wolle? Denken Sie das nur nicht. Wir sind beyde nicht gewohnt, uns so zu übereilen. Auf den 12ten Jenner 1755 ist es immer noch Zeit genug; da bleiben wir fein bey unsrer alten Ordnung. Nicht wahr, lieber Freund, also antworte ich Ihnen nicht: aber zanken will ich mich mit Ihnen. So? Ja, ja, im ganzen Ernste! Nehmen Sie nur Ihre Mütze ab; denn ich will Sie erbärmlich ausschelten. Ein so wichtiges Amt zu bekommen, und mir nicht ein Wort davon zu melden! Ganz von ungefähr habe ich es in Leipzig erfahren. Ist das erlaubt? O, über die Nachläßigkeit!

Den Augenblick setzen Sie Sich hin, und schreiben mir alles, wie es mit Ihrer Veränderung zugegangen? wie Sie Sich befinden! wie Sie Sich befinden wollen?

Alles schreiben Sie mir, und alsdann will ich Ihnen auf zween Briefe recht weitläuftig antworten. -- Was machen Sie mir für eine trotzige Miene? Im Ernste? Wollen Sie nicht schreiben? Gut, schreiben Sie mir nicht!

Madame,

Ich bedaure Sie von ganzem Herzen, daß Sie die Frau eines so trotzigen Mannes geworden sind. Dieser ist einer von seinen hundert Fehlern, die mir seine Erziehung sehr sauer gemacht haben. Ich bitte mir gehorsamst die Erlaubniß aus, künftig unmittelbar an Sie schreiben zu dürfen. Das Gemälde, welches mir Ihr Mann von Ihnen überschickt hat, ist so vortrefflich, daß ich von dem Augenblicke an die größte Hochachtung gegen Sie empfunden. Ich werde mich dieser Erlaubniß bedienen, Sie dessen mit der aufrichtigsten Ergebenheit zu versichern, zugleich aber Sie vor einem Manne zu warnen, welcher desto gefährlicher ist, je angenehmer er verführt. Wie unerschöpflich wird die Materie zu meinen Briefen seyn, wenn ich Ihnen von den Fehlern dieses Mannes schreibe! Ich küsse Ihnen die Hände ꝛc.

Sehen Sie, mein guter Herr, kann ich Sie so kriegen? Nun schreiben Sie nur bald, recht bald, so will ich Sie bey Ihrer rechtschaffnen Frau nicht verrathen. Und hernach will ich Ihnen auch recht viel antworten. Ich will Ihnen melden, daß ich mich wohl befinde; daß ich sehr vergnügt lebe; daß ich ein ziemlich austrägliches Amt habe, daß ich aber auch fast unter der Last meiner Arbeit erliegen muß; daß ich meinen ganzen gesunden Witz verloren habe, und also mein Glück hier in Dresden höher bringen werde; daß ich wenig Gesellschaft suche, aber unter diesen wenigen Freunden sehr zufrieden lebe; daß ich nicht heyrathen will, weil ich befürchte, ich werde niemals so glücklich wählen, als mein Freund gewählt hat; daß ich tausendmal an Sie, und nach Braunschweig denke; daß ich Sie erstaunend liebe: das alles will ich Ihnen schreiben. Leben Sie wohl!

Rabener.

Dresden, am 29. Jenner, 1757.

Wenn Sie, mein Herr, keinen Antheil an dem brandenburgischen Ueberfalle der sächsischen Lande haben, wenn Sie nicht glauben, daß ich, unschuldiger Steuersekretär, an dem vierten geheimen Artikel des petersburgischen Traktats gearbeitet habe; wenn Sie nicht, wie Ihr König, nöthig finden, der Religion wegen mich zu zerknirschen, mich armen Sachsen, der ich der Religion wegen verhungern soll, da ich doch so orthodox protestantisch bin, daß ich alle Freytage Rindfleisch, die ganze Fasten durch Wildpret esse, und auch ohne geweihte Kerzen durch dieses finstere Jammerthal hindurch zu tappen gedenke, mit einem Worte, wenn Sie noch --- ach ja! --- wenn Sie noch mein guter

Freund sind; o! so antworten Sie mir; ich beschwöre Sie bey Ihrer Frau und Ihrem besten Kinde, so antworten Sie mir auf meinen ersten, zweyten, so antworten Sie mir wenigstens auf diesen dritten Brief. — Und so lange hat mich mein alter, bester, kleiner Freund vergessen können?

Wie viel Noth, wie viel Jammer, wie viel Schrecken, wie viel Angst wegen des Zukünftigen, ach! wie viel, wie viel Unglück, das mich und mein armes unschuldiges Vaterland seit dem neun und zwanzigsten August, das Ihr Leipzig, darinnen es Ihnen so wohl gegangen ist, betroffen hat; wie viel könnte ich Ihnen melden! Aber Sie haben mich vergessen: Sie haben Sich Mühe gegeben — wollte Gott, es wäre Ihnen sauer geworden! ••• ja wohl, Mühe haben Sie Sich gegeben, mich ganz zu vergessen: Sie würden doch sonst ein einzigesmal an Ihren Rabener, Ihren aufrichtigen Rabener, Ihren guten Freund geschrieben haben, einmal doch würden Sie mich gefragt haben, wie mir es gienge? Seyn Sie ruhig, Sie sollen keine Klagen weiter von mir hören, mein Herr; Sie möchten sonst Ihr feyerliches Gesichte ganz von mir wegwenden, wie von einem unglücklichen Bettler, dessen ekelhaften Anblick man scheut. Nur einen Brief von Ihnen, als ein Almosen von Ihnen nehme ich es an, nur einen Brief, guter Freund, von Ihnen; so vergesse ich meine ganze Noth.

Aber, G***, ich bin ein trotziger Bettler; schlagen Sie mir auch dieses Allmosen unbarmherzig ab, so verfolge ich Sie mit einer hungernden Wut, und rufe allen Leuten auf der Gasse zu, daß dieser ungetreue Freund sich seines sonst geliebten Sachsens und seiner zärtlichen Freunde schämt. Wie sollen Sie zittern, wie beschämt sollen Sie fliehen! In das nächste Haus sollen Sie flüchten, um der Wut Ihres verachteten Freundes auszuweichen. Aber das Pflaster will ich aufreißen, und an die Hausthüre donnern, hinter die Sie, vergessender Freund, Sich und Ihr böses Gewissen geflüchtet haben! Das will ich thun; gewiß ich will es thun.

Rabener.

N. S.

Unmöglich kann ich es thun. Ich liebe Sie noch eben so sehr, noch eben so aufrichtig, noch eben so heftig liebe ich Sie, wie ich Sie in Leipzig liebte. O! Madame bitten Sie doch Ihren Mann, daß er seinem alten Freunde, Rabenern antworte. Freylich kennen Sie diesen Rabener nicht; aber er ist ein ehrlicher Mann, sonst würde er kein Freund von Ihrem Manne seyn.

Rabener.

Quedlinburg, den 9. Febr. 1757.

Ihren Brief habe ich empfangen, als meine Frau krank war, und er hat mich nur desto mehr verwundet, ob er gleich mein Herz auch zu einer jeden andern Zeit verwundet haben würde. So weh er mir gethan hat: so umarme ich Sie, und danke Ihnen tausendmal dafür. Ich weis doch nun, daß Sie leben und gesund sind, und Sie haben es mir wieder gesagt, daß Sie mich lieben. Sie haben es mir nicht nur gesagt; sondern Sie haben es mir aus einer Fülle des Herzens versichert, dessen Zärtlichkeit mitten unter den Vorwürfen, die es mir macht, so nachdrücklich redet. Sie klagen mich an, daß ich Sie vergessen, daß ich mir Mühe darum gegeben habe, und wünschen, daß es mir nur sauer geworden seyn möge. Mein liebster Rabener, halten Sie es denn für möglich, daß jemand, dessen Freund Sie gewesen sind, und insbesondere, daß ich Sie vergessen kann? Nein, Sie kennen mich und Sich selbst. Mit eben der zärtlichen Freundschaft, die Sie mir ehemals eingeräumt haben, bin ich noch itzt der Ihrige. Sie sind, nebst unsern übrigen Freunden, mein öfters liebstes Gespräch mit meiner Frau, und diese hat ein Herz, das so stolz seyn darf, Ihre Freundschaft zu fodern, und Ihnen die seinige anzubieten. Sie kennt die ganze Lebensart, die wir mit einander in Leipzig geführt haben. Wann kann das Andenken unsrer Zeiten in Leipzig, dieser glücklichen Zeiten! in mir verlöschen? Ach! wenn es einer Erinnerung, und einer solchen! bedürfte, so müßte es, durch das gegenwärtige Schicksal Ihres geliebten Vaterlandes lebhafter, obgleich auch mit mehr Schmerzen, als jemals, erneuert worden seyn! Wo hat Sachsen, mein theurester Freund, und insbesondere Leipzig, nicht Freunde, und das letzte Pflegesöhne, die an seinem gegenwärtigen Schicksale Theil nehmen? Die Vorsehung, die Ihr geliebtes Sachsen, das so lange das Augenmerk so vieler andern Völker in seinem Flor und in seinen Sitten gewesen ist, itzt vor allen diesen Augen heimgesucht, wird es wieder segnen. Sie wird sich itzt aller Leidenden annehmen; und sie wird insbesondere meine Freunde behüten. Ich bedaure Sie innigst, mein liebster Rabener, — seyn Sie nicht so grausam, und lassen mich, nach diesem ersten Briefe, nach Nachrichten von Ihnen vergebens seufzen. Geben Sie mir dieselben so bald und so ausführlich, als Sie können. Sie sollen sehen, wie hurtig ich antworte. Sollte ich in der That zween Briefe von Ihnen unbeantwortet gelassen haben? —

C**, um von unsern Freunden Ihnen auch etwas zu schreiben, hat in Copenhagen den Beyfall, die Bewunderung, die Liebe und das Vertrauen gefunden, die er verdient, und bey keinem mehr, als bey den höchsten Herrschaften. Ich weis ganz besondere und zuverläßige Umstände davon, die ich von iemanden erfahren habe, der selbst in Copenhagen ein Zeuge davon gewesen ist.— G** hat vielleicht mehr, als einer von uns andern zu thun, ist übrigens gesund. —

Und nun, mein liebster Rabener, leben Sie wohl. Hängen Sie Ihrem Unmuthe nicht zu viel nach. Ich bin bereit, wenn das Sie zerstreuen könnte, Ihnen recht oft zu schreiben. Aber Sie müssen mir auch antworten. Ihr Brief vom 6ten May 1755 ist ein Beweis, daß Sie es auch nicht immer gethan haben, ob ich gleich mich damit nicht entschuldigen will. Meine Frau kennt Sie; sie weis, daß Sie mein Freund sind; das erste ist die Ursache, um derentwillen sie Sie hochschätzt; für das andere ist sie Ihnen verpflichtet. Wenn Sie sie kennten: so würde sie stolz seyn, Ihre Freundinn zu heißen. Sie wünscht es zu seyn, und empfiehlt sich Ihnen. Meine Kinder sind es nicht unwürdig, daß ich sie Ihnen empfehle. Ich umarme Sie und bin von ganzem Herzen,

mein liebster Rabener,

Ihr

allergetreuester Freund.

―――――――

An Herrn Professor Gellert.

Liebster Professor,

Wie unvermuthet sind wir von einander gerissen worden, und wie sehr vermisse ich Sie, so stumm Sie auch sind! Wir wollen uns unverändert lieben; wir werden beyde glauben können, daß wir uns lieben, wenn wir es auch einander nicht sagen, denn wir sind bis itzt nicht sehr gewohnt gewesen, davon zu reden. Wie ist Ihnen das Bad, oder vielmehr die Reise ins Bad bekommen?

Sie

Sie müssen vollkommen gesund seyn, wenn die Wünsche Ihrer Freunde nur einigermaßen erfüllt sind. Wie ich mich eingerichtet habe, und wie es mir hier gefällt, will ich Ihnen auf Michael sagen. Viel Arbeit, sehr viel Arbeit habe ich; aber ich bin ihrer gewohnt. Ich nehme meine Freunde aus, sonst vermisse ich hier kein Vergnügen. Bald werde ich hier eingewohnt seyn, und Leipzig zwar niemals vergessen, aber auch nicht lange mehr vermissen. Lesen Sie denn auch mannigmal meine Schriften? Machen Sie Sich gefaßt, mir auf Michael die schwedische Gräfinn eingebunden zu schenken. Ja freylich eingebunden; denn der Band ist das beste, und mein Exemplar haben itzt die Prinzeßinnen *** und ***, von denen ich es schwer zurück bekommen möchte, wenigstens kann ich es ihnen nicht wieder abfordern. Die guten Princessinnen haben beyde Theile durchgelesen, und sie haben ihnen recht wohl gefallen, vermuthlich, weil alles so fein leserlich gedruckt ist. Je ja! das Buch ist ganz gut, es steht auch nichts ärgerliches drinne, daß es also eine Princeßinn ganz wohl lesen mag. Wie befindet sich denn unser Graf B * mit seinem Mentor? Ich würde den Herrn Grafen selbst gefragt haben aber es ist bey mir noch so viel Gewirre, als daß ich so viel Zeit gewinnen könnte. An alle Freunde und Bekannte, die ich genannt habe, die ich noch nennen werde, und die ich nicht nenne, machen Sie meinen verbindlichsten Empfehl. Vornehmlich geht das auf den Herrn Grafen von

G***, seinen liebenswürdigen Hofmeister und deren hochfreyherrlichen Nachbar. Fragen Sie diesen einmal, wie ihm die Rückreise bekommen sey, sehen Sie ihm steif zwischen die Augen, und wenn er roth wird, so geben Sie noch nicht alle Hoffnung verloren. Er hat mir gesagt, daß auf der Rammischen Gasse, wo ich wohne, viele verdächtige Häuser wären. Woher muß er wohl diese Nachricht haben? —

Nun kömmt ein Punkt, auf den ich binnen acht Tagen Antwort haben möchte. Für einen jungen Grafen, der auf eine auswärtige Universität gehen soll, und etwan funfzehn Jahr alt ist, wird ein Hofmeister gesucht. Was von ihm verlangt wird, werden Sie wohl wissen; ich weiß es nicht. Vermuthlich wird, außer einem äußerlichen guten Ansehn, auch französisch und Geduld verlangt. Den Gehalt weis ich auch nicht; so viel hat man mir aber gesagt, daß es nicht darauf ankommen würde, hundert Thaler mehr oder weniger zu geben. — Meine Mägdchen grüßen Sie nicht, darum will ich sehr bitten. Antworten Sie mir bald, und recht viel; wenn Sie schreiben, so haben Sie ja nicht nöthig, zu reden. Lieben Sie mich unverändert, und denken Sie an mich. Wenigstens werden Sie an mich denken, wenn Ihnen ein Accisgroschen zum Merseburger fehlt. Leben Sie wohl, mein lieber Stummer!

Rabener.

Lieber Kleiner *,

Wenn Sie meinen Beyfall aus der geschwinden Antwort schließen wollen; so hätte ich Ihnen wohl mit einer Staffette antworten mögen. Sie sind ein allerliebster Schleicher, so schleichend, wie Ihr hörchender Apoll auf dem Titelblatte. Da ich von Ihnen kaum eine gereimte Zeile vermuthet, so überraschen Sie mich mit einem Bändchen, worinnen ich meinen Gellert ganz finde. Ich würde mit Ihrer Furchtsamkeit sehr unzufrieden seyn, wenn Sie im Ernste aufhören wollten, mehr zu schreiben. Wollen Sie nicht mehr erzählen? — Aber warum wollen Sie das nicht mehr? so geben Sie uns Lehrgedichte, in denen Sie gewiß glücklich sind. Wissen Sie, daß mir der Stolz am besten gefällt? Die Gedanken sind neuer, als in Reichthum und Ehre: doch hat auch dieses Stück, gleich dem Christen, vorzügliche Schönheiten. In den Erzählungen weis ich beynahe keine Wahl zu treffen; sie sind alle schön. Die 2. 3. 12te und 13te kommen mir entweder nicht neu genug, oder nicht sorgfältig genug erzählt vor. Der Informator wird wohl confiscirt werden; ob sie den frommen General in die B*** Zeitung einrücken möchten? daran zweifle ich fast. Ich freue mich, daß Sie das auf unsern Grafen mit

---

* Rabener pflegte Gellerten, in Beziehung auf seinen ältesten Bruder, den Oberpostcommissarius in Leipzig, so zu nennen.

beydrucken laſſen. Er verdient, von Ihnen auf dieſe Art öffentlich gelobt zu werden; und vielleicht hat es auch künftig ſeinen großen Nutzen, wenn es ihm einmal, als Excellenz, ungefähr wieder in die Hände fallen ſollte. Einen einzigen Punkt haben Sie darinne vergeſſen. Bey einer neuen Auflage können Sie immer noch eine Strophe nach der zehnten Strophe einrücken. In dem Gedichte auf Cramern iſt viel Zärtlichkeit und Weißagung; außerdem würde ich es mehr für ein Gedicht für bekannte Freunde, als für die fremde Welt halten. Die Stelle S. 133.

> Da liebe Töchter, liebe Söhne, ꝛc.

müſſen Sie ſchlechterdings Selbſt, und mit Ihrer eignen menſchenfreundlichen Miene leſen, wenn ſie gefallen ſoll. Inzwiſchen iſt der Gedanke gar chriſtlich, und er bringt mich auf den erbaulichen Kirchengeſang:

> Schöne
> Söhne
> Und die Docken,
> Die den Rocken
> Fein Abſpinnen,
> Und die Zeit mit Kunſt gewinnen!

Unſer Cramer wird itzt wohl bey Ihnen ſeyn. Wie beneide ich Sie!

Leben Sie recht wohl, und haben Sie mich recht lieb.

Mein letzter Segen iſt:

> Sey er ruhig, eß er und trink er ꝛc.
> Schreib er fleißig Bücher, mein Sohn!

Oder, welches einerley ist:

Auf! wag' es noch einmal; vergiß den Zeitvertreib,
Schlaf, Freunde, Lieb' und Wein! Verläugne dich, und
schreib!

Dieses wünscht mit Herr Wendlern

Ihr

Dresden,
den 24. Merz, 1754.

redlicher Rabener.

Extract aus dem dresdnischen Anzeiger.

sub rubr. Allerhand klene Schriften ꝛc.

Leipzig. Allhier haben wir aus dem Wendlerischen Verlage abermal ein Werkchen bekommen, welches den Titel führt: Lehrgedichte und Erzählungen von Gellerten, groß Octav, 9 Bogen. Es ist dieses eine Sammlung gar lehrreicher Denksprüche, die uns der sel. Mann hinterlassen hat, und die seine Erben zusammen drucken lassen. Wir hätten gewünscht, daß einige Nachricht von seinem Leben vorgesetzt wäre. Da er schon vor zwey Jahren gestorben ist,[*] so würde es noch Zeit seyn, verschiednes von seiner Person und Umständen zu sammlen. Der selige Mann gehörte unter die großen Geister, die mehr als eine Sphäre

---

[*] Der Ruf hatte ihn dazumal todt gesaget.

füllen, und seine tiefe Einsicht in die Berg- und Metallenwissenschaften * werden ihn in seinem Vaterlande unsterblich machen. Wir freuen uns, daß der Herr Pastor B** in S** Hoffnung macht, eine ausführliche Beschreibung von seinen Lebensumständen künftige Peterpaulmesse zu liefern. An Druck und Papier hat der Verleger nichts gespart. Wir wollen zur Probe von diesen Gedichten eine anakreontische Ode einrücken:

An den Herrn Grafen Hanns Moritz von Brühl,

2c. 2c.

Wie gefällt Ihnen dieses Extractchen, mein lieber Kleiner? Ich erstaune, da mir es den Augenblick in die Hände fällt, als ich den Brief schließen will. Sehn Sie, daß wir in Dresden auch Geschmack haben! Am 26. Merz.

Dresden, am 19. Jenner, 1756.

Liebster Gellert,

Ich habe mit gutem Vorbedachte auf Ihren Brief vom 5ten November nicht eher antworten wollen, um den

---

* Dieß bezieht sich auf eine Stelle im Journal Etranger, wo man bey Gelegenheit der Recension der Metallurgie des Herrn Bergcommissionrath Gellerts in Freyburg, ihn mit dem Dichter verwechselt, und sich verwundert hatte, daß ein Mann in einer so tröcknen Wissenschaft zugleich ein so guter Dichter seyn könne.

größten Theil Ihrer traurigen Monate vorbey gehen zu laſſen. Ich befürchtete, zu viel zu verlieren, wenn Sie mein Brief in einer trüben Stunde finden ſollte. Ich bin immer aufgeräumt, aber nicht immer geſchickt, an meine Freunde aufgeräumt zu ſchreiben. Ueberhaupt werde ich es bald gar verlernen, an meine Freunde zu ſchreiben, da keiner von ihnen an mich ſchreibt. Cramer hat mir auf zween Briefe nicht geantwortet, Giſeke auch nicht; von Braunſchweig kann ich keine Briefe verlangen, ohne die Herren in ihrer witzigen Ruhe zu ſtören, und Graf M. hat mich ohne Zweifel, mich armen Deutſchen, gar vergeſſen. Sind Sie mit dieſer Entſchuldigung meiner ſo langen unterlaſſenen Antwort zufrieden? Oder verlangen Sie, daß ich noch mehr Entſchuldigungen von meinem Amte hernehmen ſoll? Ich bitte Sie, verlangen Sie das ja nicht, oder es wird Ihnen gewiß Angſt, ſo bald ich von meinen Berufsarbeiten zu erzählen anfange. So viel kann ich Ihnen wohl ſagen, daß ich erſt vorgeſtern mit denen Arbeiten zu Stande gekommen bin, die ſeit der Michaelismeſſe auf mir gelegen haben. Da ſehen Sie Ihren alten geſchäfftigen Freund, welcher dem ungeachtet mitten unter ſo vielen Fröhnen geſund, vergnügt, und mit der ganzen Welt zufrieden, und verwegen genug geweſen iſt, itzt erſt engliſch zu lernen. Wie gefällt Ihnen meine Pedanterey? Wahrhaftig engliſch, oder engländiſch, wie es heißt, lerne ich, und lerne es ſeit Michael ohne Anführer,

und kann davon schon so viel, als keiner von unsern Castraten, und spreche es wirklich bereits fast so gut, wie
ein Wallfisch. Denken Sie aber ja nicht, mein lieber
Kleiner, daß mich mein Steuerjoch und meine Bücher
ganz von meinem Vergnügen abhalten. Ich gehe
fleißig in die Oper, auch wohl manchmal auf Bälle, und
ich stehe Ihnen nicht dafür, daß ich nicht heute auf
die Redutte komme. Ich besuche meine Freunde, und
hübsche Mägdchen in Familien, von denen man Ehre
hat; und im Sommer sind wenigstens zwo Stunden vom
Tage meine, an denen ich in unsern himmlischen Gegenden spazieren gehe. Bin ich nicht recht glücklich, lieber Gellert? Würde ich es wohl mehr seyn, wenn ich
ein Weib hätte? Erbauen Sie Sich durch mein Exempel, guter Kleiner, und durchleben Sie das übrige dritte
Theil Ihrer Jahre auch so vergnügt. Der Beyfall meiner Landsleute und der Fremden trägt vielleicht zu meiner Heiterkeit etwas bey; aber ich verlasse mich darauf
mehr nicht, als sich ein vernünftiges Frauenzimmer
auf ihre Schönheit verläßt, die vielen gleichgültig,
vielen zweydeutig, und überhaupt sehr flüchtig und ver-
gänglich ist. Es werden Tage kommen, wo wir beyde vergessen sind, und in denen wir höchstens darum
noch genennet werden, weil wir gelebt haben. „Der
„fließende Herr Gellert, und der spitzige Herr Rabe-
„ner, (wird es heißen) haben hier und da ganz artige
„Gedanken gehabt, und die wenigen Bogen, die von
„ihren vermuthlich gar weitläuftigen Werken noch

„übrig, sind verrathen einigen Geschmack, so gut man „ihn von den unaufgeklärten Zeiten, in denen sie gelebt haben, erwarten kann ꝛc." Wie gefällt Ihnen dieses Stückchen aus der Nachwelt, mein lieber Gellert? Ich bin gelassen dabey, wenn diese Nachwelt nur erfährt, daß Sie mein Freund gewesen sind. Will die undankbare Nachwelt meine Schriften nicht lesen, so soll sie doch meine allergnädigsten Befehle lesen, durch die ich mich als Steuersekretär verewige, so wie ich mich dadurch, und nicht durch den Witz, ernähre.

Auf welches Dorf werden Sie denn in künftiger Messe flüchten? Sie sind ein Spötter, indem Sie Sich über das Glück meiner Schriften, die in B** immer auf dem Nachttische liegen, eifersüchtig stellen. Vermuthlich soll ich Sie, zu Ihrer Beruhigung, daran erinnern, daß Kinder von guter Erziehung Ihre Schriften auswendig lernen müssen, und gern auswendig lernen. Der Beyfall des Pfarrers und seiner häuslichen Tochter ist mir so schmeichelhaft, als der Beyfall einer Excellenz und einer Hofdame. Ich habe immer den seltnen Hochmuth gehabt, zu wünschen, daß meine Satiren das Siegel der Orthodoxie erhalten möchten; und es ist mir immer erfreulich, wenn meine Schriften auch denen gefallen, die den Beruf eben nicht haben, witzig zu seyn.

Leben Sie wohl. Ich liebe Sie ewig. Sind Sie mit diesem Briefe zufrieden? Mich dünkt, er ist ein sehr langes freundschaftliches Gewäsche. Schreiben Sie mir noch einmal vor der Messe. Und in künftiger Messe lassen Sie Sich wenigstens einen Tag lang sehn. Noch einmal leben Sie wohl!

Rabener.

Dresden, den 31. Jan. 1756,

Mein lieber Gellert,

Hier sende ich Ihnen die Briefe zurück, welche mich sehr vergnügt haben. M** bleibt doch unser guter Graf, und da er es in Paris bleibt, so wird er sich auch in Dresden nicht ändern. Nun freue ich mich doppelt darauf, daß er mit der Zeit hoch steigen wird. Denn von ihm hoffe ich gewiß, daß er niemals wird schwindelnd werden. Diese Woche geht Ihr Brief an ihn fort. Da Sie mir Ihre geistlichen Lieder nicht anvertrauet haben, so erwarte ich die Trinklieder, die Sie, wie mich ein guter Freund von Ihnen noch gestern versichern wollen, unter der Feder haben. Das schlagen Sie mir doch nicht ab?

Ich bin mit der Entschuldigung vortrefflich zufrieden, die Sie mir wegen Ihres kleinen eitlen Herzens gemacht haben. Meine Vorwürfe scheinen nur denen grausam, die mich nicht so, wie Sie, kennen.

249

Ich kann es geschehn lassen, daß wir Ernesti und Bachen verlieren; behalten wir nur den göttlichen Belli* und die unsterbliche Vilaja.* Kästnern können wir leicht vergessen; er konnte nicht einmal tanzen, und haben Sie wohl, so lange Sie ihn kennen, eine vernünftige Perücke auf seinem Kopfe gesehn? Wollen die Ausländer etwa Jöchern, Mascoven, Crusius ꝛc. auch wegnehmen? Gut; wenn nur Sie bey uns bleiben, denn Sie machen gar zu drollichte Fabelchen. Und geht auch die ganze Universität ein; was ist es nun mehr? Leipzig wird doch, wegen der Lerchen, nach wie vor berühmt bleiben!

ꝛc. ꝛc.

Dresden, den 25. Merz, 1757.

Wie bescheiden sind Sie, mein liebster Gellert, daß Sie meinen Beyfall als einen Theil der Belohnung für Ihre frommen Gedichte ansehn wollen. Sie haben ihn ganz, diesen Beyfall, den Ihnen keiner von Ihren Lesern versagen wird, welcher nicht so unglücklich ist, ein Feind von Religion und Witze zu seyn. Bisher habe ich Sie, als meinen besten Freund, aufrichtig und zärtlich geliebt; ich habe nicht geglaubt, daß meine Achtung für Sie noch höher steigen könnte, als sie war: aber sie ist in der That noch um einen ziemlichen Grad höher gestiegen.

* Belli, ein großer Sänger, und Vilaja, eine berühmte Sängerinn auf dem damaligen dresdner Opernteater.

Liebenswürdig sind Sie mir allezeit gewesen, aber nun sind Sie mir auch ehrwürdig. Ich nehme dieses Wort in seinem weiten und prächtigen Umfange, den es hatte, ehe man es noch an viele Thoren verschwendete, die keine Vorzüge vor dem Pöbel haben, als die Kleidung.

Sie dürfen keinen Augenblick zweifeln, daß Sie mit diesen Ihren frommen Gedichten erbauen werden. Die Erbauung wird doppelt seyn, da die Welt Sie bereits auf einer so vortheilhaften Seite kennt. Durch Ihren Witz haben Sie die gerechten Vorurtheile des Publici gewonnen, welches nichts anders, als etwas lehrreiches, tugendhaftes und vollkommenes erwartet, so bald es Ihren Namen erblickt. Wie vortheilhaft wird nunmehr dieses Zutrauen der Welt für unsre heilige Religion seyn! Ihre Fabeln und Lehrgedichte haben die Leser zu denen erhabenen Gedanken vorbereitet, die sie nunmehr in Ihren geistlichen Liedern finden. Verehrer der Religion werden mit diesen Gedichten den Leichtsinn derjenigen beschämen, welche glaubten, daß der Witz nur zu einer eitlen Belustigung gut sey. Und diese Leichtsinnigen müssen die Religion lieb gewinnen, da sie ihnen in einer so angenehmen und reizenden Kleidung vorgestellt wird.

So glücklich sind die Folgen, mein reblicher Gellert, bey denen, die Ihre Schriften lesen, ohne Sie genauer zu kennen; was werden sie nicht erst bey denenjenigen würken, die Ihr gutes Herz kennen? Die sen sind ihre Wahrheiten doppelt überzeugend, da sie wissen, aus was für einer reinen Quelle, aus was für einem guten Herzen alle diese Wahrheiten herfließen. Ich habe es Ihnen so oft gestanden, daß mir Ihr rechtschaffenes Herz noch schätzbarer ist, als Ihr Witz: und hätte ich es Ihnen noch niemals gestanden, so würden Sie mir durch Ihre Lieder dieses Bekenntniß nunmehr gewiß entreißen. Unmöglich hätten Sie so gut und lehrreich schreiben können, wenn Sie nicht diese heiligen Wahrheiten aus einer innern Ueberzeugung geschrieben hätten. Ich glaube, scharfsichtige Augen entdecken den feinsten Heuchler allemal unter der frommen Maske, hinter welcher er verborgen zu seyn wünscht. Voltäre kann uns goldne Sittensprüche predigen, Tugend und Menschenliebe in seinen Versen vergöttern, und die Religion in tragischem Pompe aufführen. Er wird gefallen, aber niemals wird der Voltäre erbauen, dessen ungöttlicher Leichtsinn, dessen schmutziger Witz, dessen liebloser Eigennutz uns seine Sittensprüche, seine Reime von Tugend und Menschenliebe, und seine Religion verdächtig machen. Man muß ihn hassen, so bald man liest, wie edel er schreibt, und dennoch weis, wie niedrig er denkt.

Wie ernsthaft haben Sie mich gemacht, mein lieber Gellert, und doch empfinde ich bey aller dieser Ernsthaftigkeit eine Art des Vergnügens, das ich kaum empfunden habe, wenn ich scherzhaft und spottend an Sie schrieb. Welch ein vortrefflicher Freund sind Sie! Ich fühle itzt den ganzen Werth Ihrer Freundschaft. Ihnen darf ich Sachen vorsagen, die ich keinem andern vorsagen würde, da sie zu viel Aehnliches von einer Schmeicheley haben: Aber Sie, guter Gellert, Sie kennen Ihren Rabener, der nicht gern beleidigt, aber noch weniger schmeichelt. Und wenn ich Ihnen sage, daß Sie meinen Beyfall haben, daß Sie die Welt gewiß erbauen werden, und daß Sie alle Leser von Ihrem guten Herzen überzeugen; so sage ich Ihnen eine Wahrheit, die Ihnen meine Freundschaft und mein Geschmack schuldig sind.

Ob ich Ihre Entschließung, nichts mehr zu schreiben, billige? darüber will ich mich itzt noch nicht erklären: aber das will ich Ihnen gestehen, daß ich hoffe, es sey nur ein flüchtiger Einfall gewesen, wenn Sie mir melden, daß Sie nunmehr wünschen, den Rest Ihres Lebens auf dem Lande in einer guten Familie zubringen zu können. Verlassen Sie Ihr Amt nicht, so lange Sie noch Kräfte haben, den Geschmack und das Herz der Jugend zu bilden. An Ihrem nothdürftigen Unterhalte wird es Ihnen niemals fehlen; und schenkt Gott unserm Vaterlande die Ruhe wieder, so werden sich bey der Universität gewiß solche Umstände äußern, die Ihnen ein bequemer Auskommen verschaffen.

Tausendmal habe ich Schlegeln in Gedanken umarmt, daß er Sie bey Ausarbeitung Ihrer Lieder mit seiner Kritik so freundschaftlich gekerkert hat. Wie groß müthig urtheilen Sie von diesen Gefälligkeiten; aber Sie haben auch gewiß dabey gewonnen!

Damit ich meinen Brief mit eben dem Vergnügen, und der Gemüthsruhe schließe, mit welcher ich ihn angefangen habe; so will ich von unsern hiesigen Umständen nichts melden. Wann werden wir uns wieder sehn? Wann werden wir uns in Ruhe sprechen können?

Leben Sie wohl, mein itziger, mein menschenfreundlicher mein frommer Gellert! Ich umarme Sie, und danke Gott, daß er mir Sie zum Freunde gegeben hat.

Rabener.

Dresden, am 4. May. 1757.

Lieber Gellert,

Machen Sie mir doch hurtig und geschwinde einen Informator nach beygehendem Recepte. Sie werden finden, daß die Bedingungen nicht zu verachten sind; und da ich die Ehre habe, den Herrn Kriegsrath wohl zu kennen, so kann ich Ihnen die Versicherung geben, daß er durch eine gute Aufführung diese Bedingungen noch mehr verbessern kann Ich glaube nicht, daß die Fähigkeiten und die Arbeiten, die man verlangt, die menschlichen Kräfte eines S. S. Th. Candidati übersteigen. Er muß allerdings, wie Sie sehn, ein Theolog seyn, denn der Vater will, daß seine Kinder Religion haben sollen. Halten Sie dieses, so viel möglich, geheim, es möchte dem Vater an seinem Glücke und an seinem guten Namen Schaden thun, da er Kriegsrath, ein Hofmann und von Geschlechte ein V* ist. Freuen Sie Sich nicht, lieber Gellert, daß, nebst dem Lateine, auch die reine Muttersprache gelehrt werden soll? Wie glücklich ist unser Professor E*, daß er dergleichen Aergerniß nicht erlebt hat! Nur mit reimfreyen Versen sollen die Kinder nicht angesteckt werden; merken Sie das ja wohl. Klopstocks Messias hat den D** Hof und die ganze P*** Armee wider sich: den erstern, weil ihn die Castraten nicht singen können; und die letztere, weil er der Messias ist.

Wie wird der Herr Candidat mit dem Französischen zu rechte kommen? Doch dieses wird mehr des Informators, als der Kinder, wegen verlangt, weil über Tische nichts anders gesprochen wird, als französisch. Man wird es dem deutschen Michel vergeben, wenn er dafür nur weiße Wäsche und eine gesittete Perücke hat. Ich glaube, dieses beydes versteht man unter der sittlichen Lehrart, so, wie die beliebte Lehrart ihre eigene Erklärung bekommen hat.

Lassen Sie Sich, mein lieber Gellert, die Beschleunigung der Sache angelegen seyn, und antworten Sie mir bald. Wäre es nicht eine Sache für den Herrn F*** der schon hier ist, und den ich nicht wohnen weis? Leben Sie wohl.

Rabener.

Dres=

Dresden, am 9. August. 1760.

Liebster Gellert,

Aus meinem Briefe an den Herrn Commissionsrath, den ich Herr W** vor etlichen Tagen zugestellt, werden Sie einige Nachricht von meinem traurigen Schicksal ersehen haben. Erlauben Sie mir, daß ich mich auch mit Ihnen davon unterhalte, denn ich finde eine große Beruhigung darinnen, wenn ich einem so lieben Freunde, wie Sie sind, mein Unglück klagen kann. Was die Umstände dieser Belagerung überhaupt betrifft, so werde ich mich dabey wenig aufhalten, und mich auf ein Diarium beziehen, welches unter der Authorität unsers Gouverneurs heute herausgekommen, und sehr zuverläßig ist; nur von meinen eigenen Zufällen will ich etwas melden. Am 14ten Jul. mit Anbruche des Tages, fieng sich die Canonade und das Einwerfen der Haubitzgranaden auf die schrecklichste Art an. Früh um acht Uhr kam eine solche Granade in mein Zimmer, (sie mochte mehr als dreyßig Pfund wiegen,) zerschmetterte die Stube meines Bedienten, und zündete. Wir löschten den Brand, und machten alle mögliche Anstalten. Weil es aber Granaden und zwölfpfündige Kugeln auf mein Haus und die benachbarte Gegend regnete, welches die Absicht haben mochte, das zwanzig Schritte von meiner Wohnung befindliche Pulvermagazin in die Luft zu sprengen, so packte ich meine Sachen, so viel es ohne

Gefahr, erschossen zu werden, angieng, zusammen, schaffte sie theils in den Keller, theils in ein Gewölbe, und flüchtete Abends um acht Uhr nach Neustadt zu D**, Aber auch hier fieng am 15ten die Angst an, und in kurzer Zeit fuhren einige zwölfpfündige Kugeln ins Haus, nahe bey mir vorbey. In dieser Lebensgefahr brachten wir bis Sonnabends zu, wo die Daunische Armee die Seite von der Neustadt befreyte, welches die größte Gnade war, die uns Gott in der Beängstigung erzeigen konnte. Denn eben diesen Tag, besonders um zwölf Uhr Mittags, gieng das unglückliche Bombardement der Residenz an. Mehr als hundert Bomben fielen in einer Zeit von drey Stunden auf die Creuzgasse und Kirche; um zwey Uhr brannte mein Haus, und um vier Uhr wußte ich mein Schicksal. Die Bomben hatten das Gewölbe, wohin wir alle unsre Sachen geschafft hatten, zerschmettert, und alles verbrannt; der Keller aber war von den Soldaten, welche löschen sollten, rein ausgeplündert worden. Mein Bedienter, der treueste Mensch von der Welt, hatte sich so lange im Hause aufgehalten, bis es anfieng einzustürzen, und hatte ein Dutzend solcher Schurken hinausgeprügelt, endlich aber ward er übermannt, und flüchtete zu mir nach Neustadt. Vor Vergnügen, den ehrlichen Kerl, den ich schon für erschossen oder verbrannt hielt, wieder zu sehn, fühlte ich den Schmerz nur halb, den mir die Nachricht von meinem Verluste natürlicher Weise verursachen mußte. Sollte es nicht weh thun, liebster Gellert, zu erfahren, daß alle meine Betten, Kleider, Wäsche, Bücher, Papiere, Schränke und Stühle zu Asche verbrannt waren? und Sie wissen, wie reichlich mich der Himmel mit allen diesen gesegnet hatte. Gott zum Preise muß ich gestehn, daß ich mich über diesen großen Verlust nicht einen Augenblick betrübte. Es war weder Reflexion, noch Philosophie, die mich so wunderbar beruhigte; Gottes Gnade allein war es. Nichts von allem habe ich gerettet, als einen abgetragenen Zeugrock und ein paar alte Oberhemden, die ich auf die Seite gelegt hatte, um sie meinem Bedienten zu geben. Sonntags früh fieng man an, auch für die Neustadt besorgt zu seyn, und viel tausend Menschen giengen zum Thore hinaus, auf das offene Feld und die Weinberge. Ich folgte mit, und mein Bedienter mußte mein Bündelchen unter den Arm nehmen, mein ganzes Reichthum. Vor dem Schlage fand ich einen zerbrochenen Weinpfahl, auf den stützte ich mich, und wadete bey einer brennenden Hitze durch den Sand einer Meilewegs weit zu meinem Freunde, auf seinen Weinberg, wo ich nothdürftiges Essen und gutes Wasser fand. Seit dem 13ten Abends war ich in kein Bette gekommen, und auch hier lag ich bis Mittewochs auf der Erde. Ich ritte endlich selbigen Tags nach Hohenstein, vier Meilen von Dresden, und weil mein Bedienter ganz kraftlos war, so ließ ich ihn zwo Meilen reiten, und den übrigen Weg gieng er zu Fuße. In Hohenstein fand ich gute Freunde, die auch abgebrannt waren, und wir lebten ruhig, bequem und sehr vergnügt. Sonnabends nach dem Bußtage giengen wir zurück, und ich befinde mich seitdem gesund, doch, wie Sie wohl glauben können, gar nicht in meiner Ordnung.

Ich bin noch vor vielen tausend Menschen glücklich; denn keiner von meinen Freunden und Bekannten, ist verbrannt, oder erschossen worden, ich bin gesund blieben, und habe noch baar Geld gerettet. Etwas von altem Tisch= und Bettzeuge ist bey einem Bekannten unvermuthet geborgen worden, und so wenig ich es vordem achtete, so lieb ist es mir nunmehr. Der Mangel an Kleidern und Wäsche ist mir der empfindlichste, weil man hier nichts bekommen kann, und nicht weis, wie lange uns Gott Ruhe schenkt.

Meine Bücher, die dauern mich; alle Aufsätze und Manuscripte, die nach meinem Tode sollten gedruckt werden, sind mit verbrannt. Ein großes Glück für die Narren künftiger Zeit! Alle Briefe von Ihnen und meinen übrigen Freunden, nebst einer zum künftigen Drucke fertig liegenden Sammlung von witzigen Briefen verschiedener Art sind leider auch fort.

Empfehlen Sie mich allen meinen Freunden aufs beste. Kann ich heute noch an unsern Weiße schreiben, so will ich es thun. Außerdem bitte ich Sie, ihm diesen Brief lesen zu lassen, so wie dem ehrlichen

Dyck, welcher, so bald Gott Ruhe und Frieden giebt, es gewiß empfinden soll, daß alle meine Bücher verbrannt sind, denn ich will ihn hernach in Contribution setzen, mir den Fuß zu einer neuen Bibliothek zu schenken. Zwar wird er nicht daran wollen, wenn er hört, daß meine witzigen Manuscripte, und also seines Sohnes künftiger Verlag, mit verbrannt sind; aber ich will ihn schon kriegen, und wenn er mich wild macht, so schreibe ich wider seine eigene kleine Person einen Band Satiren in Duodez, zwey Hände stark, welches ziemlich das Format von seinem Körper seyn wird.

An das Haus St** bitte meinen unterthänigsten Respekt zu vermelden. Wiewohl haben die gnädige Frau Cammerherrin gethan, daß Sie Sich nicht mit der göttlichen Fügung übereilt haben. Nun hungerte ich mit meiner Frau, da ich das Glück habe, allein zu hungern. Aber sagen Sie, ich ließe unterthänigst bitten, dahin zu sehen, daß meine künftige Frau drey tausend Thaler mehr hätte, als außer diesem Unglücke würde nöthig gewesen seyn; so hoch schätze ich meinen Verlust. Nur ein eignes Haus soll sie nicht haben. Denn ich kann mir nichts Schrecklichers vorstellen, als die Umstände eines Mannes, der nur des Hauses wegen eine Frau nimmt, das Haus aber durchs Feuer verliert, ohne daß seine werthe Hälfte zugleich mit verbrennt.

Leben Sie wohl, mein bester Freund. Ich bin in Feuer und Wassersnoth
Ihr
redlichster Rabener.

N. S.

In der Residenz sind 226 Häuser abgebrannt, 37 sehr beschädigt. In Neustadt 25 Häuser beschädigt. Vor dem Pirnischen Thore 102 abgebrannt und 50 beschädigt. Vor dem Wilsdurfer Thore 88 abgebrannt und 3 beschädigt. 50 Personen von der Bürgerschaft sind geblieben, viele aber gefährlich verwundet, und bey dem Sturmwinde, so gestern Nachmittags war, über 10 Personen von dem Gemäuer erschlagen worden. Auf die Wälle ist wenig geschossen worden, und wer sagt, daß das Feuer eine solche Verwüstung in der Residenz angerichtet, und daß auf die Kreuzkirche um deswillen Bomben geworfen worden, weil von dasigem Thurme auf die Belagerer wäre geschossen worden, der spottet noch unsers Elends auf eine grausame Art.

Dresden, am 18. Jenner, 1757.

Mein liebster Freund,

Um mich wieder aufzumuntern, will ich mit Ihnen reden. Was machen Sie, mein guter, bester Gellert? — Hum! Ein Philosoph, wie Sie, das wäre sehr unexemplarisch, wenn er sich die gegenwärtige Noth zu sehr niederschlagen ließe. Aber gesund sind Sie doch? das will ich Ihnen rathen, denn ich bin sehr gesund, und kann es nicht leiden, daß meine Freunde krank sind.

Man versichert mich, daß der König von Preußen Befehl gegeben habe, Ihnen Ihre Pension richtig auszahlen zu lassen. Wie groß kam mir unser Feind, der König, in dem Augenblicke vor, als ich dieses hörete! Vor Vergnügen vergas ich, daß er mir selbst meine Besoldung zurück halten läßt.

Haben Sie etwan auch gehöret, daß ich in preußische Dienste gehen werde? Hier sagen es unser Hof und die Stadt. Aber Hof und Stadt sagen ein Mährchen. Ich würde es am wenigsten izt thun, da ein solcher Entschluß mehr eine Desertion, als eine erlaubte Verbesserung meiner Glücksumstände scheinen würde.

Aber ich will Ihnen den Schlüssel zu diesem Räthsel geben. Ich habe hier sehr viele Bekanntschaften mit preußischen Officieren und Beamten gemacht, weil ich bey vielen ein vernünftiges Betragen, einen feinen Geschmack, eine gute Belesenheit, und ein redliches Herz gefunden.

Ich bin bey dem Prinz Heinrich länger als eine halbe Stunde gewesen, und bin mit wahrem Vergnügen bey ihm gewesen. Ich habe, so viel es der Wohlstand erlaubte, lebhaft mit ihm gestritten, da er die deutsche Sprache und unsere Litteratur wenig schätzet; aber er schätzet Sie, mein guter Gellert, und dieses machet seinen Fehler verzeihlich.

Er kannte den Poeten Gellert; aber ich lehrete ihn auch den redlichen Menschenfreund Gellert kennen; und zu meiner Belohnung sagte ich ihm trozig, daß eben dieser Gellert mein ältester Freund sey; denn auch bey Prinzen thue ich mit Ihrer Freundschaft groß.

Sie können wohl glauben, daß ich als ein deutscher Patriot mit diesem liebenswürdigen Prinzen gesprochen, und ihm Einwürfe gemacht habe, die ihm unerwartet zu seyn schienen. Die wichtigsten Beweise hebe ich für den König auf. Seit vierzehn Tagen stehe ich mit dem Könige in Tractaten, wer Ihm mich vorstellen soll. Der Marquis d'Argens verlangt es zu thun, und hat mich darum ansprechen lassen. Muß es denn eben ein Franzose seyn, der mitten in Deutschland einen deutschen Autor mit einem deutschen Könige bekannt macht? Wahrhaftig, mein lieber Gellert, das thut mir weh! Ich habe mich bey dem Marquis entschuldigen lassen, daß ich durch seine Vermittelung nicht würde den König sehen können, da ich nicht geübt sey, französisch mit ihm, und noch weniger mit dem Könige zu sprechen. Der Baron von C *** wird in dieser Sache unser Adjutant.

Ich fand nöthig, einen Brief zu schreiben, und mich darinne also auszudrücken:

Je suis bien faché, Monsieur, que je sois trop allemand, & Monsieur le Marquis d'Argens trop françois, pour que je puiſſe profiter de la permiſſion de rendre mes reſpêts à ce ſçavant, d'autant plus éſtimable, qu'il eſt peut-être le ſeul de ſa Nation, qui permette à nous autres Allemands, d'avoir de l'eſprit.

Mais, au comble de mon malheur, je me vois par cette même raiſon tout à fait privé de l'honneur, d'être préſenté par Monſieur le Marquis au Roi, & de me jetter aux pieds de Sa Majeſté. Je Vous conjure, Monſieur, de menager l'affaire ſi bien, que Monſieur le Marquis ne me croïe pas abſolument barbare. Il faut être préciſement de mes meilleurs amis, pour me paſſer l'ennui, que je puiſſe donner par le François, que je parle; auſſi ſuis je trop diſcret, que d'y vouloir expoſer Mr. le Marquis. Voilà la ſeule raiſon, qui m'empeche de me préſenter à lui.

&c. &c.

Der Marquis d'Argens ſoll es alſo nicht ſeyn, welcher mich zu den Füßen des Königs legt. Der König iſt ſo gnädig, ſich meine Weigerungen gefallen zu laſſen. Er will (wird das wohl die Nachwelt glauben?) deutſch, deutſch will der große Friedrich mit mir reden. Hat wohl jemahls Auguſt mit dem Horaz in ſeiner harten Mutterſprache geredet? wohl niemals; denn das

Griechische war die allgemeine Sprache der Welt und des Hofes; nur der Pöbel und die traurigen Pedanten in Rom sprachen Latein. Also ist die Sprache fest gestellet, in welcher der König mit mir reden will. Ich erwarte täglich seine Befehle, durch wen endlich diese Vorstellung geschehen soll.

Wie freue ich mich, mit dem Könige zu reden! wie viele gelehrte und witzige Brandenburger, so gelehrt und witzig, als Voltaire und Baumelle, wenigstens treuer und dankbarer, als Voltaire und Baumelle, will ich ihm nennen, die Er und seine Franzosen noch nicht kennen.

Ich bin durchaus muthig, wenn es mir einfällt, daß ich zum Besten meiner Muttersprache dem tapfersten und noch nicht überwundenen Könige dieser Zeit (ach wäre dieser König nur nicht unser Feind!) den deutschen Witz predigen soll —

Nun werden Sie es begreifen können, lieber Gellert, wie es möglich ist, daß man hier glaubt, ich sey in preußische Dienste getreten. Das muß ich Ihnen noch sagen, daß vor einem Jahre schon der König den Einfall in Potsdam geäußert hat, mich in seine Dienste zu ziehen, daß vielleicht bey seinem Hofstaate auch hier davon gesprochen worden ist, und daß viele von den Preußen gewiß glauben, er werde mir noch seine Dienste antragen. Ich glaube es nicht, ich wünsche es auch nicht: denn je gnädiger er dabey wäre, desto verlegener würde ich seyn, meinen Entschluß zu erklären, ohne ihn zu beleidigen.

Im Ernste wünschte ich mit dem Könige zu sprechen, und, außer meinem besten Könige, ist es von allen Königen nur dieser, und einer noch, die ich zu sprechen wünschte. Aber wann mir auch einfällt, wie man hier schon itzt davon urtheilet, und was für einen nachtheiligen Eindruck es in künftigen Zeiten widrr mich machen könne; so vergesse ich meine Wünsche, und werde stumm, um nichts bitteres von dieser argwöhnischen Denkungsart zu sagen.

Küssen Sie mich, guter Gellert, küssen Sie Ihren freundschaftlichen Plauderer tausendmal: denn das schmeichele ich mir, daß Sie weder an den Obristen Mannstein, noch an Ihre Hypochondrie die ganze Zeit gedacht haben, als Sie diesen meinen langen Brief gelesen haben.

Noch etwas, und zwar etwas sehr lustiges! Können Sie Sich wohl vorstellen, daß unser G* den unerwarteten Einfall hat, eine Geschichte des gegenwärtigen Krieges und die neuen Siege seines Königes zu schreiben? G*, der Menschenfreund, der Freund der Freuden und des Weins, unternimmt aus freyem Willen, einen blutigen Krieg, und die traurige Zerstörung so vieler tausend Menschen, die auch trinken, und scherzen und küssen können, zu beschreiben! Durch seinen und meinen Freund, den Herrn E*, habe ich ihm sagen lassen, daß ich ihm diesen grausamen Witz unter keiner Bedingung verzeihen würde, als unter dieser, daß er den ganzen traurigen Krieg in anakreontischen Versen beschreibe, und seine Mordgeschichte anstatt der Kapitel in Trinklieder eintheile.

Sagen Sie mir, mein Freund, woher kömmt es, daß Könige so gern Dichter zu ihren Herolden haben? Boileau, Racine, Voltaire, drey Dichter; und unser G*, der taumelnde G*, die sollen für die Nachwelt Zeugen seyn; Zeugen in Sachen, die sie selbst nicht glaubten, vor denen sie selbst erzitterten!

Warum verlangen die Könige nicht mich zu ihrem Herolde? Aber vielleicht fürchten sie sich, daß die historische Lobschrift ihrer unsterblichen Thaten der fünfte Theil zu meinen Satiren werden möchte! Leben Sie wohl, mein stiller, friedfertiger, mein bester Gellert.

Rabener.

Mein bester Freund,

— — Pension, guter Rabener? nein, es wird mir keine ausgezahlet; ich habe auch, ohne die geringste Unruhe, meine Quittung, die mir von Meißen zurückgeschickt wurde, in mein Pult gelegt; das kränkt mich nicht, ob es mich gleich nicht erfreuen kann.

Könnte ich meinem Vaterlande den Frieden und bessre Zeiten durch den Verlust von hundert Thalern jährlich erkaufen; ich, der ich, so bald ich nicht mehr arbeiten kann, auch nichts mehr habe; o, mit Freuden!

B** hat mir durch C** den Antrag thun lassen, ob ich mich zur Erziehung des Kronprinzen wolle gebrauchen lassen? Aber, mein liebster Freund, so lange ich nicht wegen meiner nothdürftigen Erhaltung gedrungen bin, mein Vaterland zu verlassen, so will ich glauben, daß ich eine Pflicht habe, auch in einem unglücklichen Vaterlande zu leben; so denken Sie auch; Ja, denken Sie ewig so, wenn es möglich ist. Sachsen verlieret (dieß kann und muß ich sagen) zu viel mit Ihnen; einen Mann für Geschäfte, für den Staat, einen Autor! Sie müssen unser bleiben.

Bey mir hat es wenig Gefahr. Halb krank, an die Stube gewöhnt, wahrscheinlicher Weise nicht lange mehr zu leben bestimmt, nur für einige junge Leute gut! O! ich kann bleiben, wo ich bin, und mein Wunsch ist die Einsamkeit, das Land und noch ein gutes moralisches Buch nach meinem Tode.

Sie ehren mich, wie ichs verdiene, wenn Sie dem Prinzen Heinrich sagen, daß ich Ihr ältester und bester Freund bin; und ich würde Ihm zu meinem Ansehen eben das gesagt haben.

Ja, daß Sie, Gärtner, Schlegel, Cramer, Giseke, meine Freunde gewesen, dieses sehe ich als meine Glückseligkeit des Lebens an; dieses soll mir bey der Nachwelt so gewiß Ehre, Beweis meines guten Herzens, Sicherheit meines Geschmacks seyn, als es Racinen Ehre ist, daß Boileau und Moliere seine Freunde gewesen. Unsere Periode, die itzige, wird in der Litteratur der Deutschen nicht weniger merkwürdig seyn, als es der Zeitpunkt des Boileau im Französischen ist.

Gehen Sie immer zum Könige, Er soll Sie sehen und bewundern; ich will es haben.

Ich verlange meine Pension nicht, aber Er soll Ihnen geben, was Ihnen von Rechtswegen gehöret; Er soll bessere Gedanken von den Deutschen, und unter diesen von den Sachsen, in Ansehung des Witzes bekommen, und Sie sollen ihm statt aller Demonstration seyn, und wenns möglich ist, den Geist des Friedens einflößen und meiner Furchtsamkeit. Aber lassen Sie Sich durch nichts fesseln.

Leben Sie wohl, stets wohl! Ich bin Ihr guter Freund

Gellert.

Dresden, am 26. Jenner, 1761.

Liebster Gellert,

Läse ich es nicht in den auswärtigen Zeitungen, daß Sie noch lebten, so würde mich Ihr unausstehliches Stillschweigen vorlängst auf die traurige Vermuthung gebracht haben, daß Sie gestorben, oder doch durch Ihre finstre Hypochondrie so menschenfeindlich geworden wären, daß Sie Ihren guten Freund Rabener ganz vergessen können, und Sich in das dunkelste Gebüsche zu Stormthal geflüchtet hätten, um einsiedlerisch über das unglückliche Vaterland und Ihren verderbten Magen zu seufzen. Aber, werden Sie mit Ihrer hohlen und keuchenden Stimme, so einsylbig als möglich, sprechen: Lieber Gott — weis denn der Rabener gar nicht — nun das könnte er lange wissen — wissen könnte ers — alle Kinder wissen es —— freylich — der König hat mit mir gesprochen! ::: O mein hochgelahrter Herr Professor! freylich viel Ehre für Sie und den Witz! aber das giebt Ihrem Stolze kein Recht, Ihren alten wahren Freund, Rabener ganz zu vergessen. Der König hat mir mein Haus weggebrannt, das will noch viel mehr sagen, als daß er mit Ihnen gesprochen hat, und doch bin ich nicht einen Augenblick stolz darauf gewesen, so wenig stolz, daß ich so gleich an meinen liebsten Gellert schrieb, und es ihm mit vieler Demuth meldete. Hätten Sie es nicht auch so machen sollen? Hüten Sie Sich, ich rathe es Ihnen, Gellert, hüten Sie Sich! Ich bin Ihr Freund, aber, aber ich bin auch ein Autor, und ein beleidigter Autor — verstehen

Sie mich, Gellert? kurz, ich erwarte mit der nächsten Post einen Brief von Ihnen. Man erzählet hier so ungereimte Sachen von Ihrer Unterredung mit dem Könige, daß ich große Lust habe, die Leute zu versichern, es sey alles wahr, was man davon erzählet, wenn Sie mir nicht bald antworten, und alles aufs umständlichste melden, was der König zu Ihnen gesagt hat. Noch einmal warne ich Sie, säumen Sie nicht, oder ich werde es dem Publico ins Ohr sagen, daß dieser Gellert, der von nichts als Vaterland und Menschenliebe spricht— ja, wie gesagt, daß dieser stille und friedliebende Gellert dem Könige bey seiner Unterredung mit ihm einen weitläuftigen und finanzmäßig ausgearbeiteten Plan mit aller Demuth eines Poeten überreichet habe, worinnen er gezeiget, wie der Krieg wenigstens noch zwey Jahre könne fortgeführet werden, ohne die brandenburgischen Unterthanen im mindesten zu belästigen — ja, ja, mein Herr, das ist mein ganzer Ernst; und haben wir einmal Friede, so sollen Sie — zittern sollen Sie, mehr sage ich nicht!

Wie ich mich befinde? O ich bin viel zu ergrimmt, als daß ich Ihnen darauf antworten könnte. Unmöglich kann Ihnen viel daran liegen, ob ich krank oder gesund bin, Sie würden mich sonst lange darum gefragt haben. Aber ich merke
es

ja schön. Schmollen kann ich mit Ihnen unmöglich. Mitten in meiner patriotischen Wut liebe ich Sie von ganzem Herzen, und wenn es mir einfällt, daß ich binnen acht Tagen einen Brief von Ihnen bekommen werde, so möchte ich Sie vor Freuden tausendmal umarmen! Ich bin vollkommen gesund, heiter und zufrieden. Ich genieße die ruhigen Augenblicke, die wir itzt noch als eine Beute davon tragen, und erwarte die unruhigen Tage ohne ängstliche Sorge.

Lesen Sie die Innlage an unsern Cramer *) in Copenhagen, so werden Sie noch mehr wissen. Mein ganzes Herz ist darinnen: denn seit meinem erlittenen harten Unglücke ist mir alles ziemlich gleichgültig, und ich kann in einer Viertelstunde mit eben der Munterkeit von meinem Tode reden, mit der ich gegen meine Freunde scherze, wie ich itzt mit Ihnen, mein bester Gellert, gescherzet habe. Heben Sie diese beyden Briefe auf, vielleicht machen Sie, wenn ich heuer noch sterbe, eine merkwürdige Anekdote in meiner künftigen Lebensbeschreibung, die desto mehr in die Augen fallen muß, da ich in meinem ganzen Leben, wenn ich ein paar Schmähschriften ausnehme, nichts Wichtiges gethan, als dieses, daß ich meinen Freund Gellert von ganzem Herzen geliebet habe.

*) S. den folgenden Brief.

Rab. Briefe.   J

Tausend Empfehle an unsern lieben Commißions-
rath und seine redliche Frau. Melden Sie ihnen,
daß unser hochachtungswürdiger Freund L** auf
künftige Mittewoche Hochzeit hat. Ich bin (wie
man in Leipzig spricht) ganz Zufriedenheit und
ganz Freude über die Verbindung zwoer Personen,
die Gott, wie es scheint, dazu erschaffen hat, um
sich durch ihre beyderseitige Tugend und Rechtschaffenheit glücklich zu machen. Leben Sie wohl.

Rabener.

Dresden, am 15. Jenner, 1761.

Mein liebster Cramer,

Ihren Brief vom 25ten November habe ich erst
am 23sten December erhalten. Ich danke Ihnen
von ganzem Herzen für die versicherte Freundschaft
und für das aufrichtige Mitleiden wegen des unglücklichen Schicksals unsers armen Landes. Gott
wird der Noth ein Ende machen, wenn es sein
Wille ist; und wenn er, wie es leider scheint, uns
noch länger züchtigen will: so wird er uns Muth
und Vertrauen schenken, geduldig auszuhalten, und
auf seine Hülfe zu harren. Unendlichemal danke
ich ihm, denn es ist ganz sein Werk, für die Kräfte, die Freudigkeit und Heiterkeit des Gemüths, die
er mir am 19ten Julius bey dem erlittenen harten
Verluste gab, und die, welches eine noch größere

Gnade von ihm ist, mich seit dem nicht einen
Augenblick verlassen hat. Ja, liebster Cramer, danken Sie ihm mit mir dafür! Die damalige Beängstigung hatte wohl in meinem Körper eine Unord-
nung gemacht, welche Folgen nach sich zog, die
mich einen nahen Schlagfluß befürchten ließen. Ich
erwartete Gottes Wink, wenn ich kommen sollte, und
erwartete ihn ziemlich standhaft. Meine Freunde, ich
muß es ihrer Liebe nachrühmen, waren meinetwegen unruhiger, als ich; aber ein kleines Mittel hat
mir geholfen, und itzt bin ich so gesund, als ich
in vielen Jahren nicht gewesen, und so munter
und aufgeräumt, als ich nur damals war, als ich
meinen guten Cramer bey mir hatte. Da sich im
November die Unruhen unsrer armen Stadt wieder
näherten, so ließ ich mich von einigen Freunden
bereden, an den Ort unsers vorigen Aufenthalts
zu fliehen. Ich blieb dort bis zum dritten December. Seit dem bin ich wieder hier, verrichte mein
Amt, so gut es bey itzigen Umständen geschehen
kann, und so schrecklich auch für uns die Aussicht
ins Künftige ist, so gewiß bin ich doch entschlossen,
alles hier abzuwarten, was uns Gott vorbehalten
hat. Die Flucht und der Aufenthalt an einem offenen Orte ist allemal mit vieler Gefahr verknüpft;
nach Böhmen kann und mag ich nicht, und ich
bin überall unter der Hand des Herrn. Will mich

Y 2

Gott erhalten, so kann er es auch hier thun; und soll ich sterben, so habe ich für mich und meine Freunde schon lange genug gelebt. Ich lebe oder sterbe, so bin ich des Herrn! Erhalten Sie mir nach meinem Tode Ihr gutes Andenken, und sagen Sie der Nachwelt, daß ich Ihr Freund gewesen bin; so wird dadurch die Nachwelt überzeugt werden, daß ich Gott gefürchtet, meinen Nächsten geliebt und mein Amt redlich verwaltet habe. So viel begreift der unschätzbare Titel, ein Freund von Cramern zu seyn, in sich!

Sie verlangen von mir zu viel, wenn ich Ihnen sagen soll, wodurch die Schlacht bey Torgau ist verloren worden? ꝛc. ꝛc. Ich bin, wie meine Vorgesetzte sagen, ein ziemlich guter Sekretär: aber ich bin, unter uns gesprochen, ein überaus schlechter General: ich kann also von allen dem nicht urtheilen.

Die Großmuth der gnädigen Fräulein von B ** gegen einige durch das Bombardement verunglückte Weibspersonen, verehre ich mit dem lebhaftesten Danke. Ich habe die 180 Thaler in hiesiger Münze erst gestern erhalten, und würde sie, da Ihr Schuldner in Leipzig dermalen außer Stand ist, einen Dreyer zu bezahlen, noch so bald nicht erhalten haben, wenn nicht der Freund, an den Sie die Sache addreßiret haben, so großmüthig gewesen wäre, sie auf seinen eigenen Wechsel mir auszahlen zu lassen. Ich habe heute angefangen, das Geld, mit Zuziehung meines Beichtvaters, unter einige nothdürftige Personen auszutheilen. Binnen acht Tagen werde ich Berechnung davon thun, und dem gnädigen Fräulein selbst im Namen der Elenden danken, die sie so großmüthig erquickt hat. Der Mangel ist bey den meisten Abgebrannten wegen itziger Theurung und Kälte unaußsprechlich, und oft bey denen am meisten, die es sich merken zu lassen Scheu tragen. Ich suche diese vorzüglich auf, und werde lieber nur einigen eine proportionirliche Gabe austheilen, mit der sie ihr Leben fristen können, als diese 180 Thaler unter allzu viele ausspenden, weil durch eine zu große Vertheilung der abgezielte Endzweck ihrer nothdürftigen Erleichterung nicht erreicht werden würde. Gott wird für die übrigen auch sorgen. Und ich muß Ihnen mit einer wahren Freudigkeit meines Herzens sagen, daß hier in Dresden mehr Liebe und Gutthätigkeit ist, als ich sonst geglaubt habe. So gar diejenigen, die selbst abgebrannt sind, theilen ganz im Stillen, und ohne es merken zu lassen, ihren geretteten Bissen Brodt mit dem Hungrigen. Die öffentlichen Collekten im Lande für unsre Stadt sind wenigstens beträchtlicher, als man von einem so verarmten und ausgepreßten Lande erwarten konnte. Noch mehr ist an unsern Herrn Superintendent zur beliebigen Vertheilung privatim eingesendet worden: und in dem gutthätigen Hamburg sind einige Familien, welche an unsern berühmten und rechtschaffenen Herrn von Hagedorn von Zeit zu Zeit sehr ansehnliche Posten übermacht haben, und noch übermachen, die vorzüglich zu Unterhaltung der Handwerksleute und Künstler angewendet werden. Ich finde unaussprechliche Freude in einer vorsichtigen Vertheilung des eingesendeten Almosens, und seit dem die gnädige Fräulein von B** mich durch ihre Großmuth in den Stand gesetzt hat, in ihrem Namen wohl zu thun; seit dem bin ich nicht mehr so eifersüchtig auf meinen Freund Hagedorn.

Leben Sie wohl, und lieben Sie mich nur eine Minute länger, als ich Sie liebe, so wird unsere Freundschaft bis in den Tod dauren. Ich umarme Sie von ganzem Herzen.

Rabener.

An Herrn Cabinetssekretär Ferber in Warschau.

Dresden, am 12. August, 1760.

Bald werden Sie glauben müssen, daß mein gutes freundschaftliches Herz mit verbrannt sey, da ich, seit meinem erlittenen Unglücke, an meinen liebsten Freund nicht geschrieben, und ihm meine Noth nicht geklagt habe. Mitten in meiner größten Beängstigung habe ich tausendmal an Sie gedacht, und da ich endlich erfuhr, daß ich alles verloren hatte, so fiel mir zu meiner größten Beruhigung ein, daß mir doch noch die Freundschaft meines Ferbers übrig sey. Es war ganz natürlich, daß mir dieses einfiel, da ich, Sie wissen es wohl, Sie von ganzem Herzen liebe, und da ich die Nachricht von meinem Verluste eben damals in Gegenwart Ihrer Mademoiselle Schwester erfuhr, die ich unendlich und doppelt hochschätze, weil sie Ihre Schwester und meine Freundinn ist. Sie wird Ihnen von H** aus von meinem Schicksale etwas gemeldet haben; erlauben Sie mir, daß ich es hier wiederhole.

Unsere Briefe sind so oft vergnügt und scherzhaft gewesen; dieser mag einmal traurig seyn. Nicht allzu traurig, ich gebe Ihnen mein Wort; denn mein Verlust, so weh er mir auch thut, hat mir doch nicht eine Thräne gekostet, und mir keine unruhige Minute gemacht. Mir selbst ist das unbegreiflich. Es war weder Unempfindlichkeit, noch Philosophie; eine Gnade von Gott war es, ich erkenne es dafür, daß ich mit der größten Gelassenheit mein Haus brennen sah, und mit eben der Gelassenheit hernach anhörte, daß alles verloren sey.

Der 10te Julii war dieser schreckliche Tag. Schon am 14ten, da unsre Noth angieng, war mein Haus der Gefahr am meisten ausgesetzt. Früh um acht Uhr zerschmetterte eine Haubitzgranade das Zimmer meines Bedienten, und zündete. Wir löschten damals noch das Feuer. Ich ließ meine Sachen, so gut es möglich seyn wollte, zusammenpacken, und theils in den Keller, theils in ein Gewölbe schaffen, welches wir feste gnug zu seyn glaubten. Weil sich aber die Gefahr vermehrte, und es Kugeln und Carcassen auf die Gegend meiner Wohnung regnete, so flüchtete ich noch selbigen Abend um sieben Uhr nach Neustadt zu Herrn D***, meinen Bedienten aber ließ ich, mit seinem guten Willen, zurücke. Neustadt ward vom 15ten an auch beschossen, und zwey Zwölfpfünder fuhren durch unser Haus, aber wir waren doch mit dem Feuereinwerfen daselbst verschont.

So gefährlich und ängstlich dieser unser Aufenthalt war, so viel komische und lächerliche Auftritte kamen doch dabey vor. Die Madame Z*** mit ihrer Bedienung, und ich, waren die meiste Zeit bey Herrn H** in seiner Stube, und da schliefen wir auch. Hinten im Hofe in zwey gewölbten Stübchen stack die ganze D*** Familie, und noch vierzig Personen, alt und jung. Die Fensterladen waren mit Miste verschüttet, der obere schöne Saal mit Miste bedeckt, und mit eben so viel Miste der ganze Hof bestreut. Unter diesem Miste lagen alle diese Personen. Einige waren stille und verdrüßlich, einige beteten, und man sahe es ihnen am Maule an, wie sie mit ihrem Gott zankten, daß er es doch so weit habs kommen lassen, ungeachtet sie ihm nun seit vier Jahren die Ehre angethan, und fleißig gebetet. In einem andern Winkel saßen einige politische Kannengießer, und machten für Daunen einen Operationsplan, wurden aber sehr uneinig, weil sie sich über den kleinen Nebenumstand nicht vergleichen konnten, ob sie den König von Preußen mit seiner Armee wollten zu Kriegsgefangenen machen, oder nicht lieber alles über die Klinge springen lassen. Ich war fürs letztere, aber ich ward überstimmt. Eine Priesterwittwe kriegte mich immer auf die Seite, und zischelte mir ins Ohr: Wir sollten Gott danken! Nur der lieben Religion wegen schösse uns der König von Preußen todt, und unsre Häuser in Grund. ... Aber, zum Henker, Madame, was haben meine Perucken mit der Religion zu thun? (denn kurz vorhero hatte ich erfahren, daß eine dreyßigpfündige Granade meinen ganzen Apparatum von Perucken zerschmettert habe.) Lassen Sie es gut seyn, antwortete sie mir, es wird sich schon geben, danken Sie Gott dafür! — Die verwünschte fromme Frau hat mich grausam gepeinigt. Ich und ein paar gute Freunde vertrieben uns die Zeit in unserer Stube, und mich deucht, daß war noch am solidesten gedacht. Unter dergleichen Abwechselung und Unruhe brachten wir den 19ten heran, den schrecklichsten Tag meines Lebens. Schon um drey Uhr Nachmittags stund die Kreuzkirche, das Amthaus und meine Wohnung in voller Flamme. Ich lief vor in das Gouvernementshaus, (hier war es eben, wo ich die Frau Mama und Ihre Babet antraf,) und sah diesem Greuel der Verwüstung zu. Ich blieb einige Zeit dort, und gegen fünf Uhr kam mein ehrlicher Bedienter mit der Nachricht, daß mein Haus niedergebrannt, das Gewölbe von den Bomben eingeschmissen, und darinnen alles verbrannt, der ganz unbeschädigte Keller aber von denen zum Löschen commandirten Soldaten rein ausgeplündert sey. Das that weh, mein lieber Ferber, sehr weh; alle mein Hausrath, meine Kleider, Wäsche, Vorräthe, alle meine Bücher und Manuscripte, alle Briefe, die ich von Ihnen und andern guten Freunden so sorgfältig gesammlet habe, alles war verloren; von Sachen, die ich wohl auf dreytausend Thaler rechnen kann, habe ich nicht zehn Thaler werth gerettet. Der älteste Zeugrock, den ich anzog, um desto bequemer zu löschen, eine alte abgelebte Perucke, die ich in eben der Absicht aufgesetzt, ein paar alte Hemden, die ich schon für meinen Bedienten bestimmt hatte, und ein Schlafrock: das war meine ganze Garderobbe. Die witzigen Manuscripte, welche nach meinem Tode sollten gedruckt werden, sind zum kräftigen Troste der Narren künftiger Zeit, alle, alle mit verbrannt. Nun verlohnt es beynahe die Mühe nicht, daß ich sterbe, weil nach meinem Tode weiter nichts gedruckt werden kann. Dieser Gedanke hatte mich bisher noch beruhigt, wenn ich, als Autor, an den Tod dachte; aber nun will ich immer leben bleiben, und mich in die Welt schicken, so gut ich kann. Meine schönen Bücher dauern mich sehr, aber manchmal dauern mich doch meine Hemden noch mehr, und meine Kleider und meine Betten, und ... kurz, Ferber, ich bin so nackigt, wie ein Gratulant! Ein Glück für mich, daß ich noch meine Wechsel und Documente gerettet habe. An baarem Gelde habe ich nicht viel über vierzig Thaler verloren; aber wie viel baares Geld hat denn ein Steuersekretär, der ein Jahr in preußischem Depot und zwey Jahr unter der Vormundschaft der Landesdeputation gestanden? Das schmerzt mich am meisten, was ich durch die Plünderung verloren habe. Einige von unsern Freunden, unsern Hülfsgenossen, unsern Errettern, Leute, die sich das größte Gewissen machen würden, am Charfreytage Schweinenbraten zu essen, die plündern uns selbst in der größten Beängstigung, und brechen die Keller auf, in welchen man vielleicht vor der Wut der Feinde noch etwas hätte retten können. Sagen Sie es auf mein Wort in Warschau nach, daß uns die

Feinde zwey Drittel verbrannt, und diese Freunde ein Drittel gestohlen haben; aber sagen Sie auch, daß alle ehrliebende von der Garnison, Officiers so wohl, als Gemeine, einen Abscheu vor diesen Gewaltthätigkeiten gehabt, und sagen Sie auch zum Ruhme unsers tapfern Commendanten, daß er die strengste Ordre gestellet habe, diesem Unwesen zu steuern: doch hat es nichts geholfen, denn einen Räuber macht kein Galgen ehrlich!

Den Sonntag früh ward in Neustadt angesagt, daß wer sich aus der Stadt retten wollte, es bald thun möchte. Eine neue Angst! Um acht Uhr früh gieng ich mit meinem Bedienten zum schwarzen Thore hinaus. In dem Ueberzuge von einem Kopfküssen stack mein ganzer Reichthum. Wir wadeten bey der grausamsten Hitze durch den brennenden Sand bis auf Saarens Weinberg. Das that ich in Gesellschaft der D*** Familie, welche, wie die Salzburger, emigrirte. Es schlug zwölf Uhr, und sie hatten noch keine Anstalt gemacht, etwas zu essen; zu trinken war noch weniger da. Ich versicherte die Gesellschaft, daß mich hungere und dürste, und ich, als ein Abgebrannter, sähe wohl, daß man nichts von der Welt habe, als was man mit dem Maule hinaus bringe: Ich wünschte mir also zu essen und zu trinken; und weil die löbliche Gewohnheit abgekommen wäre, das Volk in der Wüsten mit Manna zu speisen, so wollte ich mich der

Gesellschaft empfehlen, und sehen, wo ich einen guten Freund fände, der sich nicht blos auf die göttliche Fürsorge verließe. Ich gieng, und kam nach Loschwitz zu einem guten Freunde, bey dem ich willkommen und ziemlich gut versorgt war. Hier blieb ich bis Mittewochs früh, da ich ein Pferd bekam, und nach H** ritt.

Seit dem berühmten Morgen, als der Ritter von der traurigen Gestalt sein Schloß verließ, um die göttliche Dulcinea zu suchen, ist kein so abentheuerlicher Ritt gesehen worden, als der meinige. Stellen Sie Sich einen hohen Gaul vor, dessen eigentlicher Beruf seit funfzehen Jahren gewesen war, im Karren zu ziehn; auf diesem Gaule den Steuersekretär Rabener, noch nicht völlig drey Ellen lang, und, der schweren Zeiten ungeachtet, anderthalbe Elle im Durchschnitte; diesen Sekretär in ein paar zerrissenen Schuhen, schwarz seidenen Strümpfen, gestrickten Beinkleidern, einem beschmutzten, alten und lebenssatten Zeugrocke, einer Haarbeutelperucke, welche seit der Belagerung nicht ausgekämmt, und vielleicht seit der preußischen Invasion nicht gepudert war; hinter ihm ein Kornsack, in welchen der Rest seines Vermögens geflüchtet war, auf diesem Kornsacke einen bundstreifigten Schlafpelz, welcher, im Fall es regnete, zum Rockelor dienen sollte; zur Rechten gieng mein Bedienter, der eine Schachtel mit Brodt und braunschweiger Wurst trug, zur Linken der Monarch des Gauls, dem er von Zeit zu Zeit Muth zusprechen, und, wenn er stolperte, ihn mitleidig aufrichten mußte. In diesem Aufzuge kam ich endlich zum Amtssteuereinnehmer in H***, wo ich sehr wohl aufgenommen ward. Mein Quartier bekam ich im Städtchen; wo die Wirthinn eine bejahrte dienstfertige Frau war, voll von dem Ceremonielle, wie es unter Johann George des Vierten Regierung mochte bräuchlich gewesen seyn; der Wirth, ein feiner Mann, mein alter Schulcammerad, und bey ihm ein frisches rundes Mägdchen, welche gute Hoffnung macht, daß sie ihren künftigen Eheherrn wird ohne Hosen herumlaufen lassen. Hier wohnte ich. Die meiste Zeit brachte ich auf dem Schlosse zu, wo ich das Vergnügen hatte, die Frau Aßistenzräthinn mit ihrer Familie, und ganz unvermuthet Ihre Mademoiselle Schwester zu finden. In dieser vortrefflichen Gesellschaft habe ich zehn Tage lang mich so wohl und vergnügt befunden, daß ich zu manchen Zeiten gar vergaß, daß ich abgebrannt war. Der Amtmann und seine Frau sorgten für unsre Bequemlichkeit; beyde waren sehr dienstfertig und gastfrey; auch hatte sie Gott mit zeitlichem Vermögen ziemlich, und mit Hunden und Katzen reichlich gesegnet.

Am 2ten August fuhr ich mit der Frau Schwester zurück, und bedauerte, daß mein Exilium nicht länger gewähret hätte. Nun bin ich hier, und wohne bey der D ***, welche, um ihren Geruch der Heiligkeit ferner, wie bisher, zu erhalten, mir das ganze Logis eingeräumet, und sich bis Michaelis nach Borthen begeben hat; alsdann kömmt sie zurück; und ich beziehe mein neues Quartier.

Da haben Sie, mein lieber Ferber, eine lange Beschreibung meiner Abentheuer! Das übrige wünsche ich Ihnen mündlich zu erzählen; und wann? Bleiben Sie mein Freund. Ich liebe Sie ewig, und küsse Sie in Gedanken. Versichern Sie meine Ergebenheit allen Bekannten, welche sich ihres abgebrannten Freundes nicht schämen. Leben Sie wohl.

An Herrn Weiße,
nach Paris.

Wenn Ihnen, mein liebster Freund, jemand sagte, ich sey am 19ten November wieder aus Dresden geflüchtet, und halte mich seitdem in Wölke, bey Herrn Generallieutenant, Grafen von Vitzthum, auf; würden Sie es wohl glauben? Schwerlich: Und doch ist es wahr. Die Unruhen in den dresdner Gegenden vermehrten sich täglich, und da beyde Armeen sich bis an die Stadt gezogen hatten, so ward die Gefahr immer schrecklicher. Tag und Nacht war ein ungewohnter Lärmen auf den Gassen, es äußerte sich schon an den nothdürftigsten Sachen ein Mangel, und für einen friedfertigen Autor, wie ich bin, war es ein trauriges Spektakel, wann ich mit einer unzähligen Menge Volks täglich auf der Brücke stehn, und zusehen mußte, wie sich auf den Anhöhen gegen Kesselsdorf, zunächst vor der Stadt, die Vorposten der Oesterreicher und Preußen herumrauften. Täglich erwartete man ein Treffen, dessen Ausgang ungewiß war. Fiel es für die Oesterreicher unglücklich aus, so war Belagerung und Bombardement das unvermeidliche Schicksal der unglücklichen Stadt. Die Vertheidigungsanstalten auf den Wällen so wohl, als Circumvallationslinien waren fürchterlich, und wann man uns beruhigen wollte, so war diese Beruhigung noch fürchterlicher, indem man uns heilig versicherte, wir hätten das Glück, an unserm alten Marschall einen so braven Gouverneur zu haben, welcher sich eher unter den Ruinen der Stadt begraben lassen, als weichen würde. Der Hof in Warschau, welcher mit der Art, wie man seit Johannis das Land befreyet hatte, zum höchsten unzufrieden war, widersprach noch heftiger, da er sahe, daß man Dresden zu einem Waffenplatze machen und es befestigen wollte. Aber auch dieser Widerspruch, dem ein ernstliche licher Nachdruck fehlte, war vergebens, und beschleunigte die Arbeit nur noch mehr. Archiv und Gallerie, und andre Kostbarkeiten wurden aus der Stadt in Sicherheit gebracht, und das Ministerium selbst stund seit dem 10ten November auf dem Sprunge, nach Präg, oder wo es sonst am sichersten seyn mochte, zu gehn. Mit einem Worte: die ganze Stadt war bestürzt, und wer sich retten konnte, der rettete sich. Was sollte ich nun bey diesen Umständen thun? Mein Amt hörte bey diesen Unruhen auf, und meine Vorgesetzten erlaubten mir, wegzureisen, wohin ich wollte. Da ich in Dresden kein Haus, und, dem Himmel sey Dank, keine Frau, und dreymal sey dem Himmel Dank! keine Kinder habe, so war ich ganz frey, und nichts konnte mich zurückhalten. Ich nahm mir also vor, diesen unglücklichen Ort auf einige Zeit zu verlassen: aber wo sollte ich hin? und wie sollte ich fortkommen? Mein erster Plan war, über das Gebürge nach Naumburg zu gehn; aber die Bewegung der preußischen Armee, und deren Besitznehmung von Freyberg, verdarb diesen Plan. Nach Pirna ladete mich ein guter Freund ein; aber Pirna war den Unruhen zu nahe, und bey einem unglücklichen Rückmarsche der Oesterreicher der Gefahr am meisten ausgesetzt. Es ward mir ein Vorschlag gethan, mit jemanden nach Prag zu gehn, wobey ich

weder für die Reisekosten, noch meinen dortigen Unterhalt sorgen sollte; aber wenn ich auch sonst kein Bedenken gehabt hätte, so stund mir doch der Ort nicht an, in welchem der Adel und die Bürgerschaft denen dahin geflüchteten Sachsen — — nicht zum besten begegnete. — — —
Die Seite nach der Lausitz war gesperrt, größtentheils verwüstet, und ich darinne fremd. Was zu thun? Ungefähr kam der Graf von Vitzthum nach Dresden. Ich klagte ihm meine Verlegenheit, und bat ihn, mich bey seiner Rückreise mit aus der Stadt zu nehmen, in der Absicht, einige Tage auf seinem Guthe zu bleiben, und mich sodann in Leipzig häuslich niederzulassen. Er verstattete mir alles auf die artigste und gefälligste Art, und wir reisten am 19ten November Nachmittags ab. Gott! wie schwer ward mir dieser Abschied von einem Orte, wo ich mein Amt und den größten Theil meines Vermögens habe, das vielleicht bey meiner Rückkunft nicht mehr seyn wird; von so vielen Freunden und Freundinnen, die ich so sehr und so aufrichtig liebe, und der schrecklichsten Gefahr ausgesetzt lassen muß! Ach! liebster Freund, ein grausamer Gedanke für mich! Ich bin endlich am 21sten hier glücklich angekommen, und seit der Zeit hier geblieben, anstatt nach Leipzig zu gehn, wo alles in der ängstlichsten Unruhe und Verwirrung ist, da vor einiger Zeit 80000 Thaler neuer-

lich gefordert worden, deren Aufbringung man für
ganz unmöglich hält, ungeachtet des harten Ern=
stes, den man gegen den gesammten Rath und ei=
nige der Kaufmannschaft braucht. Da dieser Brief
vielleicht geöffnet werden möchte, so kann ich da=
von mehr nicht schreiben. Hier befinde ich mich
gesund, wohl, ganz ruhig und so vergnügt, als
man izo in Sachsen seyn kann. Die beyden Gel=
lerte und einige andere Freunde haben mich hier
besucht; nach dem neuen Jahre werde ich auf ein
paar Tage nach Leipzig gehn. — — —

Wie sehr sehne ich mich, mein liebster, bester
Weiße, nach ein paar Zeilen von Ihnen! Vermuth=
lich sind Sie in Paris; und bey Ihrem würdigen
Freunde, Herrn Pajon, und dessen rechtschaffener
Frau, denen Sie mich aufs verbindlichste empfeh=
len werden. Wie sehr beneide ich Paris um meinen
Weißen! Leben Sie wohl, kommen Sie mit Frie=
den, und bald zurück, und vergessen Sie unter dem
witzigen und unwitzigen Lärmen dieser Stadt Ih=
ren armen flüchtigen Freund nicht. Tausendmal le=
ben Sie wohl. Ich liebe Sie ewig. Ich liebe
Sie mehr als einen leiblichen Bruder, und nur um
etwas weniger, als mein Mägdchen.

Wölkau,
am 30. December, 1759.

Rabener.

www.ingramcontent.com/pod-product-compliance
Lightning Source LLC
Chambersburg PA
CBHW030258240426
43673CB00040B/994